Belles et tragiques amours de l'Histoire

ANDRÉ CASTELOT — *ŒUVRES*

LOUIS XVII
MADAME ROYALE
PHILIPPE ÉGALITÉ, LE PRINCE ROUGE
MARIE-ANTOINETTE
LE GRAND SIÈCLE DE PARIS
L'ALMANACH DE L'HISTOIRE
LA DUCHESSE DE BERRY
LES GRANDES HEURES DES CITÉS ET CHÂTEAUX DE LA LOIRE
LE RENDEZ-VOUS DE VARENNES
JOSÉPHINE
LES BATTEMENTS DE CŒUR DE L'HISTOIRE — *J'ai lu* 1620****
L'AIGLON NAPOLÉON II
BONAPARTE
NAPOLÉON
LES GRANDES HEURES DE LA RÉVOLUTION (6 vol.) (en collab. avec G. Lenotre)
DESTINS HORS SÉRIE DE L'HISTOIRE
DRAMES ET TRAGÉDIES DE L'HISTOIRE
SARAH BERNHARDT
LA BELLE HISTOIRE DES VOYAGES
PRÉSENCE DE L'HISTOIRE
LE CALENDRIER DE L'HISTOIRE
L'HISTOIRE À TABLE
NAPOLÉON III (2 vol.)
BELLES ET TRAGIQUES AMOURS DE L'HISTOIRE — *J'ai lu* 1956****
LE FILS DE L'EMPEREUR
LE LIVRE DE SAINTE-HÉLÈNE
LE NOËL DE CHARLEMAGNE
HISTOIRE DE LA FRANCE ET DES FRANÇAIS AU JOUR LE JOUR (8 vol. en collab.)
« MY FRIEND LA FAYETTE... MON AMI WASHINGTON. »
MAXIMILIEN ET CHARLOTTE, la tragédie de l'ambition
DE L'HISTOIRE ET DES HISTOIRES

André Castelot

Belles et tragiques amours de l'Histoire

Première partie

Éditions J'ai lu

A mes amis
Maurice et Jacqueline Maire

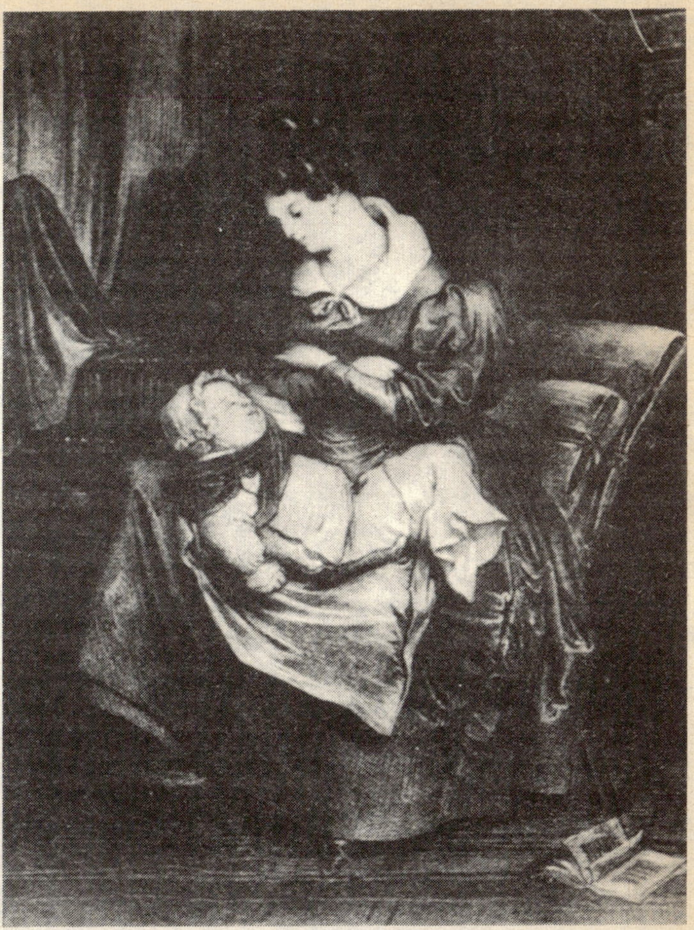

Adèle Foucher est devenue Mme Victor Hugo et mère de la petite Léopoldine. (Hachette.)

Adèle Foucher

Tout avait commencé entre eux alors que Victor Hugo avait quinze ans et Adèle Foucher quatorze.

C'est à Issy, où la famille Foucher est en villégiature, que les deux jeunes gens vont s'apercevoir qu'ils ne sont plus des enfants. Ils se promènent dans le jardin où l'on a installé une balançoire.

... Une escarpolette,
Qui d'un vieux marronnier fait crier le squelette.

Victor est ému car Adèle s'appuie sur son bras tout en lui parlant de ses amies de pension, de sa robe et de ses rubans. Elle laisse tomber son mouchoir et il le lui ramasse. « Nous disions des choses innocentes, racontera-t-il, et nous rougissions tous deux. » Il admire ses longs cheveux noirs, sa peau brune et dorée, ses lèvres rouges. Il la regarde courir « avec sa taille fine comme le corset d'une abeille et ses petits pieds qui relevaient sa robe jusqu'à mi-jambe. Je la poursuivais, elle fuyait ! Le vent de la course soulevait par moments sa pèlerine noire et me laissait voir son dos brun et frais ».

Parfois, il ouvre pour elle un livre : *les Voyages de Spallanzani.* Il s'approche d'elle et ils lisent tout bas, chacun de leur côté, la même page. Leurs têtes se touchent, leurs chevelures se mêlent...

Il la regarde, extasié. Elle porte « une robe de barège mauve, de petits souliers-cothurnes mordorés dont les rubans tracent des X sur son fin bas blanc à jours, et cette espèce de spencer en mousseline, invention marseillaise dont le nom, *canezou*, corruption du mot 15 août prononcé à la Canebière, signifie beau temps, chaleur et Midi ».

★

Deux ans plus tard, ils reprennent leurs confidences dans le jardin de l'hôtel des Conseils de guerre, dont M. Foucher est rapporteur. Adèle est de plus en plus jolie, ses cheveux descendent maintenant en longues boucles noires ; sa bouche est exquise et son sourire radieux.

Et lui ? Il a un mètre soixante-dix, le front haut et large, des mains de prélat, des yeux gris-bleu, des cheveux blond doré :

Comme ceux que Rubens et Rembrandt à leurs anges
Donnent en leurs tableaux par des teintes étranges.

Sa peau est aussi délicate et aussi fine que celle d'Adèle, mais plus pâle. Un soir, ils se tiennent tous les deux l'un près de l'autre – pas trop près cependant, comme il se devait en l'an 1819. Adèle, « plus avisée et plus hardie en qualité de fille », ose demander :

– Tu dois avoir des secrets, n'en as-tu pas un qui est le plus grand de tous ?

– Oui, soupire Victor, oui, j'ai un secret – et un plus grand que les autres.

– C'est comme moi, soupire également Adèle. Eh bien ! écoute, dis-moi quel est ton secret, et je te dirai quel est le mien.

– Mon grand secret, soupire derechef Victor, c'est que je t'aime.

Et Adèle de répéter, comme un écho :

– Mon grand secret, c'est que je t'aime.

Plus tard, il lui rappellera cette soirée du 26 avril 1819 :

« J'hésitai quelques minutes, avant de te livrer toute

ma vie, puis je t'avouai en tremblant que je t'aimais, et, après ta réponse, mon Adèle, j'eus le courage d'un lion. »

La famille Foucher va passer l'été à Issy, « commune qui continue Vaugirard », dans une maison joliment appelée le *Petit Olympe* et qui, aux yeux de Victor Hugo, l'est en effet.

Souvent, Mme Hugo amène avec elle ses deux fils. Ils partent à pied, achètent des fruits en cours de route – car on n'en trouve point à Issy – et la bonne des Foucher ajoute trois couverts. L'après-midi on se promène. Et les parents s'aperçoivent de l'amour de leurs deux enfants. Les marier eût été une folie !

– Séparons-les. Si leur affection persiste, ils sauront bien se retrouver plus tard.

Selon d'autres historiens, tel Raymond Escholier, le matin du 26 avril 1820, un an jour pour jour après l'aveu de l'année précédente, M. et Mme Foucher vinrent trouver Mme Hugo.

– Victor... Victor ? Cet enfant, hier encore pendu à mes jupes ? Victor amoureux ! Que dites-vous ? Amoureux depuis des mois... Vous voulez rire, mon bon ami !... Et amoureux d'Adèle, d'une morveuse !... Vous n'y pensez pas ?... Et Mme Foucher est de votre avis !... Non, non, je ne puis croire... En tout cas, ma réponse, la voici. Victor est le fils du général comte Hugo ; Victor est déjà célèbre ; il aura demain la gloire. Il pourra alors prétendre aux plus beaux, aux plus riches partis... Je ne supporterai pas qu'il s'amourache de la fille d'un employé, sans dot et sans nom !

M. Foucher aurait alors répondu avec dignité :

– Soit, madame. Veuillez garder désormais votre fils près de vous. Je ne souffrirai point qu'il compromette davantage ma fille.

Les familles Hugo et Foucher – et ceci semble certain – cessent donc de se voir, mais cela n'empêche pas, on s'en doute, les deux amoureux de s'écrire. Victor trace ces lignes : « Te dirai-je combien de fois, le soir, en revenant de mes promenades solitaires, je me suis arrêté à l'extrémité de la rue d'Assas, devant la lumière de ta fenêtre ? Combien de fois j'ai pensé, en revoyant les nouvelles feuilles, aux heures que nous passions ensemble dans ton jardin ; si tu t'asseyais, c'était près de moi ; si tu marchais, ton bras s'appuyait sur le mien ; ta main ne fuyait pas ma main, nos regards se rencontraient toujours, et si j'osais quelquefois te presser sur mon cœur, tu ne me repoussais qu'en souriant. Adèle, Adèle, voilà tout ce que j'ai perdu !

Ils se voient même en cachette.

« Tu ne sais pas ce dont je me flatte, en ce moment-ci même, peut-être follement ? C'est que, demain, tu n'auras pas le courage de me quitter aussi vite qu'à l'ordinaire. Nous pourrons entrer un instant dans le jardin des Bains, qui est désert, pour que ton bras repose encore une fois sur le mien, pour que je puisse te contempler à mon aise, bonheur dont il y a si longtemps que je n'ai pas joui. N'est-ce pas, Adèle, que tu ne me refuseras pas ?... »

Elle écrit ses lettres en cachette, sur ses genoux, et elle reproche à Victor ses « duretés » :

« Si tu savais combien tu m'as coûté de larmes, de chagrin, de nuits blanches, vraiment, tu me plaindrais !... Tu vas croire que j'ai perdu la tête : c'est un peu vrai... Je ne veux plus être raisonnable. Il faut s'étourdir et tomber dans un précipice... Tu ne sais pas, mon cher Victor, à quel point une femme peut aimer.... »

Il l'accompagne à un bal de Sceaux. Adèle a une robe ravissante, mais ne danse pas seulement avec lui :

« J'ai été bien jaloux et bien tourmenté, lui écrit Victor. Je voudrais que tu ne t'habillasses ainsi que pour moi. Tu vois combien je suis extravagant... Quand je te vois si jolie et si parée pour les autres, ma tête s'en va, et je ne saurais te dire quelle infernale émotion j'éprouve, je suis si peu de chose auprès de tous ces jeunes gens qui dansent si bien. »

Sur ces entrefaites, la famille Hugo déménage pour s'installer 10, rue de Mézières. Mme Hugo veut se livrer à de grands nettoyages, prend un chaud et froid... et meurt. Les funérailles ont lieu, le 29 juin, à Saint-Sulpice. Le même jour, Victor erre dans les rues :

« Je marchais comme oppressé de léthargie quand le hasard de mon chemin me conduisit devant ta porte, écrit-il à Adèle. Elle était ouverte, des lumières brillaient dans la cour et aux fenêtres. Je m'arrêtai devant ce seuil que, depuis si longtemps, je n'avais franchi ; je m'arrêtai machinalement... Je m'élançai dans la cour ; je montai rapidement le grand escalier... et je m'enfonçai dans le corridor... Là, j'entendis au-dessus de ma tête les pas de la danse... »

Une fenêtre donne sur le bal et Victor regarde :

« Mes yeux te cherchèrent. Je te vis... Longtemps muet et immobile, ton Victor vêtu de deuil contempla son Adèle en parure de bal !... Je rentrai dans ma maison et, pendant que tu dansais, je me mis à prier pour toi près du lit de ma pauvre mère morte... »

Le lendemain, Victor se rend à l'hôtel des Conseils de guerre.

– Ma mère est morte, annonce-t-il à Adèle. Je l'ai enterrée hier.

– Et moi qui dansais !

« Ils se mirent à sangloter ensemble, et ce furent leurs fiançailles. »

★

Les Foucher, cette année-là, décident de faire un voyage et de passer l'été à Dreux. Ils s'excusent auprès de Victor ; ils se rendent dans un endroit où ils ne seront point chez eux et ne pourront inviter l'orphelin. En réalité, M. Foucher craint fort d'introduire le loup dans la bergerie... Aussi le père d'Adèle prend-il bien soin de cacher le lieu de villégiature choisi, mais la jeune fille s'arrange pour en prévenir son soupirant.

Et l'on se sépare.

C'est alors que Victor – l'amour rend ingénieux –

décide d'aller passer, lui aussi, quelques jours à Dreux et de rejoindre cette « douce image de jeune fille qui ne le quitte plus ».

Il prend le parti – sa bourse est aussi légère que son cœur est lourd – de faire route à pied et de demander asile pour la nuit chez les relations ou les amis qu'il peut avoir entre Paris et Dreux... Il le racontera :

« Je suis harassé, mais tout glorieux d'avoir fait vingt lieues sur mes jambes ; je regarde toutes les voitures en pitié ; si vous étiez avec moi en ce moment, jamais vous n'auriez vu plus insolent bipède. »

Avant d'arriver à Dreux, il va se tremper les pieds dans le ruisseau de Chérizy, « à deux pas de la route brûlée de soleil ». Puis, « *poudreux*, mais non *cendreux* », il fait son entrée dans la ville et s'installe dans un hôtel au nom prometteur *du Paradis.*

Aussitôt, sans faire la moindre toilette, il part à la recherche d'Adèle. Son air inquisiteur, ses cheveux en désordre, sa barbe longue attirent l'attention d'un commissaire de police qui arrête « l'étranger » et lui demande ses papiers. Hugo n'en possède point. « Un passeport pour un poète, fi donc ! »

Que vient-il faire à Dreux ? Il lui est difficile de déclarer qu'il est à la recherche d'une jeune fille. Il se contente de répondre qu'il est le fils d'un général d'Empire. Ce qui n'arrange rien aux yeux d'un policier royal... Fort heureusement, il est muni d'une lettre d'introduction pour Mme Lebrun, tante de son ami Saint-Valry... et tout s'arrange.

Dès le lendemain, « insolent bipède », il reprend sa course et visite la ville et ses environs. Point d'Adèle ! On le voit sur les bords du Chérizy, puis le long de l'Eure, en train de chercher, à défaut d'Adèle, quelque monument druidique.

Soudain, son cœur se met à battre à grands coups : Adèle se trouve non loin de lui. Elle est malheureusement accompagnée de son père... Victor n'ose se présenter à eux et regagne bien vite l'*Hôtel du Paradis.* « Monsieur, écrit-il à M. Foucher, j'ai eu le plaisir de vous voir aujourd'hui ici même à Dreux, et je me suis demandé si je rêvais... »

Le plus sérieusement du monde, il soutient qu'il s'agit là « du plus bizarre de tous les hasards ». Victor propose, durant les quelques jours pendant lesquels il se trouve obligé de demeurer à Dreux, « ayant accepté des invitations », de sortir le moins possible de son hôtel.

Vient enfin le principal. Ses intentions – il le jure – étaient « pures ». Cependant, il ajoute : « Je ne serais pas si franc si je ne vous disais que la vue inespérée de mademoiselle votre fille m'a fait un vif plaisir. Je l'aime de toutes les forces de mon âme, et dans mon abandon complet, dans ma profonde douleur, il n'y a que son idée qui puisse encore m'offrir de la joie... »

M. Foucher, en lisant ces lignes, se souvient peut-être que, le jour du mariage du futur général Hugo, il avait levé son verre en disant :

– Ayez une fille, j'aurai un garçon, et nous les marierons ensemble. Je bois à la santé de leur ménage.

Le toast a trop bien réussi ! M. Foucher comprend « qu'il était impossible d'échapper aux poursuites d'un amoureux qui avait le cœur si chaud, un flair si fin et d'aussi bonnes jambes... »

Et l'on fiance Adèle et Victor...

★

Les vacances suivantes – celles de 1822 – se passent à Gentilly. Et, cette fois, Victor est invité à demeurer l'été près de sa fiancée. Mme Foucher a loué une maison flanquée d'une tourelle où, dit-on, Henri II a aimé Diane de Poitiers. L'escalier portant encore le chiffre de la belle duchesse conduit à une unique chambre où s'installe le poète.

– Point de promenade dans le jardin sans maman, a prévenu Adèle.

Lorsque c'est M. Foucher qui accompagne les fiancés, il n'admet pas que les deux jeunes gens se parlent bas.

– C'est naturel, déclare-t-il, mais la crainte que votre

mariage ne se fasse pas aussi tôt que je le voudrais me fait trouver cela fatigant.

Aussi les deux fiancés sont-ils contraints de se passer des billets : « Oh ! combien je t'aime ! Embrasse-moi. Viendras-tu demain ? Plus je te vois et plus j'ai besoin de te voir. Adieu, adieu, ma femme adorée. Réponds-moi si tu peux, je t'en supplie. Ta douce lettre d'hier m'a donné tant de bonheur ! »

« Viendras-tu demain ? » Adèle avait, en effet, pris l'habitude de faire le matin, alors que la maison était encore endormie, « de petites visites » à son futur époux, « dans son heureuse tour », moments de ravissement et d'extase, avouera Hugo.

L'après-midi, les promenades sous la surveillance de M. Foucher, qui suit les amoureux à deux pas derrière eux, reprennent. Ils bêtifient délicieusement :

– Monsieur, lui dit-elle, vous êtes beau ; vous êtes joli, vous avez de l'esprit, vous n'êtes pas bête du tout, vous êtes bien plus savant que moi, mais je vous défie à ce mot-là : je t'aime !

Un jour, il tousse, et elle lui donne une petite tape sur l'épaule :

– Ne toussez pas sans permission. C'est très laid de tousser et de m'inquiéter. Je veux que tu te portes bien, parce que d'abord, moi, si tu ne te portais bien, je serais malheureuse.

Victor Hugo met leur amour en prose, et raconte dans *Han d'Islande* comment un jour, Adèle, tirant de son sein de petits ciseaux d'or, coupe une boucle de ses beaux cheveux noirs. Elle les lui envoie avec ce petit mot : « Je t'envoie une mèche de cheveux de ta femme, croyant que ça te fera un peu plaisir. »

Les parents commencent à penser qu'il est préférable de ne plus faire attendre les amoureux. C'est ainsi que, le 12 octobre 1822, Adèle devient Mme Victor Hugo et, dès l'été suivant, part avec son mari pour Gentilly. Mais, cette fois, ainsi que l'écrit M. Foucher, « l'amant descendit de sa tourelle pour partager comme mari l'appartement de notre fille ».

« L'amant ? »

Réminiscence du XVIIIe siècle qui avait vu le beau-père de Victor faire ses études ? Ou bien, un matin, pendant les précédentes vacances, M. Foucher, montant dans « l'heureuse tour », avait-il surpris sa fille pâmée dans les bras de son cher poète ?...

★

Un an après leur mariage, ils reviendront à Gentilly.

Vallon ! J'ai bien souvent laissé dans ta prairie,
Comme une eau murmurante, errer ma rêverie...

C'est le bonheur ! Et Hugo tracera le mot sur la première page de son livre *Odes et ballades* :

A mon Adèle bien-aimée,
A l'ange qui est ma seule gloire comme
mon seul amour.

Adèle de Bellegarde a posé pour David la brune Sabine qui, au premier plan, dépose ses enfants entre les combattants.
(Hachette.)

Adèle la Savoyarde

Qui n'a présent à la mémoire le fameux tableau de David représentant *les Sabines arrêtant le combat entre les Romains et les Sabins* ? Au premier plan, une femme brune à genoux, plus que décolletée, dépose entre les combattants, avec un joli geste de pitié, trois petits enfants nus. Cette femme d'une rare beauté était Adèle de Bellegarde – Adèle la Savoyarde – qui avait embrassé la cause de la Révolution. Elle était si belle que David lui demanda de poser pour lui la jambe et les cuisses d'une autre femme de la même composition – ce qu'Adèle accepta sans se faire prier. N'était-elle pas fière de sa beauté ?

A l'âge de quinze ans, son père, le comte de Bellegarde, l'avait mariée à son cousin germain de vingt ans plus âgé qu'elle, le colonel François de Bellegarde tenant garnison à Chambéry. Ce fut un mariage de convenance – comme tant d'autres ! – et Adèle mit au monde un petit garçon et une petite fille.

Avec la Révolution, les troupes françaises pénétrèrent à Chambéry. La famille de Bellegarde se réfugia en Piémont, mais le colonel, afin de ne pas voir ses biens confisqués, décida de renvoyer sa femme et sa belle-sœur – la blonde Aurore – à Chambéry. Quant aux enfants, François de Bellegarde leur trouva un asile non loin de Turin. Et, le 1er décembre 1792, les deux jolies citoyennes de Bellegarde regagnaient la capitale savoyarde. Adèle déclara ignorer où se trouvait son époux et put ainsi retrouver son château des Marches et son bel hôtel de Chambéry.

Or – et c'est ainsi que l'histoire commence – Adèle aussi bien que sa sœur se sentent attirées par les idées nouvelles. Elles sont grisées par les mots de *liberté*, d'*égalité* et de *fraternité*. Elles trouvent merveilleux le costume des officiers républicains... et ne se sentent plus le moins du monde savoyardes. Les voilà prêtes à crier *Vive la République !* Elles le crieront de tout leur cœur lorsque arriveront à Chambéry les commissaires aux armées délégués par la Convention, à la tête desquels se trouvait l'irrésistible et élégant Hérault de Séchelles dont les aventures amoureuses sont célèbres. Adèle le regarde, déjà conquise, et l'invite à venir visiter son château des Marches. Il amène avec lui son ami, le commissaire Philibert Simond, savoyard et prêtre défroqué.

L'inévitable se produit. La brune Adèle devient la maîtresse de Hérault de Séchelles et la blonde Aurore s'enflamme pour Philibert Simond. On va la surnommer *Simonette*. Les deux ravissantes citoyennes vont sidérer la société chambérienne. Le château des Marches et l'hôtel de Chambéry deviennent le centre de toutes les activités et réjouissances jacobines. Représentants du peuple, généraux, fonctionnaires du département soupent et dansent chez les « petites Bellegarde ». La meilleure amie d'Adèle et d'Aurore est une farouche patriote surnommée « la princesse Pistolet », car elle arbore fièrement un véritable petit arsenal à sa ceinture.

« Elles paradaient, rapporte Ernest Daudet, ceinturées d'écharpes tricolores, une cocarde à la poitrine, la taille serrée dans une carmagnole et coiffées d'un bonnet rouge, avec des sabots aux pieds lorsqu'elles allaient fraterniser avec la populace afin de témoigner publiquement de leur civisme. »

« Une soif de plaisirs, nous dit de son côté Jules Bertaut, de sensations nouvelles, un désir ardent de brûler les planches les possédaient, l'une après l'autre, qui abolissaient en elles toute réflexion. » Revanche de leur jeunesse morose, vengeance pour Adèle d'un mariage qu'on lui avait imposé ? Cent ans plus tard, ces deux petites filles auraient affirmé gravement qu'elles voulaient "vivre leur vie".

Adèle donne des ordres, plastronne aux côtés de son Hérault et affiche son amour sans la moindre pudeur. La grande excuse d'Adèle – mais cherche-t-elle une excuse ? – est d'aimer Hérault, l'insouciant Hérault, le philosophe Hérault qui déclarait :

– Je veux me hâter de vivre. Lorsqu'ils m'arracheront la vie, ils croiront avoir tué un homme de trente ans, j'en aurai quatre-vingts, car je veux vivre en un jour dix années.

Il aime l'épouse délaissée du colonel de Bellegarde et lorsqu'elle lui demande la grâce de quelque noble savoyard arrêté, il s'empresse de la satisfaire pour voir le radieux visage s'illuminer. Il s'attache de plus en plus à elle et lorsque, sa mission terminée, il doit regagner Paris, il emmène avec lui la belle Adèle, tandis que Philibert entraîne *Simonette*. Après une randonnée quasi officielle, Hérault installe Adèle et sa « belle-sœur » chez lui, dans son ravissant appartement de la rue Basse-des-Remparts. Elles apprécient cette demeure opulente d'un aristocrate d'hier, le grand salon, la vaste salle à manger, le boudoir tendu de papier jaune anglais, avec des bordures en arabesques, au plafond peint où voltigeaient des amours, la chambre à coucher au tapis moelleux, la bibliothèque garnie de plusieurs milliers de volumes, où Hérault leur fait admirer ses chers livres aux belles reliures en maroquin, où sur une table repose une miniature de Mme de Warens, l'amie de l'incomparable Jean-Jacques. « Que de belles choses, quel calme dans cet intérieur douillet au milieu du Paris battu par la tempête ! »

Chaque fois que Hérault doit prendre la parole à la Convention, Adèle entraîne Aurore et elles se rendent toutes deux à l'Assemblée, joliment vêtues de tricolore, et applaudissent à tout rompre. On les voit même assister à l'exécution d'un noble savoyard qu'elles avaient rencontré chez leur père.

On les entend crier *Vive la Nation !* lorsque la tête tombe, et on affirme qu'en arrivant à la Convention elles déclarèrent paisiblement « que les exécutions étaient beaucoup plus intéressantes, lorsqu'on connaissait les gens ».

Le colonel de Bellegarde, combattant toujours dans les armées sardes, rien n'est plus facile pour Adèle que de se libérer. Son mari est inscrit sur la liste des émigrés et, le 7 octobre 1793, le divorce est prononcé.

Voici Adèle devenue une femme libre !

Trois jours plus tard, avec quelle émotion n'assiste-t-elle pas au triomphe de Hérault. En sa qualité de président de la Convention et de membre du Comité de salut public, il préside la fête solennelle donnée à l'emplacement de la Bastille où David, qui n'est pas en mal d'inventions, a élevé une statue de *la Nature.* L'effigie colossale est puissamment mamelue. De chacun de ses seins s'échappe un filet d'eau claire où Hérault, accompagné du doyen de la Convention, va remplir sa coupe et boire aux applaudissements de l'assistance. Les applaudissements redoublent lorsque le président va mettre le feu à un bûcher où se trouvent placés les attributs de la royauté. Adèle est si émue qu'elle manque s'évanouir dans les bras de sa sœur.

★

Mais Moloch a faim. Hérault est accusé d'avoir usé de son influence, à la demande de sa chère maîtresse, en faveur d'anciens aristocrates. Il est traîné au Tribunal révolutionnaire avec son ami Simond et condamné à mort.

– Je m'y attendais, déclare-t-il avec calme.

Le 5 avril 1794, avec Danton, Camille Desmoulins et douze autres condamnés, ils arrivent sur la place de la

Révolution. Fouquier-Tinville a désigné Hérault de Séchelles pour mourir le premier. Il s'approche de Danton et veut l'embrasser. Un valet du bourreau les sépare si brutalement que Danton lui jette :

– Imbécile, empêcheras-tu nos têtes de se baiser dans le panier ?

En montant à l'échafaud, Hérault regarde autour de lui, comme s'il cherchait quelqu'un... Un pâle sourire éclaire un instant son visage : il a vu devant le Garde-meuble national – notre actuel ministère de la Marine – une main s'agiter : c'était l'adieu d'Adèle à son cher Hérault.

Dix jours plus tard, ce fut le tour de Simond, et, le 23 avril, les citoyennes Bellegarde étaient arrêtées et conduites à la prison Saint-Lazare. Thermidor les délivre et elles vont habiter chez Aimée de Coigny, la « Jeune Captive » qu'elles ont connue en prison.

★

Les deux jeunes femmes semblaient maintenant consolées et, pour oublier le cauchemar, menaient, comme tant d'autres, une existence de veuves joyeuses. Un jour, Adèle rencontra, chez Aimée, le célèbre chanteur Garat ; l'amour qu'elle va porter à cet avantageux bellâtre nous déçoit un peu... d'autant plus qu'il ne s'agit point d'un feu de paille : Garat lui fera deux enfants. Le chanteur garde la fille et Adèle qui, on ne sait trop pourquoi, ne peut reconnaître son fils – le petit Louis – le fait adopter par Aurore.

Sur ces entrefaites, le colonel de Bellegarde, devenu général autrichien et chambellan de l'Empereur, reparaît. Il accepte le divorce à la condition qu'Adèle lègue à leurs enfants le château des Marches, dont Mme de Bellegarde pourra conserver l'usufruit. Les deux femmes vont alors demeurer à Chambéry où elles se consacrent à l'éducation du fils de Garat.

– Louis est un enfant de l'amour, celui-là, avoue-t-elle fièrement.

« Leur existence était redevenue calme, paisible, irréprochable comme jadis avant d'avoir été emportée par le grand souffle de la Révolution : elles se retrouvaient les petites provinciales honnêtes que la société savoyarde avait toujours connues. Et le reste devait leur paraître comme un rêve ou un coup de folie... »

C'est Adèle qui disparut la première, le 7 janvier 1830. Elle demeurait alors chez son fils, rue Voltaire, à Paris. Puis Louis mourut en 1837.

Aurore demeurait seule, elle entra en religion et devint « chanoinesse de l'illustre chapitre royal de Sainte-Anne de Munich ».

Le roi Albert de Belgique et la reine Elisabeth.
(Snark International.)

Albert et Elisabeth

Fin janvier 1891. La neige est tombée durant toute la nuit et recouvre les rues de Bruxelles. Le canon tonne, les cloches sonnent le glas pour les funérailles du neveu du roi Léopold II, l'héritier du trône de Belgique, le prince Baudouin, mort le 23 janvier, âgé seulement de vingt et un ans – ce même prince qu'Hélène Vacaresco comparait à Lohengrin.

Baudouin était le fils de la douce, charitable et amoureuse des arts Marie de Hohenzollern, et de Philippe, comte de Flandre, qu'une terrible surdité éloignait du trône. Aussi avait-il été convenu qu'il laisserait le soin de régner à son fils aîné Baudouin, puisque Léopold II n'avait que des filles – et maintenant avec cette disparition prématurée le rêve s'évanouissait...

Le roi suit le cercueil. Il se raidit pour cacher son profond chagrin. Il a tant misé sur le Prince Charmant, sur ce neveu qui le consolait de n'avoir pas eu de fils. Le peuple, qui le méconnaissait, n'aimait guère son roi : on critiquait sa manière de vivre replié sur lui-même, semblant s'intéresser uniquement au Congo qu'il offrira cependant un jour à la Belgique. On désapprouvait ses perpétuelles absences hors de son royaume, motivées souvent par des obligations politiques, mais aussi par des raisons plus intimes. Quelques années plus tard, son neveu – le futur roi Albert – écrira à sa femme : « Le König – Léopold II – fait la navette entre Bruxelles et les genoux de sa belle ; depuis quinze jours il a fait cinq fois le trajet, ce qui prouve qu'on ne vieillit pas toujours en avançant en âge. » La belle, on le sait, était la baronne de Vaughan...

Léopold haussait les épaules en constatant les sentiments de son peuple :

– La popularité est moins que de l'écume, de la mousse, et une mousse légère...

Il faudra que le roi disparaisse pour que les Belges se rendent compte que Léopold II avait été un très grand souverain.

Il y avait bien une reine, l'archiduchesse d'Autriche, Marie-Henriette, qui, plutôt que d'assister impuissante aux fredaines de son mari, avait préféré se retirer à Spa. Elle voulait se faire oublier et y parvint sans difficulté. Le roi Léopold n'avait guère de réconfort à attendre des siens. Il sera bientôt au plus mal avec ses filles. Louise menait une vie quelque peu scandaleuse – pour l'époque – et intentera un jour des procès à son père. Stéphanie, veuve de l'archiduc Rodolphe, s'était remariée avec le comte Elemer de Lonyay que le roi se refusait de considérer comme son gendre. Quant à la princesse Clémentine, elle aimait le prince Victor-Napoléon, mais Léopold s'opposait à leur mariage afin de ne pas mécontenter la République française. Les parents de l'actuel prince Napoléon devront attendre la mort du roi pour enfin pouvoir se marier.

La foule massée le long du cortège – une foule quelque peu débraillée et bivouaquant à coups de « pistolets » fourrés au jambon – regarde avec attendrissement celui qui devenait maintenant le prince héritier : il semble gauche, timide, quelque peu embarrassé par sa haute taille et fort gêné d'être le point de mire du peuple. Ce prince effacé, second fils du comte de Flandre, est le futur roi Albert. Dans dix-huit années, il montera sur le trône et, devenu le preux des temps modernes, Albert expliquera son attitude en 1914 par ces mots touchants et cette modestie qui ne l'abandonnera jamais :

– Nous avons été acculés à l'héroïsme.

Il est certain que, ce matin de janvier 1891, personne ne pouvait imaginer la grande leçon d'Histoire que le

Roi-Chevalier donnera plus tard au monde. Et moins que personne le roi Léopold. Il était désorienté par la sensibilité et la timidité natives de celui qui deviendra son successeur :

– Albert est pour moi une enveloppe fermée, déclarait-il.

L'éducation du futur roi avait été menée sous le signe de l'amateurisme. Le comte de Flandre en avait confié le soin au secrétaire des Commandements de la comtesse et à l'institutrice anglaise de ses filles.

– Mon père, constatera Albert, m'a donné pour premiers professeurs des hommes médiocres et de peu de culture.

Son élocution était laborieuse et sera améliorée grâce aux cours de diction qu'il prendra avec l'écrivain Emile Sigogne. Albert demeurait au second étage de l'hôtel de Flandre, le palais de ses parents, situé au coin de la place Royale et de la rue de la Régence. Dans ses deux chambres, un canari chantait non loin d'une mappemonde et de machines mécaniques de tout genre. Albert aimait les bêtes, rêvait aux voyages qu'il espérait pouvoir faire un jour et lisait avec avidité tout ce qui concernait les recherches scientifiques. Il fit lui-même son éducation en dévorant le *Contrat social* de Jean-Jacques Rousseau, la *Psychologie des foules* de Gustave Le Bon et prenait force notes en lisant le *Manifeste* de Karl Marx et Engels.

Le mois qui précéda la mort du prince Baudouin, le roi avait présenté son jeune neveu de quinze ans à l'Ecole militaire située dans l'ancienne abbaye de La Cambre. Etrange destinée de ces vieux bâtiments où était mort saint Boniface, où les gueux s'étaient fortifiés contre les Espagnols et qui avaient abrité les amours de la fameuse Mlle Lange et de son ami le carrossier Simon. Le roi Léopold prononça ce jour-là – le 16 décembre – un discours de présentation. Sans doute pour lui ne s'agissait-il que de mots de circonstance, or ces paroles devaient être prophétiques :

– Les hommes ont des jours d'épreuves auxquels ils

doivent être préparés. Les peuples traversent des crises comme les hommes. Il vient une heure fatale où leur existence est menacée et où l'armée, bien organisée, est la sauvegarde des institutions et des libertés publiques. J'aime à voir entrer la jeunesse dans l'armée et les princes doivent donner l'exemple de l'accomplissement du devoir. Le prince Albert saura, comme son frère, profiter de votre enseignement, de votre discipline et de vos exemples.

Deux ans plus tard, Albert était sous-lieutenant et arborait le haut colback emplumé des grenadiers – ce qui le fit paraître encore plus grand. Bien vite, comme il se doit chez les princes, il gravit les échelons et le voici déjà capitaine-commandant en 1896. Mais, ainsi que soupirait l'attaché militaire de l'ambassade de France :

– Le prince a paru jusqu'ici avoir plus de goût pour la science des ingénieurs que pour les choses de l'armée.

★

La vie d'Albert de Belgique allait maintenant être illuminée par un pur et clair amour – et nous le savons grâce à la reine Marie-José à qui sa mère remit en 1965, peu avant sa mort, un paquet de lettres émouvantes : celles échangées entre Albert et sa femme Elisabeth. Grâce à ces lettres, nous allons pouvoir revivre leur amour.

Ils s'étaient rencontrés à Dreux en un jour de deuil, une matinée de printemps où l'on enterrait la duchesse d'Alençon, la sœur d'Elisabeth d'Autriche, qui venait de périr carbonisée dans l'affreux incendie du Bazar de la Charité. Albert représentait la famille royale de Belgique, non seulement comme frère de la duchesse de Vendôme, belle-fille de la défunte, mais aussi en qualité de cousin de la famille d'Orléans par sa grand-mère Louise, fille de Louis-Philippe et première reine des Belges. Une jeune et jolie fille blonde de petite taille ne cessait de le regarder, et, s'il faut en croire celle qui sera un jour sa fille, elle déclara :

– Je n'épouserai que lui.

Albert est, lui aussi, bouleversé, mais n'ose encore rien dire, et sa timidité l'empêchera longtemps de déclarer son amour à la jeune Elisabeth.

Elle était la nièce de la victime puisque son père, le duc Charles-Théodore de Bavière, était le frère de Sissi. De son côté, Albert descendait de Philippe Egalité, de Charles Quint, de Catherine de Médicis, des ducs de Bourgogne, de Jacques Cœur, plusieurs fois de Louis XIV, de deux maîtresses royales, Agnès Sorel et Anne de Montespan, mais aussi des Beauharnais et de Murat – sans oublier l'inévitable Charlemagne.

On s'en doute, la famille de Flandre approuve le projet d'Albert. Mais le prince intimidé n'a toujours pas le courage de parler à cette jeune fille de vingt ans si frêle, si menue, dont le regard l'attendrit et le trouble. Il savait qu'elle était infirmière et aidait son père, le prince-oculiste, qu'elle parlait couramment cinq ou six langues, jouait délicieusement du violon, aimait, comme lui, les animaux et les plantes, les voyages et les sports. Elisabeth montait à cheval comme une centauresse, ce qui ne pouvait que plaire à Albert. Très sportif, il sera un passionné d'alpinisme.

Les deux jeunes gens se revoient à Saint-Germain-en-Laye, chez la dernière reine de Naples, Marie-Sophie de Bourbon-Siciles, puis chez le duc et la duchesse de Vendôme. Un jour, en forêt de Fontainebleau, non loin de l'Obélisque, Albert s'enhardit enfin et demande à Elisabeth – il le confiera à sa sœur Henriette – « si elle pensait pouvoir supporter le climat de Belgique... »

Telle fut la déclaration d'amour du futur roi – et l'on devine la réponse d'Elisabeth.

Les fiançailles ont lieu le 30 mai 1900, rue Borghèse, à Neuilly, chez le duc et la duchesse de Vendôme. Le lendemain, le prince héritier, sitôt rentré à Bruxelles, écrit à sa fiancée :

« Après t'avoir quittée à Neuilly tout me paraissait si

vide que même les rues encombrées de Paris me semblaient un désert... »

Et, ce même jour, Elisabeth adresse ces lignes à *son cher Albert* :

« Il est 11 h 3/4 passées du soir, je me sens si seule et triste sans toi. Dans ces quelques jours où j'étais avec toi, j'ai appris à t'aimer de tout mon cœur ! Vraiment je t'aime tant ! Comme je n'aurais jamais cru pouvoir aimer quelqu'un. Tu es si bon et gentil pour moi que cela me touche et me rend heureuse. Tu sais, je ne peux pas bien exprimer ce que je ressens pour toi, mais je crois que tu me comprends. Je me réjouis terriblement de ta lettre de demain. De tout mon cœur, je t'embrasse, mon cher Albert... »

Toujours à cause de cette grande timidité, Albert regrette de n'avoir pu vraiment ouvrir son cœur. Aussi, avant de rencontrer sa fiancée à Munich, il lui écrit :

« ... J'espère qu'il y aura moins de glace entre nous à Munich, qu'à Neuilly... »

Indulgente, elle répond :

« Tu m'annonces que toute glace sera rompue à Munich, mais à Paris déjà, surtout le dernier après-midi, il n'en restait plus beaucoup... »

Et avec une infinie gentillesse, il essaye de lui expliquer ses difficultés d'homme timide dont le cœur déborde de tendresse et d'amour :

« ... Je ne sais pas toujours exprimer ce que je voudrais. Je ne suis pas poète. Tout ce que je puis te dire, c'est que je t'aime tous les jours davantage et que mon cœur et mes pensées t'appartiennent... »

Enfin, ils se retrouvent à Possenhofen, baptisé *Possi* par la famille, la « demeure silencieuse, la maison claire », de la tante Sissi. Ils se promènent longuement le long du lac et le soir vont s'asseoir sur un banc en regardant Possi s'estomper dans la nuit.

A son retour, Albert écrit à celle qu'il appelle maintenant Lisa :

« J'ai appris à te connaître encore mieux et surtout, si je puis te l'avouer, j'ai pu apprécier toutes les qualités de cœur, d'esprit et de gentillesse dont ma chère Lisa est remplie et dont les apparences m'avaient conquis dès le premier jour que je l'avais vue. Tu sais, moi, je n'ai pas beaucoup de qualités, mais je puis te promettre en toute sincérité d'en avoir une : celle de tâcher de te plaire toujours et aussi de mériter d'avoir une femme telle que toi... »

Elle lui répond en évoquant déjà de tendres souvenirs :

« Depuis que tu es parti, le jardin est si désert et tout est froid. Si je m'asseyais sur notre banc au bord du lac, j'aurais froid et peur de voir des spectres... »

Et leur dialogue se poursuit – semblable à celui de tous les amoureux :

« Je voudrais tellement venir chez toi et t'embrasser en te tirant un peu par les cheveux, je t'aime tant, je sauterais dans l'eau et le feu pour toi... Si je pouvais seulement me mettre dans cette lettre et, quand tu l'ouvrirais, te sauter au cou et t'embrasser "wild", passionnément, mon bien cher Albert... Je te montrerai que je t'adore et t'aime de tout mon être et je ferai tout mon possible pour t'être agréable... Je suis tellement impatiente de te revoir, je vais te tuer à moitié en t'embrassant... »

Il espère que leur situation leur permettra de ne pas être trop souvent séparés :

« ... Il faut que mari et femme trouvent le plus grand bonheur à rester ensemble. Ce doit être la meilleure compagnie recherchée aussi bien pour l'un que pour l'autre... »

★

Le mariage approche maintenant. Il sera célébré d'abord à Munich et Albert ne se tient plus de joie :

« Te revoir dans cinq jours et alors ne plus me séparer de toi, nous pourrons bien nous embrasser, sans surveillance cette fois ! Dans une semaine nous serons seuls à deux. J'espère que tu ne t'ennuieras pas avec moi, en tout cas je ferai tout mon possible pour t'être agréable... »

Il annonce à Lisa que toute la famille de Flandre – il l'a baptisée assez irrespectueusement « la ménagerie » – l'accompagnera et lui envoie le programme des fêtes qui seront données ensuite à Bruxelles afin qu'elle puisse se commander des robes : « chose importante, il faut en mettre de belles et de chic... »

Enfin ils sont dans les bras l'un de l'autre.

Le 1er octobre un dîner est donné dans la grande salle de style rococo du palais ducal de Munich. Ce dîner inspirera à un journaliste un article quelque peu ridicule que Carlo Bronne a reproduit en souriant malicieusement : « Vingt jeunes duchesses, vingt chevelures à diadème, gracieuses, scintillantes, oscillent au-dessus de cette royale moisson comme des épis de diamants. Un sang fier, affiné par des siècles d'orgueil et de délicatesse, bleute ces peaux doucement sorties de l'écrin et les dentelles gonflent sur des gorges où dort le "lait des rois". » Ce « lait des rois » fit, on s'en doute, rire toute la famille...

Le lendemain, à l'église de Tous-les-Saints, selon une vieille coutume bavaroise, Léopold II et le prince régent tiennent chacun une main de la mariée, tandis qu'Albert, en uniforme de major, chef de bataillon de grenadiers, marche entre la comtesse de Flandre et son oncle, le roi Carol de Roumanie. La voix de Mgr von Klein s'élève :

– Prince, vous qui ceindrez un jour la couronne, puisse alors retentir au loin votre renommée à cause de votre amour dévoué et clément, de votre bonté paternelle pour vos sujets. Et vous, fiancée princière, puissiez-vous être célébrée comme la bienfaitrice des pauvres, le refuge des affligés et l'image rayonnante de la charité chrétienne.

Tels seront assurément les destins du futur roi et de la future reine des Belges.

C'est par Verviers que les nouveaux mariés pénètrent en Belgique où l'on présente à la princesse héritière ses deux dames d'honneur : la comtesse d'Oultremont et la baronne de Blommaert. Et c'est, après un arrêt à Liège, l'entrée à Bruxelles en voiture attelée à la daumont. Léopold II, en écoutant les acclamations, sourit dans sa barbe : il y a bien longtemps qu'on ne l'applaudissait plus... La reine Marie-Henriette est venue de Spa et accueille sa nièce au palais royal. Au balcon du palais de Flandre, Elisabeth envoie des baisers à la foule – ce qui étonne un peu, mais fait redoubler les cris d'enthousiasme. Les nouveaux mariés sont reçus le lendemain à l'Hôtel de Ville dont les fenêtres donnent sur l'admirable Grand-Place où défilent vingt-deux mille enfants des écoles et quatre cent quarante sociétés brandissant douze cents drapeaux.

Après douze jours de fêtes épuisantes, Albert et Elisabeth peuvent s'exclamer : « Enfin seuls ! » et partent en voyage de noces pour la Suisse et l'Italie.

★

Il faut le reconnaître, après Henri Pirenne, « la majorité gouvernementale pratique une politique d'intentions plus antisociales que sociales ». Albert, foncièrement libéral, en souffre. Lorsque Emile Sigogne fait paraître en 1905 son livre *Socialisme et monarchie, essai de synthèse sociale*, le prince Albert accepte la dédicace de l'ouvrage qui prône le socialisme, non révolutionnaire et désireux de modifier la vie nullement par la haine et la violence, mais « dans un sens plus conforme à la justice ». Selon l'auteur – et Albert l'a approuvé – la monarchie peut parfaitement s'appuyer sur un certain socialisme, tel celui qui découle du christianisme. Léopold II et son neveu se heurtent. Pour en être convaincu, il suffit de lire les extraits des lettres échangées entre le chef de bataillon Albert et le roi à propos des grèves de 1902, et que la reine Marie-José dans son ouvrage, *Albert et Elisabeth de Belgique, mes parents* (1), a révélées.

(1) Plon.

« Dans les circonstances actuelles, écrit Léopold à son "cher neveu", il faut éviter de se rendre là où des manifestations pourraient se produire, mais si ton bataillon est appelé à coopérer à la défense de l'ordre, tu dois être à sa tête et le commander. Les Princes, naturellement, doivent donner l'exemple et ne sauraient faire moins pour le pays et ses institutions que les autres officiers, les soldats et les bons citoyens. Tu voudras bien te faire tenir soigneusement au courant des ordres qui pourraient concerner ton bataillon et, s'il marche, le conduire et le diriger au poste du devoir. »

Albert lui répond courageusement : « Un des privilèges de l'affection étant de pouvoir exprimer franchement ce qu'on pense, je me permets, en me basant sur vos grandes bontés à mon égard, de vous faire part de mon impression au sujet de mon rôle militaire. Je ne demande pas mieux que de courir tous les risques que courront les autres officiers. Mais, si jamais mon bataillon doit tirer sur la foule, c'est mon suicide au point de vue belge, car ce sera le chef de bataillon qu'on rendra responsable de tout ce qui arrivera. Une solution qui me paraît pouvoir faire concorder mon attitude avec vos ordres serait que mon bataillon soit disséminé dans d'autres postes, ce qui supprimerait le rôle public du major... »

Fort heureusement, Albert n'aura pas à commander à son bataillon d'ouvrir le feu...

La bonne volonté, le désir d'apprendre du futur roi émeuvent profondément : « Je suis vraiment accablé, écrit-il à sa femme, par l'avenir particulièrement difficile qui se présente à moi, difficile par lui-même en raison de la complexité de la vie désunie du pays, difficile surtout pour mon manque de préparation dont j'envisage à l'avance toutes les suites. Je ne puis le dissimuler, le moment est venu de travailler jusqu'à crever pour acquérir, non pas une capacité, ce qui est impossible, mais un savoir suffisant pour exclure du moins le ridicule de la fonction que la fatalité doit m'infliger plus tard. Je crois, j'espère que je saurai me mettre au travail, j'entends par là n'avoir plus d'autre objectif que ce qui se rapporte au perfectionnement de soi-même. Si pourtant j'arrivais malgré tout à me rendre utile à mon pays, ce serait la réalisation d'une bien haute ambition et la récompense de bien des peines. Mais, je sens que j'en aurai difficilement la force... » Il doute de lui-même : « Je suis plus isolé que personne, je n'ai foi en aucun. Il y a des hommes qui, au milieu de mille obstacles, sont pourtant arrivés à de grandes choses. »

Pour le neuvième anniversaire de leur mariage, il lui adresse ces lignes : « Je t'écris, non pour te congratuler d'être tombée sur un ours comme moi, mais pour les mille efforts que tu as faits pour moi et pour les beaux enfants que tu m'as donnés ! Voilà déjà neuf ans que nous avons uni nos destinées et je ne veux point passer ce jour sans te dire combien je suis heureux avec toi et combien j'apprécie le bonheur que tu m'as apporté au foyer et qui dans la vie est toujours le plus précieux de tout. Il faut que nous nous rapprochions sans cesse en pensée, en aspiration, c'est le secret des unions durables. L'effort commun, surtout dans une tâche aussi difficile que la nôtre, est vraiment une chose belle et féconde, sans cela qu'est-ce que la coexistence de deux êtres pensants ? »

★

Lorsqu'en 1914 Albert Ier entre dans l'Histoire, lorsqu'il devient le preux des temps modernes, c'est Elisabeth qui traduira la célèbre lettre que le Kaiser avait adressée au roi Albert exigeant le passage de ses troupes à travers la Belgique. Le baron Van der Elst, secrétaire général des Affaires étrangères, nous a conté la scène qui se déroula dans le salon du premier étage lorsque Albert demanda à sa femme de l'aider à traduire en français le texte de l'empereur Guillaume. Après être allée chercher un dictionnaire, la reine Elisabeth « le plaça ouvert sur un fauteuil, à côté d'elle. Avec une grâce charmante, dans sa robe blanche décolletée, elle s'agenouilla devant la table et, attentive, la plume à la main, commença son travail tandis que le roi debout derrière elle, la dominant de sa haute stature, surveillait la traduction par-dessus son épaule. Parfois, la reine s'arrêtait, devenait pensive et, levant la tête, avec animation, expliquait les raisons pour lesquelles elle avait préféré un mot à un autre. A chaque instant, de son bras nu, elle écartait doucement le roi pour prendre sur le fauteuil le dictionnaire qu'elle feuilletait de ses doigts agiles ».

Elisabeth est présente, le 4 août 1914, à la Chambre, lorsque le roi vient expliquer aux représentants du peuple pourquoi il avait décidé de dire « non » à l'envahisseur allemand qui, à la même heure, en uniforme couleur de poussière, violant la neutralité qu'il avait lui-même garantie, franchissait en chantant la frontière et déferlait à travers le pays de Liège.

Albert est déjà en tenue de campagne car il va partir quelques instants plus tard vers son quartier général de Corbeek-Loo pour se mettre à la tête de sa petite armée. Elisabeth, qui a complètement oublié qu'elle est née bavaroise, regarde son mari avec tendresse, penchant son visage, « pareille, comme l'a dit le peintre Albert Besnard, à un ciel avec ses alternatives de nuages et de soleil ». Elle l'écoute prononcer lentement ces mots :

– Dans ces graves circonstances, deux vertus sont indispensables : le courage calme mais ferme.

C'est avec ce même courage « calme mais ferme » qu'il dira tout à l'heure à la poignée de soldats qui va essayer d'arrêter le flot allemand :

– Vous triompherez car vous êtes la force mise au service du droit. César l'a dit de vos ancêtres : « De tous les peuples de la Gaule, les Belges sont les plus braves. »

Bien des années plus tard, après le tragique accident qui devait coûter la vie au roi Albert, Elisabeth confia à sa fille : « Depuis la cruelle séparation d'avec ton père, je n'ai pas vécu un seul jour sans que son souvenir me soit présent et tout ce que j'ai pu faire, je l'ai fait par fidélité à sa mémoire. »

Quand Alexandre Dumas partait pour la chasse en forêt de Villers-Cotterêts. (Roger-Viollet.)

Alexandre Dumas

– Vittoria, ne va pas me prendre mon collégien ; tu sais bien que c'est à moi que mon oncle l'a donné.

– Tu me le prêteras pour la valse, ma chère Laurence, et je te le rendrai pour les autres danses.

Tels étaient les propos échangés sous la Restauration, à Villers-Cotterêts, entre deux jeunes filles. Quant au « collégien », il s'agissait d'Alexandre Dumas, qui avait alors quinze ans, et commençait à faire une cour aussi pressante que maladroite à Laurence. Si maladroite, qu'un jour la cruelle adressa ce billet à Alexandre : « Retournez à vos jeunes camarades, qui vous attendent pour jouer aux barres et au petit palet. Soyez, au reste, sans inquiétude pour moi ; j'ai accepté pour le peu de temps que j'ai encore à rester chez mon oncle le bras de M. Miaud. Recevez, mon cher enfant, tous mes remerciements pour votre complaisance et croyez-moi, votre bien reconnaissante, Laurence. »

Alexandre le racontera lui-même : « Puisqu'il avait négligé jusque-là tous les moyens de prouver à la belle Laurence qu'il n'était pas un enfant, il lui en restait un seul pour lui prouver qu'il était un homme. » L'écolier envoya donc un cartel au rondouillard et blond sieur Miaud, employé au Dépôt de Mendicité « en lui laissant le choix des armes ». Le lendemain matin, Dumas recevait une poignée de verges avec la carte de son rival : c'était l'arme choisie par le sieur Miaud.

Alexandre Dumas avait alors des cheveux blonds et bouclés qui – origine négroïde de la famille – commençaient à crêper. De même, ses lèvres étaient ourlées et épaisses, et son teint basané. Tel, il plut à la douce et timide Adèle Dalvin – Adèle au sourire rose. Il fallut une année de soins, d'attentions, de petites faveurs prises de force, pour qu'Alexandre pût voir le sourire rose d'Adèle se transformer, ainsi qu'il le précise, en deux lèvres frémissantes. Adèle dormait à Villers-Cotterêts, dans un petit pavillon du jardin familial. Trois fois par semaine, Alexandre franchissait un mur, enjambait deux haies, apprivoisait le chien *Muphti* grâce à quelques os de poulet et parvenait jusqu'au petit pavillon où se trouvaient, outre les deux lèvres frémissantes, « deux bras caressants, un cœur battant contre son cœur, d'ardents soupirs et de longues larmes ».

Alexandre regagnait sa propre maison à 3 heures du matin, où l'attendait sa mère, morte d'inquiétude. Afin de ne pas ternir la réputation sans tache de la douce Adèle, Dumas sautait des fossés et des haies et revenait chez lui par le côté opposé. Or, un soir, en sautant l'un de ces fossés, un jeune homme, un bâton à la main, se jeta sur le futur auteur des *Trois Mousquetaires* qui se défendit vigoureusement. Il parvint à le prendre à bras-le-corps et à le renverser sous lui. Sa tête porta sur une pierre et résonna sourdement. Au moment où l'agresseur allait sortir son couteau, Dumas lui tordit la main et s'empara de l'arme qu'il lui fit renvoyer le lendemain matin par le chirurgien qui avait soigné le blessé, en lui disant :

– Docteur, dites-lui, de ma part, que passant cette nuit derrière lui à l'endroit même où il est tombé, j'ai trouvé son couteau et que je le lui renvoie. Ajoutez, docteur, que c'est une bonne arme, mais que, cependant, celui qui n'aurait que cette arme-là aurait tort de s'attaquer à un homme qui aurait deux pistolets pareils à celui-ci...

Bien sûr, Alexandre avait reconnu son agresseur qui était vraisemblablement un rival. Décidément, le sourire rose d'Adèle faisait des ravages. Elle en fit bientôt dans le cœur d'un brave homme qui avait deux fois son âge et qu'elle accepta d'épouser.

Alexandre en eut le cœur brisé :

Je me croyais heureux, elle trahit ma flamme...
Et versa dans mon sein le poison des douleurs.

Le soir où Adèle se maria, Dumas avait fui la ville et passait la nuit dans une hutte avec un ami, afin de chasser à la pipée. Soudain, il entendit des violoneux venir au loin. Assurément, c'était une noce. « Je mis la tête hors de notre hutte, je poussai un cri. Cette noce, c'était la noce d'Adèle. La jeune fille en voiles blancs et au bouquet d'oranger qui marchait la première, donnant le bras à son mari, c'était elle. Sa tante demeurait à Haramont. Après la messe, on était allé déjeuner chez la tante ; on avait pris le matin, par la grand'route ; on revenait, le soir, par le chemin de traverse...

« Ce que j'avais fui venait me chercher.

« Adèle ne me vit pas, elle ne sut pas qu'elle passait près de moi. Je suivis longtemps des yeux cette file de robes blanches qui, dans l'ombre naissante, semblait une procession de fantômes. »

En 1826, un soir, à Paris, Alexandre Dumas devait sauter au collet d'un voleur en train d'attaquer deux passants, un homme et une femme. Il cria : « A la garde ! » et ce cri, joint à ceux qu'avaient poussés l'homme et la femme attaqués, fit venir quelques soldats du poste Bonne-Nouvelle. Alexandre n'avait pas lâché son voleur : la garde le tira de ses mains, alors, seulement, il put répondre aux remerciements de ceux qu'il avait délivrés. La voix de la femme le frappa étrangement. Cette femme, c'était Adèle Dalvin qu'il n'avait pas revue depuis son départ de Villers-Cotterêts. L'homme, c'était son mari.

La garde emmena voleur, défenseur et volés au poste où ils passèrent la nuit, et Dumas d'écrire mélancoliquement plus tard : « Je regardai longtemps, avec tristesse, cette femme, premier sourire de ma vie, qui s'endormait peu à peu sur l'épaule d'un autre, qui tutoyait cet autre, et qui paraissait parfaitement heureuse. Elle avait deux enfants : la mère avait consolé l'amante.

« Eux dormirent ; le voleur et moi ne dormîmes point. »

Alexandre Dumas devait revoir quelquefois Adèle Dalvin, mais, dès cette époque, il avait donné, écrit-il, « son imagination, sinon son cœur, à une maîtresse qui devait faire grand tort à ses maîtresses passées et à venir : cette maîtresse, ou plutôt ce maître, c'était l'Art ».

★

Alexandre Dumas oubliait avec désinvolture qu'il avait en ce moment encore, dans sa vie, une autre maîtresse, la joyeuse, blonde et grassouillette Bruxelloise, la lingère Marie-Catherine Lebay qui lui avait même donné un fils le 27 juillet 1824, un fils qui portait le même prénom que son père, et sera un jour l'auteur de *la Dame aux camélias.*

Lorsque Dumas évoque ses nouvelles amours, il parle avec plus de complaisance de son chat *Mysouff* que de la mère d'Alexandre Dumas fils. Il est vrai que *Mysouff* était étonnant, puisqu'il accompagnait le matin son maître au bureau, et qu'il venait le rechercher le soir !

Plutôt que de demeurer près de Marie-Catherine, Dumas préférait bavarder au *Café de Paris* avec Jules Janin et surtout s'occuper de son théâtre, de *Christine* et de *Henri III et sa cour*, pièces qui avaient fait de lui un personnage célèbre.

Et puis, une autre femme occupait alors toutes ses pensées.

Depuis 1827 – deux années avant la première d'*Henri III* – Alexandre avait fait la connaissance de la jolie Mélanie Waldor, à l'issue d'un cours d'histoire littéraire donné à l'Athénée par le père de Mélanie, M. Villenave. Alexandre avait ramené la jeune femme chez elle, et, en chemin, avait appris qu'elle faisait des vers et qu'elle était mariée depuis cinq années déjà à un jeune officier, le lieutenant, depuis capitaine, Waldor, et qui, fort heureusement, employé dans le service d'habillement, séjournait en sa lointaine garnison de Montauban.

Mélanie habitait chez ses parents, et c'est là que Dumas accourra, souvent deux fois par jour, serrer dans ses bras la chère Mélanie dont le mari avait eu l'heureuse idée de se faire muter à Mézières. Alexandre lui lisait ses vers, elle écoutait et ils s'aimaient tumultueusement. Il devait lui écrire des lettres enflammées : « Oh oui, je t'aime, je t'aime, je t'aime. Oui, cette fièvre m'a passé dans le sang, et il y a plus de frénésie et de passion dans mon amour qu'il n'y en a jamais eu. Ne crains rien, je t'aime, je t'aime et ne puis aimer que toi, toi seule au monde, et si je pouvais t'enlever et fuir avec toi, je le ferais demain, renonçant à tout autre bonheur, à tout autre avenir, ne voulant que toi pour bonheur et pour avenir. Je t'aime, ô ma Mélanie, ma tête brûle et je suis bien plus près en ce moment de la folie que de la raison... Mille baisers sur les lèvres, et de ces baisers qui brûlent, qui correspondent par tout le corps, qui font frissonner, et qui contiennent tant de félicité qu'il y a presque de la douleur. Adieu, ma vie, mon amour. Je t'écrirais un volume, mais un plus gros paquet serait probablement remarqué. »

Mélanie tenait, en effet, à sa réputation, et, en dépit de ses trente et un ans, jouait chez elle à la petite fille. Les amoureux avaient trouvé une minuscule chambre d'amour où ils faisaient la dînette. Là, Alexandre attendait Mélanie et lui écrivait :

« Me voilà arrivé, tu seras là sur mes genoux, dans

mes bras, nous serons heureux tous deux, et puis il faudra nous quitter pour recommencer à souffrir, pour consentir à ne plus nous voir que de temps en temps... Il est neuf heures, mon ange, et peut-être ne pourras-tu pas venir ? Oh ! sois tranquille. Je viens de bondir de ma chaise, j'avais entendu un pas que je croyais le tien – je ne t'accuserai pas... »

Si Mélanie était jalouse – son amant avait assurément été pour elle un initiateur – Alexandre était jaloux du capitaine. « Jaloux, c'est trop peu dire, ainsi que l'a écrit Henri Clouard : il en avait l'obsession. » Il voulait tout faire pour maintenir l'officier dans les garnisons les plus lointaines : « Notre malheur le plus grand sera toujours ta réunion à ton mari, écrivait-il à Mélanie, et il faut tout faire pour l'éviter. » Il n'est pas impossible qu'Alexandre Dumas ait fortement intrigué pour que le capitaine soit propulsé vers une ville frontière. D'autant plus que le malheureux mari venait d'être désigné pour la caserne de Courbevoie... Et qu'il parvint à s'y maintenir.

★

Puis, après trois années d'étreintes, vinrent les éternelles explications, les inévitables malentendus, les discordes. Dumas l'explique à Mélanie : « Mon amie, je te le répète, je comprends, dans les commencements d'un amour dont on doute encore, ce besoin de s'en assurer, même aux dépens de la tranquillité. Mais après un lien de trois ans qui repose sur ce que l'amour et l'honneur ont de sacré, qu'on en soit encore aux petites recherches, aux petites tracasseries d'un amour qui commence, voilà ce que je ne comprends pas... »

Alexandre va maintenant tomber amoureux de la comédienne Bell Krebsamer. Mélanie l'apprend. Alexandre essaie de lui faire croire qu'elle est toujours l'élue et il lui joue même la comédie : « Il faut faire nommer ton mari major, mon amour, il n'y a que ce moyen de nous tirer d'affaire ; Courbevoie est trop près de Paris. »

Mais c'est Bell qui aura le dernier mot, d'autant plus qu'elle va s'occuper du petit Alexandre. Cela, on s'en doute, n'empêchera pas Alexandre Dumas de poursuivre une existence amoureuse qui nous permettra de le retrouver un jour. Mélanie continuera toute sa vie à parler d'Alexandre en mots voilés, mais tendres et bienveillants. Elle continuera, de loin, à l'admirer... et peut-être même à l'aimer.

L'élégant, l'insolent, l'irrésistible Alfred d'Orsay. (Hachette.)

Alfred d'Orsay

Il était insolent, et chacun sait que rien ne réussit autant en Angleterre que l'insolence – même lorsqu'elle est assenée par un Français. Alfred d'Orsay – c'est de lui qu'il s'agit – alliait la fantaisie et le charme à la beauté : grand, mince, les mains fines, les yeux brillants. De plus, doué d'une force peu commune, il s'adonnait à tous les sports de l'époque. Il avait vingt ans, en 1821, lorsqu'il débarqua à Londres. Chateaubriand le vit à cette époque et fut scandalisé en constatant les libertés que prenait son compatriote qui se permettait de galoper à travers Hyde Park, de sauter les barrières et de tutoyer sans façon les dandys. Traitant de haut ce vil troupeau de petits snobs, il fut adulé et, selon l'expression de Jacques Boulenger, « fit régner autour de lui une tyrannie humoristique qui amusa ». On s'ennuyait alors ferme à Londres, et l'impertinence du comte d'Orsay qui, avec infiniment d'esprit, raillait les ridicules de la *gentry*, devint le sujet de toutes les conversations.

Brummel n'était plus en vogue. Brouillé avec le prince de Galles, poursuivi par les usuriers, il avait été obligé de s'expatrier à Calais – et c'est le comte d'Orsay qui allait recueillir le sceptre du roi de la mode. Un jour, au cours d'une promenade à cheval, surpris par une pluie torrentielle, il avise un matelot, vêtu d'une longue veste lui tombant au-dessous des genoux, qui fume tranquillement sa pipe sur le pas de sa porte, en ne semblant nullement gêné par les cataractes d'eau qu'il reçoit.

– Veux-tu me vendre ton habit, mon brave ? lui demande Alfred d'Orsay.

– Mais... my lord...

– Voici dix guinées.

Et, revêtu de la veste du marin, Orsay fait une entrée au Park à un tel point remarquée que le lendemain tous les dandys arborent, pour monter à cheval, une longue et large veste de marin. Orsay vient d'inventer – et de lancer – notre pardessus.

Cependant, être l'arbitre des élégances coûte cher. Joueur et amateur de chevaux, Orsay se trouve vite démuni d'argent. Fort heureusement, Alfred plaît aux femmes – et particulièrement à la belle, gaie et très fortunée lady Blessington qui, de surcroît, possède un teint éblouissant.

Elle avait été tout d'abord mal mariée à un capitaine ivrogne qui, fort heureusement, ayant un jour trop fait honneur à la dive bouteille, prit une fenêtre pour une porte et mourut en s'écrasant sur le pavé. Marie était déjà à cette époque la maîtresse du richissime lord Blessington, lui-même marié et père de quatre enfants. Il avait également une prédilection toute particulière pour le whisky, le brandy et le porto, mais gardait dans l'ivresse toutes ses facultés, et ne confondait pas les portes et les fenêtres... La féconde et première comtesse Blessington ayant rendu l'âme, le noble lord avait épousé sa maîtresse.

L'arrivée dans le nouveau ménage du comte d'Orsay n'apporte aucun bouleversement. Le très honorable lord se prend d'une affection débordante pour le comte qui devient rapidement l'amant de sa femme. Suivant l'exemple de son épouse, il ne jure plus que par « Alfred » devenu le maître de cérémonie du salon de Marguerite – puisque tel est le prénom de lady Blessington. Celle-ci, intelligente et lettrée, se pique, en effet, de littérature. Elle est d'ailleurs pourvue d'un joli talent d'écrivain et reçoit chez elle hommes de lettres et artistes. Voici maintenant Orsay à l'abri du besoin, lord et lady Blessington subvenant à toutes ses dépenses.

★

Un jour de 1822, Marguerite éprouve un soudain désir d'évasion. Pourquoi ne partiraient-ils pas pour l'Italie ? Le noble lord accepte :

– Affaire conclue, s'exclame-t-il, et, cela va de soi, Alfred sera des nôtres.

Lady Blessington l'entendait bien ainsi. On emmènera aussi le joyeux et spirituel Charles Mathews, fils de l'acteur bien connu. Il sera le boute-en-train du voyage. On invitera également la sœur de lady Blessington qui, d'une passivité inébranlable, supportera, sans perdre son flegme britannique, les coups de mauvaise humeur de la caravane. Une caravane, en effet, car lord et lady Blessington n'envisagent pas un instant de voyager autrement que suivis d'une cohorte de domestiques, et accompagnés d'animaux en cages. Ils prennent place dans une berline à huit ressorts, tandis que meubles, bibelots, bibliothèque, nécessaire à déjeuner et à dîner s'entassent dans de nombreux fourgons. En passant par Paris, on engage un peloton de cuisiniers français et, rue de Rivoli, entre une double haie de badauds éberlués, le « cirque Blessington » se met en route pour l'Italie. Quelqu'un manque cependant à la fête : Alfred, que le comte et la comtesse retrouveront – l'un et l'autre avec autant de joie – en Avignon.

En approchant de Gênes, où vit le grand Byron, Marguerite sent son cœur battre à grands coups. Elle craint d'être désappointée :

– Pourvu qu'il ne soit pas trop gras !

Et c'est une « immense déception », écrit-elle le soir de la première entrevue avec le poète. Fort heureusement – ceci rachète cela – Byron qualifie le comte d'Orsay de « superbe cavalier » et de « Cupidon déchaîné ». Il le précise : « C'est un des rares spécimens que j'ai vus de notre idéal d'un Français d'avant la Révolution. » Lorsque Orsay lui montre les notes de son *Journal* intime, dans lequel il fustige les mœurs et les coutumes de la société anglaise, Byron ne cache pas son admiration.

– J'ai connu toutes les personnes citées dans ce *Journal*, vous les faites revivre sous mes yeux ; je crois les revoir. Ce qui me stupéfie, c'est qu'un jeune homme de vingt-deux ans comme vous ait pu pénétrer le mystère de l'*ennui anglais*. Il faut être français pour y être arrivé !

Il apprécie aussi la beauté de lady Blessington qu'il trouve « très jolie, même le matin », précise-t-il.

Mais le trio décide de poursuivre sa route vers Naples, et le lord loue, sur le Vomero, le palazzo Belvedere appartenant à un cardinal défroqué, maintenant père d'une nombreuse famille. Sous les regards aveugles – ou complaisants – du noble lord, Marguerite et Alfred filent le parfait amour « au milieu de fresques ravissantes, de perrons de marbre, de terrasses ornées de bouquets d'orangers, de luxuriants festons de vigne, tandis que des fontaines jaillissent de tous côtés, au milieu d'un peuple de statues et de vases ». De jolies femmes telles que la duchesse de Forli, lady Dudley, lady Ponsonby, la princesse Trecazi, tourbillonnent autour du Cupidon déchaîné, « mais, nous assure Jules Bertaut, aucun nuage n'est venu troubler la félicité des deux amants ». Un autre biographe du roi de la mode, P.L. Flers, note de son côté : « Pas de confusion dans les emplois. Pour chaque place une personne, et chaque personne à sa place : lady Blessington règle les réceptions, d'Orsay règle les effusions, Mathews règle les plaisanteries, et le noble lord règle les dépenses. »

★

Cependant, lord Blessington est parfois soucieux : son fils unique et héritier vient de mourir. A qui laisser son immense fortune ? Un jour, le très honorable lord demande à son ami Orsay de venir le voir.

– Asseyez-vous, mon cher Alfred, prenez ce verre de

porto et écoutez-moi. Vous savez combien on vous aime ici, que vous êtes devenu l'ami indispensable, affectueusement choyé par tous. Mais il faut songer à l'avenir et il est bon de prendre ses précautions pour que cet avenir ne soit pas gâché. J'ai cherché un moyen de vous attacher à jamais à cette maison qui est la vôtre et je crois l'avoir trouvé : voulez-vous devenir mon gendre ?

Voici Alfred éberlué. Sans doute lord Blessington ne peut ignorer le goût que le comte d'Orsay prend à sa famille... mais de là à épouser la fille de la maison – alors qu'il est l'amant de lady Blessington !

Mais le lord poursuit :

– Ne me répondez pas tout de suite, réfléchissez. Vous savez que j'ai deux filles de mon premier lit : Harriett et Mary, c'est Harriett que je vous destine. C'est une charmante enfant, âgée de seize ans, qui habite l'Irlande où elle a été élevée. Je lui laisserai tous mes biens situés à Dublin et dans le comté. Ma femme aura une rente viagère. Ainsi j'aurai tout réglé de mon vivant.

Alfred imagine la fureur de lady Blessington lorsqu'elle apprendra cet extravagant projet. Ce en quoi il se trompe : Marguerite est parfaitement au courant et ne désapprouve pas cette alliance. Harriett est une petite fille sans importance – il serait ridicule de se montrer jalouse. Le principal n'est-il pas de pouvoir, un jour, hériter du noble lord !

Et le mariage est décidé.

Lorsque le comte d'Orsay voit arriver sa fiancée de Dublin, il fait la grimace : la future comtesse d'Orsay est gauche, pâle et maigre. Mais elle n'est point sotte et juge impitoyablement l'amant de sa belle-mère : elle le trouve trop élégant, trop maniéré et trop sûr de lui. Elle se fait cependant une raison et se console en partageant la vie brillante que mène son mari grâce aux livres sterling de lord et lady Blessington. A Rome, le quatuor fait la connaissance des Napoléonides, réfugiés dans la Ville éternelle. Enfin, c'est le retour à Paris où l'on s'installe rue de Bourbon, dans l'ancien hôtel du maréchal Ney. C'est là que va se dérouler une scène de vaudeville qui, sans l'intelligence d'Harriett, aurait pu tourner au drame : une nuit, la jeune comtesse entre dans la chambre de sa belle-mère qui, on le devine, n'est point seule – et elle découvre la vérité. Harriett ne reproche point à son mari et à sa belle-mère leur affreuse conduite. Calmement, avec dignité, elle fait immédiatement ses bagages et quitte l'hôtel, pour ne plus jamais y revenir.

Malheureusement pour tout le monde, l'année suivante – le 20 mai 1829 – lord Blessington meurt, et Harriett garde pour elle l'héritage. Alfred et Marguerite – y aurait-il une justice immanente ? – n'ont plus pour vivre que la part que le défunt a laissée à sa femme. Que l'on se rassure, celle-ci est pour l'instant suffisante : cinquante mille livres de rente, et le comte d'Orsay peut poursuivre sa vie à grandes guides et continuer de faire courir ses chevaux de course.

★

Voulez-vous voir le couple vivre à Londres où la Révolution de 1830 les a obligés à retourner ? « Dans une longue bibliothèque, remplie de glaces et de livres richement reliés, raconte un visiteur américain, je trouvai lady Blessington. Ce que je vis en entrant était fait pour charmer. Une femme d'une remarquable beauté, à demi enfouie dans un fauteuil de satin jaune, lisait à la lueur d'une superbe lampe suspendue à la voûte de la pièce. Partout des sofas, des ottomanes, des bustes, des tables chargées de précieux bibelots. Et, sur l'une d'elles, une main blanche et délicate pressant artistiquement le dos d'un livre, entre des doigts chargés de diamants. » Le comte d'Orsay, souriant, et *fashionable*, entre dans la pièce, et l'Américain poursuit : « C'est le plus bel homme que j'aie jamais vu, et, je puis dire, le mieux habillé. »

Le comte d'Orsay demeure, en effet, l'arbitre incontesté des élégances, il lance les choses les plus inattendues, les plus folles – se faisant faire, un jour, un pantalon dans la toile de canevas qui enveloppe le costume que son tailleur vient de lui livrer.

– C'est frais et commode, déclare-t-il.

Aussi, le lendemain, tous les *fashionables* possèdent des *inexpressibles* en toile d'emballage.

Cependant les dettes s'amoncellent, et un bottier, à qui Orsay doit la bagatelle de sept mille cinq cents francs, fait arrêter le roi de la mode. Lady Blessington paie, bien entendu, et le bel Alfred est libéré. Mais les cinquante mille livres de rente s'amenuisent et, pour venir en aide à son amant, Marguerite publie ses conversations avec Byron, parvenant ainsi à doubler ses revenus. Voici Orsay de plus en plus « à la mode », il en vient même à donner son nom à une eau de Cologne. Il n'en est pas moins couvert de dettes, elles atteindront bientôt cent sept mille livres sterling. Un témoin le raconte : « Un beau jour de mai 1849, un garçon pâtissier se présente à Gore House avec un plat envoyé, dit-il, par un *confectioner*, puis après l'avoir déposé à l'office, il marche délibérément vers le *dressing-room* du comte :

« – Eh bien, qu'est cela ? demande Orsay éberlué en voyant le pâtissier pénétrer chez lui sans façon.

« Cela est tout bonnement un *sheriff's officer* qui a jeté sa veste de pâtissier. Le comte réclame le temps de nouer sa cravate, car, même pour se rendre en prison, l'on ne sort pas de sa chambre sans être cravaté. Et l'*officer*, patient d'abord et bientôt intéressé, suit de l'œil ce magistral et laborieux nœud de cravate qui se fait lentement, avec des hésitations et des reprises calculées. Cependant, le soleil a quitté l'horizon et les grands arbres de Kensington s'enfoncent dans une ombre épaisse. Voici la cravate enfin nouée.

« – John, dit alors le comte à son valet, en passant nonchalamment au *dining-room*, et en désignant l'huissier dédaigneusement, jetez-moi donc ce faquin à la porte ! Il fait nuit et il n'a plus le droit d'instrumenter. »

Mais, deux heures plus tard, le comte d'Orsay partait

pour la France, en grande hâte, un simple portemanteau à la main.

★

Alfred et Marguerite s'installent à Paris, où ils vont subsister péniblement. Fini le temps des splendeurs et du luxe : le comte d'Orsay est passé de mode. « Il a encore de grandes prétentions d'élégance, constate Viel-Castel ; il s'habille comme personne, avec étalage de linge brodé, de satin, de chaînes d'or, et porte sa frisure ébouriffée. A tout prendre, c'est une vieille pomme cuite, qui aspire à sortir de son compotier ébréché... » Lady Blessington, complètement déconsidérée par les femmes qui estiment « qu'elle n'est plus à fréquenter », finit, désespérée, par en mourir. Orsay essaie de vivoter, se fait sculpteur, ce qui permet au prince-président qui a connu l'ex-Cupidon déchaîné, à Londres, de lui offrir la place de directeur des Beaux-Arts. Hélas ! Alfred ne peut guère en profiter, car il rend le dernier soupir le 4 août 1852, et son corps va retrouver celui de Marguerite qui l'attendait depuis trois ans dans le caveau du cimetière de Chambourcy.

Alfred de Vigny en uniforme de lieutenant des gardes du corps du roi Louis XVIII. (Plon.)

Alfred de Vigny

Il était beau, il portait un sémillant uniforme de capitaine du roi Charles X, il était l'un des plus grands poètes de l'époque romantique et se nommait Alfred de Vigny. Au mois de septembre 1824, après avoir erré dans l'admirable cirque de Gavarnie – son régiment se trouvait en garnison à Oloron – il écrivit le sublime *Cor* que des générations et des générations d'écoliers devront apprendre par cœur – et qu'ils ne prendront nullement en grippe pour cela... alors que l'on ne peut en dire autant d'autres gloires littéraires.

Le service n'absorbe guère Alfred, aussi tue-t-il le temps en se promenant le long du ruisseau qui alimente le moulin, ou encore en rêvant sous les ormes gigantesques de la Grande-Allée. Lorsque les ramiers abondent, il prend une palombière et s'isole de l'univers.

Vigny a retrouvé au pied des Pyrénées son ancien camarade de la Garde royale, le baron Alexandre de Duplaa. Un jour, à la fin d'un chaud après-midi de septembre, le beau capitaine, tout exalté, arrive chez son ami. Ses paroles sont l'incohérence même. « Je n'aurais jamais cru, dira Alexandre dans ses *Mémoires* inédits, que les feux de l'amour puissent incendier de la sorte un homme que j'avais connu si modéré. » C'est, en effet, l'amour qui a mis le poète dans cet état. Il a rencontré à la promenade, sans doute sous les ormes de la Grande-Allée, une blonde jeune fille « d'une beauté sublime ». Elle marchait d'un pas de déesse, avec sa sœur et un vieux monsieur appuyé sur deux cannes –

assurément le père des deux jeunes filles qui semblaient veiller sur lui avec attendrissement.

Durant trois jours, Alfred, toujours aussi exalté, ne quitte pas Alexandre qui, sur les instances de son ami, a vite fait de découvrir que la cause des ravages se nomme Lydia, qu'elle a vingt-cinq ans et qu'elle est la fille de sir Hugh Mills Bunbury qui a longtemps servi aux Indes et se prétend, sans rire, souverain d'un îlot polynésien. Duplaa a fort heureusement dîné avec lui chez le marquis de Gontaut-Biron. A la demande de son ami, Alexandre va demander à Bunbury de recevoir le capitaine de Vigny qui voudrait l'interroger sur les Indes. Sir Hugh ne montre guère d'enthousiasme : il souffre beaucoup de ses rhumatismes et ne veut voir personne. En réalité, il doit moins son infirmité au climat des Indes qu'au whisky dont il s'imbibe copieusement... Vigny n'en est pas moins reçu le lendemain, voit de près Lydia, tombe de plus en plus amoureux, la revoit et, deux mois plus tard, Alexandre est chargé d'aller demander la main de la jeune fille pour Alfred de Vigny.

Bunbury refuse net.

C'est alors que Duplaa invite sir Hugh à un grand dîner franco-britannique, tandis que Vigny attend, dans le jardin, le résultat de la conspiration. Il s'agit, en effet, d'amener l'Anglais à perdre la tête en faisant trop d'honneur au jurançon rouge et blanc. Sir Hugh ne supporte pas les mélanges, et, au dessert, complètement gris, promet à Alexandre d'accorder à Alfred de Vigny la main de sa fille. Le lendemain, « lorsqu'on lui apprend qu'il a donné sa parole d'honneur, et devant témoins, il entre dans une fureur épouvantable, brise une chaise, une de ses cannes, vitupère dans toutes les langues connues de lui (1) ».

– En France comme en Angleterre, lui explique Duplaa, une parole d'honneur est une parole d'honneur !

Et Bunbury, vaincu, donne son accord au mariage.

(1) Bertrand de La Salle : *Alfred de Vigny* (Fayard).

L'union n'est pas encore célébrée que, déjà, Alfred de Vigny se rend compte de la lourde erreur qu'il a commise. Un jour, il annonce à Duplaa qu'il va lire à sa fiancée et à son futur beau-père son poème : *le Cor.*

– Quelle idée de vouloir lire un poème français à une personne qui ne connaît pas les finesses de votre langue, fait remarquer avec raison Duplaa.

Alfred passe outre, et c'est la catastrophe : pas plus sir Hugh que sa fille ne semblent apprécier le chef-d'œuvre, et ils empêchent l'auteur de lire jusqu'au bout les longues strophes de l'admirable poème. Bunbury oublie même sa bonne éducation et rit des élucubrations de son futur gendre. Rentré chez son ami, Vigny s'exclame :

– Tu as vu Bunbury quand je lisais *le Cor* ? Tu l'as entendu ? Oui, Lydia, elle, n'a pas ri ! Mais je suis persuadé qu'elle préfère les poésies que Burke écrit sur les moineaux de la place Royale et sur les girouettes du château.

De rage, il déchire un poème qu'il a écrit en pensant à sa fiancée, « objet infortuné du mépris de son père », et où il chantait « l'ivoire de son front et le rubis de ses lèvres ». Fort heureusement, Alexandre parvient à reconstituer l'œuvre de son ami.

Le mariage n'en est pas moins célébré : « J'épouse une femme que j'aime et que j'admire pour ses douces vertus, annonce Alfred de Vigny à son ami Victor Hugo. Elle est simple, douce et bonne comme une fille d'Otaïti. »

On le devine, ce fut un mariage désastreux. Bien vite Lydia devient lymphatique, obèse, se cloître chez elle, et, lorsque Vigny reçoit des amis, elle paraît franchement idiote, semblant incapable de participer à la conversation. Elle quitte alors le salon avant la fin de la soirée.

Il faudra, cinq ans plus tard, la venue de la comédienne Marie Dorval dans la vie du poète pour le réconcilier avec l'amour.

Ah ! certes, Marie n'était pas comme Lydia ! Lorsqu'un écrivain lui lisait ses œuvres – tel Alexandre Dumas qui lui fit, un jour de 1831, la lecture d'*Antony* – elle palpitait, elle sanglotait, elle se vautrait littéralement sur la poitrine de l'auteur – et cela à un tel point qu'Alexandre Dumas dut, à un certain moment, s'interrompre.

– Sacré nom d'un chien, s'exclama-t-elle, pourquoi t'arrêtes-tu ?

– Je m'arrête, parce que tu m'étrangles !

– Tiens, c'est vrai. Mais c'est qu'aussi on n'a jamais fait de ces choses-là au théâtre. Ah ! c'est trop nature, c'est bête, ça étouffe !

C'est d'ailleurs Alexandre Dumas qui, au *Café des Variétés*, présenta Marie à Alfred. Elle le regarda, éblouie, et commença par l'admirer. Lui aussi fut en proie au même sentiment. « Mme Dorval, écrit-il, fait une sorte de miracle, car elle met des paroles plates et totalement insignifiantes sur un ton si pathétique, si passionné, si chaleureux, que l'on se figure avoir compris et l'on pleure sur sa parole. » Il écoute avec ravissement cette jolie voix qui vibre si joliment dans les larmes. Sur la scène, elle pleurait aussi à merveille « avec une désolation, précisait un critique, avec des spasmes, un délire à tout renverser ». Un jour, dans les coulisses, un journaliste la vit se frotter vigoureusement les yeux :

– Vous avez mal ? lui demanda-t-il.

– Non, c'est que je dois pleurer en entrant en scène.

Et elle fit son entrée – sanglotante.

Vigny s'aperçut aussi qu'elle était fine et que son corps avait la souplesse d'un roseau. Elle était, en effet, mieux que jolie : elle était charmante. Et c'est une autre femme – George Sand – qui nous l'affirme (1)... Il observe avec ravissement la comédienne qui parle de

(1) Et Hugo lui dit encore : « Vous n'êtes pas jolie, vous êtes pire. »

tout avec exagération, qui se monte la tête pour n'importe quoi, s'enivre, s'étourdit, essaie sa voix, et en une minute « crie, gémit, rit, soupire, se fâche, caresse... » Amusé, il la regarde piaffer à sa manière, « impatiente comme un petit cheval de course qui attend qu'on lève la barrière ». C'est une comédienne *totale*. Lorsqu'un jour un machiniste, pressé d'aller dîner, laissa tomber le rideau avant la fameuse et ultime réplique d'Antony : – *Elle me résistait, je l'ai assassinée !*... le public se considéra frustré et exigea qu'on relevât le rideau. Marie Dorval se trouvait bien toujours étendue, jouant la femme tuée, mais le comédien, l'illustre Bocage, exaspéré, avait déjà regagné sa loge. Alors Marie se leva et lança au public : « Messieurs, c'est bien simple : je lui résistais, il m'a assassinée ! » – et un tonnerre d'applaudissements salua sa présence d'esprit.

L'existence de Marie avait déjà été copieusement remplie. Outre l'insignifiant mari qui eut la délicatesse de mourir après lui avoir fait deux filles, elle avait été la maîtresse du chef d'orchestre Alexandre Piccini qui lui laissa, en guise de souvenir, une adorable petite fille – *Pichinoisette*. Puis, ce fut la liaison célèbre avec le comédien Frédérick Lemaître. Les voir ensemble en scène était, paraît-il, un spectacle bouleversant.

Marie épousa ensuite Jean-Toussaint Merle, directeur de la Porte-Saint-Martin et ardent royaliste – ce qui l'avait fait surnommer le *Merle blanc*. Ils s'étaient mariés parce que, s'il faut en croire Marie Dorval elle-même, le mariage était la seule façon qu'ils avaient trouvée de se séparer. Dès que Vigny entra dans sa vie, Marie s'arrangea pour que Merle et son cher Alfred deviennent amis. Aussi, Vigny ne se gêne-t-il point pour faire visite à sa maîtresse dans l'appartement où circulent Merle et les trois filles de Marie. Elle le reçoit étendue sur un sofa et le fait asseoir tout près d'elle. Il s'enflamme, leurs mains se mêlent – et ils tressaillent lorsque des pas se rapprochent. Ainsi que le dira un jour Mme Simone André-Maurois : « Marie aime sanctifier ses liaisons en leur donnant un caractère familial. » Merle, vieilli avant l'âge, semble avoir accepté le partage, sinon avec résignation, du moins avec philosophie.

– Puisqu'il en faut un, semble-t-il dire, autant celui-là qu'un autre !

Quant à Marie, les sentiments qu'elle porte à Vigny sont tels qu'elle pourrait à nouveau lancer le fameux vers de *Marion Delorme* qui avait fait éclater de rire tout Paris :

Ton amour m'a refait une virginité !

Alfred devient pour elle une manière de saint, un père hospitalier.

– Le beau mérite, explique-t-elle un jour à George Sand, d'adorer un être parfait qui existe réellement ! Croit-on que, si je l'avais connu, j'aurais été une pécheresse, est-ce que ce sont les sens qui entraînent ? Non, c'est la soif de tout autre chose ; c'est la rage de trouver l'amour vrai qui appelle et fuit toujours !

Pour elle, il écrit *la Maréchale d'Ancre*, et trace ce quatrain en pensant à Marie :

Si des siècles mon nom perce la nuit obscure,
Ce livre, écrit pour vous, sous votre nom vivra.
Ce que le temps présent déjà tout bas murmure
Quelqu'un dans l'avenir tout haut le redira.

Malheureusement, c'est Mlle George qui créera le rôle.

Une seule consolation pour Marie : l'ancienne maîtresse de Napoléon, devenue plantureuse, s'était tellement serrée dans son corset qu'on dut interrompre la première représentation, après le premier acte, avant qu'elle ne s'évanouisse !

C'est George Sand qui, selon l'expression de Bertrand de La Salle, va sonner le glas de la passion entre Alfred et Marie. Que l'on ne s'y méprenne point, ce n'est pas du poète que George Sand va sembler tomber amoureuse, mais de la comédienne. Vigny la trouve trop voyante, trop souvent habillée en garçon, le cigare au bec, et il est choqué par « ce côté homme dans la tournure, le langage, le son de la voix et la hardiesse des expressions ».

Jusqu'où sont allées les choses entre Marie et George Sand ? Jusqu'au bout, d'après Arsène Houssaye qui n'y était point. Cependant, Vigny écrira un jour à sa maîtresse : « Je t'interdis de revoir cette Sapho qui t'ennuie. »

Marie n'ennuyait pas George Sand qui avoue avoir écouté sans se lasser « la plainte passionnée et incessante de Marie, contre Dieu et les hommes ». Elle y trouve même un « charme étrange », ce qui n'est pas pour nous surprendre. Selon George Sand, Mme Dorval « avait un abandon d'une rare éloquence ; éloquence parfois sauvage, jamais triviale, toujours chaste dans sa nudité et trahissant partout la recherche de l'idéal insaisissable »...

★

Le 30 mai 1833, Marie Dorval joue enfin un petit acte que Vigny a écrit pour elle : *Quitte pour la peur*, et dans lequel Marie – la duchesse – attend un enfant de son amant. Le duc – cocu au cœur noble – vient alors voir sa femme. Elle croit qu'il va la tuer, non, il n'a qu'un but : sauver la réputation de son épouse.

– Vos gens et les miens m'ont vu rentrer, ils me verront sortir, et pour tout le monde, c'est tout ce qu'il faut.

L'histoire est, paraît-il, authentique, et on ne peut être trompé avec plus d'allure. A cette époque, alors que Marie se prépare à jouer, à Rouen, *Quitte pour la peur*, a-t-elle trompé Alfred ? Il faut le supposer, puisque, le 3 juillet 1833, il lui écrit cette lettre : « Tout ce que tu m'as fait souffrir est incalculable. Ce n'est pas trop de toute ta vie pour me le faire oublier ; mais enfin, hier, j'ai reçu ton âme tout entière et, après nos quatre heures de baisers et d'amour, elle s'est rouverte, comme tous les jours dans mes bras. Je t'en rends grâce mille fois, mon ange, ma chère belle, je t'ai retrouvée. Ton tendre repentir a effacé tout, mon enfant ; je te confie à la garde de *ton amour, de ton honneur et de ta bonté* ! N'oublie jamais cela. »

Cependant, au cours de « ces quatre heures de baisers et d'amour », Alfred s'est laissé emporter à dire des paroles qui, écrit-il, l'ont « outragée plus que je ne puis le dire, je me coupais moi-même au tranchant de mon arme et en me vengeant, je me blessais... ». Marie pense que la blessure se cicatrisera et, de Rouen, elle écrit à son amant :

« Non, rien ne vaut ta présence, ta voix, tes caresses, rien n'est comparable à ces trois jours passés avec toi et pour toi seul enfermée dans ta chambre, dans ton lit, dans tes bras. Rien, rien ne vaut cela. Que puis-je entendre après t'avoir entendu, quelles louanges peuvent me flatter après toutes celles que j'ai reçues de toi. Que peut-on m'apprendre de moi ! Toutes les adorations est-ce que je ne les ai pas reçues de toi ? Qu'est-ce qu'il y a après un amour comme celui que tu m'as donné ? Rien, rien, mon Alfred, toi c'est l'air et la lumière, tout le reste, c'est la mort et la nuit... »

Vigny lui écrit à nouveau tendrement, et Marie lui affirme qu'il faudrait lire ses lettres à genoux, « et mourir si l'on perdait celui qui les avait écrites ». Elle termine en s'exclamant : « Quel cœur ! Que de bonté ! Que d'amour d'amant, de frère, non je ne puis lire ces lettres sans me sentir mille fois indigne de lui. »

Cependant Vigny va peu à peu se détacher. Il lui adresse une lettre d'une autre encre et elle s'étonne : « Sais-tu que tu ne me parles plus de rien... mais de rien du tout !... En es-tu là ?... Est-ce que tu ne seras plus mon amant, dis ?... »

Si ! Il veut l'être encore.

Mais quelque chose s'est brisé. Sa jalousie y est assurément pour beaucoup. Selon lui, Marie mène, en tournée, une existence *éventée*, et ses « idées » font un mal infini à Marie, d'autant plus qu'Alfred espace ses lettres. « Ces longs silences me tuent, lui écrit-elle. Sois juste, ce n'est pas moi qui ai commencé à rendre notre correspondance si rare. Je n'ai pas senti un instant mon amour se ralentir pour toi. Je t'aime, moi, comme si je t'avais vu hier, il n'en est pas de même de toi. »

★

En 1838, Alfred, sans oublier Marie, se consolera avec la très jeune Julia Battlegang, et Marie avec Jules Sandeau qui a treize ans de moins qu'elle... Vigny pourra lui écrire : « Quelquefois, il arrive que deux amants se trompent mutuellement et veulent se séparer, alors commence une lutte comme celle de l'ange et de Jacob, où ni l'un ni l'autre ne peuvent se terrasser. » La lutte sera pénible : réconciliations, scènes, partage, ruptures se succéderont avant la rupture définitive. Elle se confie à une amie :

– Nous revoir, c'est nous torturer tous les deux.

Quant à lui, c'est en poète qu'il écrira :

De nos lentes amours bien sombre est l'agonie,
Après s'être épuisés dans des combats jaloux...
... Hélas ! qui n'a gémi de sentir dans son âme
Près du feu de l'amour brûler une autre flamme ?

C'est peut-être le seul portrait que nous possédons de la reine Aliénor d'Aquitaine dont le second mariage déclencha la guerre de Cent Ans. (Plon.)

Aliénor d'Aquitaine

Lorsqu'elle devient l'épouse, à Bordeaux, du futur roi Louis VII, le 25 juillet 1137, la rieuse Aliénor d'Aquitaine n'a que quinze ans. Au cours de la cérémonie, célébrée à la cathédrale Saint-André, la foule de ses vassaux peut admirer la fraîche beauté, la pureté du sourire et le regard clair de leur duchesse tout éblouissante dans sa robe écarlate. Quant au jeune fils de Louis VI – il a seize ans – on murmure déjà :

– Il a l'air d'un moine.

Cette union avec l'héritier du royaume de France en impose peu à Aliénor. Louis VI n'est qu'un roitelet dont la puissance est aussi dérisoire que l'apparence de son fils est chétive. Lorsqu'il avait, quelques années auparavant, pris la forteresse de Montlhéry, sur la route de Paris à Orléans, il n'en avait pas eu plus de joie que « si on lui avait ôté une paille de l'œil ou brisé les portes d'une prison où il eût été enfermé ».

Il ne possède qu'une « poussière de droits », selon l'expression de Régine Pernoud qui, avec son grand talent, a tracé un parallèle spectaculaire entre l'infime pouvoir du suzerain et la puissance d'Aliénor. En effet, la duchesse d'Aquitaine, bien qu'elle fût vassale du roi de France, régnait sur un territoire immense, « dix-neuf départements : de l'Indre aux Basses-Pyrénées », qu'elle avait hérité de son père, comte de Poitiers et duc de Gascogne. Cet héritage lui donnait une incontestable souveraineté.

Durant la longue cérémonie et l'interminable banquet, Aliénor observe avec gentillesse le grand jeune homme timide qui va devenir son mari et qui la contemple avec amour – car Louis est rapidement tombé éperdument amoureux de la jeune fille. C'est seulement après avoir franchi la Charente, en arrivant au château de Taillebourg où l'on a préparé la chambre nuptiale que les jeunes mariés demeurent enfin seuls. Et ce fut aussitôt, de part et d'autre, une grande passion que chanteront les troubadours de la langue d'oc et les trouvères de la langue d'oïl.

Un peu avant d'arriver à Poitiers, en traversant le pont de Montierneuf, les jeunes mariés voient un messager courir au-devant d'eux de toute la vitesse de son cheval. Il met pied à terre, puis se jette à genoux devant Louis et son épouse : le roi Louis VI sentant la mort venir avait ordonné qu'on l'étendît sur un lit de cendres en forme de croix et venait de rendre le dernier soupir.

Louis et Aliénor deviennent roi et reine de France.

★

Sept années ont passé, l'amour entre les souverains est toujours aussi vif... bien qu'Aliénor reproche à son mari sa piété qui se manifeste par des jeûnes et mortifications qui éloignent la jeune femme de la chambre conjugale. Une ombre à leur bonheur : Aliénor et Louis n'ont pas d'enfants. La reine rend alors visite à Bernard de Clairvaux, un grand mystique, le corps amaigri par les jeûnes, un ascète dont on disait : « qu'il était une Voix ». Et cette Voix, pour les hommes du XIIe siècle, ne pouvait être que celle de Dieu.

– Depuis bientôt sept ans que je vis avec le roi, lui dit Aliénor, je demeure stérile. Je me désespère d'avoir jamais l'enfant que nous souhaitons.

Bernard de Clairvaux répondit :

– Cherchez donc la paix du royaume, et Dieu dans sa

miséricorde vous accordera, je vous le promets, ce que vous demandez.

Et quelques mois plus tard vient au monde une petite fille qu'Aliénor prénomme Marie en l'honneur de la mère du Christ. Cette même année, 1146, la reine « prend la croix » et décide d'accompagner son mari en Terre sainte. Elle entraîne avec elle de nombreuses dames de la cour. Toute une foule de servantes et de chambrières suivent leurs maîtresses. Non seulement, il faut nourrir ces bouches inutiles, mais la file de chariots et de litières alourdit d'excessive façon la marche de la gigantesque expédition. D'autre part, la présence de ces femmes fait soupirer les gens d'Eglise.

Que de drames en perspective !

En route vers Jérusalem, l'armée française s'est arrêtée à Antioche où règne l'oncle d'Aliénor, le séduisant Raymond de Poitiers – « grand, mieux fait de corps et plus beau qu'aucun de ses contemporains ».

Les dix jours que l'oncle et la nièce vont passer ensemble au bord de l'Oronte auront des répercussions plus considérables que la longueur du nez de Cléopâtre. Raymond estimait que l'armée devait aller reconquérir Edesse, la ville fameuse dont la chute, en 1144, avait d'ailleurs déterminé Bernard, l'abbé de Clairvaux, à prêcher à Vézelay la IIe croisade. La frontière des royaumes latins de Syrie ne se trouvait-elle pas menacée tant que la ville serait entre les mains des Turcs ? Mais le roi Louis ne pensait qu'au pèlerinage aux saints lieux et, sans vouloir entendre les raisons qui lui étaient opposées, il décide de se rendre d'abord à Jérusalem.

Coup de théâtre !

Aliénor entre en scène, se range à l'avis de son oncle – a-t-elle eu des faiblesses pour lui ? –, elle affirme qu'elle demeurera à Antioche avec ses propres vassaux et lance dédaigneusement à son mari :

– Je croyais avoir épousé un homme et non un moine !

Le « moine » se fâche. Une femme doit suivre son

mari ! Le roi « enlève » alors sa femme, la fait transporter de force en pleine nuit jusqu'à son « quartier général » et l'armée reprend sa route vers Jérusalem. Tandis qu'on l'entraîne, Aliénor prend la décision de demander l'annulation de son mariage. Elle le proclame : leur union est nulle puisqu'ils se trouvent « parents à un degré prohibé par le droit canonique ». Cependant les choses semblent quelque peu s'arranger entre les époux. Au retour de la croisade, Aliénor mettra, en effet, au monde une seconde fille.

C'est alors qu'Henri Plantagenêt apparaît. Agé de dix-huit ans, il vient prêter hommage à son suzerain pour ses comtés d'Anjou et du Maine. Déjà duc de Normandie par la grâce de sa mère, petite-fille de Guillaume le Conquérant, il doit hériter un jour des droits sur la couronne d'Angleterre. Si Louis VII ressemble à un moine, Plantagenêt, hautain, trapu, musclé, fait plutôt penser à un lutteur de foire. Tel quel il plut à Aliénor et, afin de l'épouser, elle demande l'annulation de son mariage. Le roi n'a en tête qu'une seule pensée : avoir un héritier. Alors qu'il devait tout faire pour que sa femme n'aille pas porter ses possessions aux Plantagenêts, il accepte qu'un concile se réunisse à Beaugency afin de faire constater la fâcheuse consanguinité.

Bientôt Aliénor, redevenue duchesse d'Aquitaine, épouse à Bordeaux le jeune Henri Plantagenêt qui, après s'être fait couronner duc d'Aquitaine à Limoges, va bientôt ceindre la couronne d'Angleterre et étendre ainsi ses possessions de l'Ecosse à l'Espagne en passant par la Normandie et les Pays de Loire. On sait ce qu'il en résultera : le joug féodal qui, à la suite de ce mariage, liera désormais les rois d'Angleterre aux rois de France semblera vite intolérable à ceux-là : ils voudront s'en affranchir, être leur maître au bord de la Garonne comme ils l'étaient au bord de la Tamise, et ce désir déclenchera cent années de tueries – sans oublier la possession, jusqu'à nos jours, des îles Anglo-Normandes...

★

C'est un rude homme que le second mari d'Aliénor. Il aime le pouvoir, règne et gouverne intensément – et fort adroitement. « Sauf quand il monte à cheval, écrit Pierre de Blois, ou quand il prend ses repas, il ne s'assied jamais. Il lui arrive de faire en un jour une chevauchée quatre à cinq fois plus longue que les chevauchées ordinaires... Tandis que les autres rois se reposent dans leur palais, il peut surprendre et déconcerter ses ennemis et tout inspecter. » Voilà qui change Aliénor des patenôtres de son « moine ».

Pour gouverner ce véritable empire, Aliénor va seconder son mari. Tandis que celui-ci séjourne en Normandie ou en Angleterre, la reine organise le siège de son gouvernement à Poitiers, à Bordeaux ou à Niort, mais toujours éprise du roi Henri, elle se rend le plus souvent possible auprès de lui et, de ces entrevues entre deux chevauchées, naîtront cinq fils et trois filles.

Cependant, ces brèves rencontres avec Aliénor ne suffisent pas, on s'en doute, à apaiser le tempérament vigoureux du roi d'Angleterre. Il multiplie les aventures et s'amourache même de la belle Rosemonde, fille du chevalier normand Gauthier de Clifford. En venant en Angleterre pour faire ses couches et mettre au monde le futur Jean sans Terre, Aliénor apprend la vérité. Son amour pour le roi Henri se transforme alors en haine. Certes, elle n'a nullement obligé sa rivale à se donner la mort par le fer ou par le poison, ainsi que l'ont imaginé certains poètes ou dramaturges du temps, mais elle préfère abandonner, non son titre, mais son rôle de reine d'Angleterre pour redevenir duchesse d'Aquitaine qui, lorsque l'intérêt de son duché l'exigera, saura être une véritable ennemie pour Henri II Plantagenêt. Ainsi que le dira E.-R. Labande : « Aliénor ne s'est pas vengée en assassinant Rosemonde. Elle a fait mieux : elle a soulevé le Poitou. » Cette révolte aura pour chef le fils d'Aliénor et du roi d'Angleterre, Henri dit le Court Mantel, ainsi nommé car il affectionnait les petites capes. Poussé par sa mère, il prend les armes contre son père afin de lui arracher des fiefs français qu'il veut affranchir de l'autorité anglaise.

Louis VII est tout heureux de pouvoir aider le fils de sa première femme et causer ainsi des ennuis à celui qui lui a succédé dans le cœur d'Aliénor. Il traite le jeune Henri en roi d'Angleterre et protège également les deux autres fils d'Henri II : Richard et Geoffroy.

La guerre commence et Louis VII combat aux côtés du Court Mantel qu'on appelle maintenant « le Jeune Roi ». Assurément, c'est Aliénor qui tient, dans les coulisses, les ficelles de cette gigantesque conspiration dressant les fils du roi d'Angleterre contre leur père.

A la demande du roi Henri – le vrai – l'archevêque de Rouen, Rotrou de Warwick, adresse une solennelle remontrance à la reine :

« Nous déplorons tous, d'une plainte unanime et lamentable, que toi, femme prudente entre toutes, tu te sois séparée de ton époux... Avant que les événements nous acheminent à une issue funeste, reviens avec tes fils vers le mari à qui tu dois obéir et auprès duquel tu es tenue de vivre... Ou bien tu reviendras vers ton époux, ou bien, par le droit canonique, nous serons contraints et forcés d'exercer contre toi la censure de l'Eglise. »

Mais Aliénor hausse les épaules.

« C'est au nord de Poitiers, en direction de Chartres, raconte Régine Pernoud, qu'un soir, tout près des Etats du roi de France, des hommes à la solde du Plantagenêt se heurtèrent soudain à un petit groupe de chevaliers qu'à tout hasard ils firent prisonniers, car ils étaient poitevins. A leur grande stupeur, ils reconnurent parmi eux, sous des vêtements d'homme, la reine Aliénor. »

Elle partait rejoindre son fils qui se trouvait alors près du roi Louis. Quelle revanche pour le premier mari...

Mais voici maintenant Aliénor prisonnière de son second époux – et elle le demeurera durant neuf années. Certes, bien qu'étroitement surveillée, elle changera de résidence, mais il lui faudra cependant attendre d'avoir dépassé la soixantaine pour que son second mari l'emmène en France avec lui.

★

Louis VII était mort en 1180, Henri II mourut d'une attaque à Chinon un soir de juillet 1189, en apprenant que son fils Jean sans Terre le trahissait comme ses autres enfants, le Court Mantel ou Richard Cœur de Lion. Aliénor, tandis que Richard devient roi d'Angleterre, reprend son gouvernement d'Aquitaine. Maintenant l'amour maternel occupe seul son esprit et son cœur. Lorsque Richard sera fait prisonnier, on la verra, à l'âge de soixante et onze ans, porter elle-même à l'empereur Henri IV d'Allemagne l'énorme rançon de cent mille livres exigée par le vainqueur. Lorsque Richard sera blessé à mort par une flèche partie des remparts du château de Chalus, en Limousin, elle accompagnera le cadavre de son fils jusqu'à l'abbaye de Fontevrault.

Dernière image que l'on veut garder d'Aliénor : la vieille reine, presque octogénaire, se mettant à genoux devant Philippe Auguste, fils de son premier mari, afin de lui faire hommage de son duché d'Aquitaine.

Lorsqu'elle s'éteignit à Fontevrault, là même où reposaient Henri II et Richard Cœur de Lion, elle avait quatre-vingt-deux ans. Mais son souvenir doit demeurer en nous surtout parce qu'elle avait présidé aux célèbres cours d'amour où l'on mettait en jugement des problèmes amoureux imaginaires. Elle avait aimé la poésie et protégé les troubadours de langue d'oc. La poésie française lui doit ainsi beaucoup. Les femmes aussi. Comme l'a encore dit Régine Pernoud : « Si les femmes ont cessé d'être un objet de crainte et de mépris pour en devenir un de dévotion, c'est en grande partie à l'Aquitaine, à ses troubadours et à sa duchesse qu'elles le doivent. »

Billaud-Varenne dont Danton disait qu'il avait : « un poignard sur la langue ». Selon cette gravure satirique les « crimes » de « l'homme rouge » l'emportent sur sa condamnation à être déporté à Cayenne. (B.N.)

Angélique Billaud-Varenne

Dans ses *Souvenirs thermidoriens,* Georges Duval écrivait que la jeune Angélique Doye était une des plus belles femmes qu'il ait jamais vues. Elle subjugua littéralement en tous les cas, en 1785, un avocat sans cause, Me Jean-Nicolas Billaud-Varenne qui demeurait dans la même maison, 4, rue de Savoie. Ils s'étaient rencontrés dans l'escalier, Billaud avait immédiatement interrogé le concierge. Il apprit ainsi que sa voisine, d'origine allemande, vivait modestement avec sa mère d'une petite rente de cent cinquante livres payée par l'officialité diocésaine, ainsi qu'il était d'usage alors pour ceux qui, « nouveaux convertis », avaient quitté la religion protestante.

Sans tarder davantage, l'avocat, séduit, demanda la main de la ravissante Angélique à Mme Doye qui accueillit la démarche assez froidement. Le postulant ne vivait que d'une petite pension versée par son père, avocat à La Rochelle. Mais Me Billaud-Varenne fils sut mieux que personne plaider sa cause.

– Je manque peut-être de pouvoirs, déclara-t-il, mais je ne manquerai pas d'honneur et de probité. Je vous le promets : jamais Mlle Angélique n'aura à se repentir de la préférence qu'elle daignera m'accorder ; elle sera toujours la compagne de ma vie, l'épouse adorée choisie par mon cœur.

Mme Doye se laissa attendrir d'autant plus que sa fille semblait trouver l'avocat à son goût. Ce jeune homme mince, aux cheveux noirs, au teint pâle, au nez grec lui plaisait. Il avait bien une coquetterie dans l'œil, mais elle trouvait que cela ne nuisait pas à son charme. Et le mariage eut lieu à Saint-André-des-Arts, le 12 septembre 1786.

Ce fut le bonheur en dépit du manque d'argent. Les causes ne venaient toujours pas ; Billaud, qui avait commis autrefois un vaudeville, essaya d'écrire une tragédie, mais ce fut sans succès et la pièce demeura dans son tiroir. C'est alors qu'il devint le secrétaire d'un de ses confrères avocat au Conseil du roi, dont la renommée commençait à dépasser le quartier de l'Odéon.

Il s'agissait de Danton et la Révolution allait le placer au tout premier plan. Dans l'ombre du célèbre tribun, Billaud devait gravir tous les échelons du nouvel ordre des choses. Nommé membre de la municipalité insurrectionnelle, puis élu député à la Convention, président du club des Jacobins, membre enfin du terrible Comité de salut public. Dans toutes ces redoutables fonctions, il a le couteau entre les dents, image que Danton, quelque peu épouvanté par la fièvre rouge témoignée par son ancien secrétaire, traduisait par cette formule :

– Billaud a un poignard sur la langue.

On le voit féliciter les égorgeurs des massacres de Septembre, pousser les Girondins vers la guillotine, et déployer son effarante activité pour envoyer la reine, Danton – son ancien patron – puis Robespierre à l'échafaud. Ainsi que l'a remarqué Lenotre : « Sur tous les décrets de mort, son nom se retrouve souvent le premier ; il signe avant ses collègues, il est sans pitié, sans émotion, sans enthousiasme : quand les autres s'effarent, hésitent, reculent, lui *va son train*, parlant par sentences ampoulées, secouant sa crinière de lion ; car pour mettre sa face impassible et froide en harmonie avec les exubérances qui l'entourent, il s'affuble maintenant d'une perruque jaune qui ferait rire sur toute autre tête que sur la tête sinistre de Billaud-Varenne. »

Et cet homme est adoré par son Angélique qui le voit

revenir du sanglant Comité avec la conscience calme et tranquille du fonctionnaire qui estime avoir bien rempli son devoir.

– Pas un nuage, affirmera-t-il, n'obscurcit le ciel serein de notre union.

Elle le regarde avec amour et elle est la première à tomber de haut, lorsque, la tourmente passée, elle réalise enfin le mépris et la haine que l'on porte à celui qui est désormais surnommé « l'homme rouge ». Partout, sur son passage, on l'invective, on l'injurie, on le hue.

★

Billaud parvient à échapper à la guillotine, mais, le 2 mars 1795, la Convention, poussée par l'opinion publique, le fait arrêter et le condamne à la déportation à Cayenne. Lorsqu'on vient le chercher rue André-des-Arts où il demeure avec Angélique, celle-ci voit avec horreur la foule, persuadée qu'on entraîne Billaud à l'échafaud, s'amasser et cracher au visage de son cher mari en criant :

– A mort ! A la guillotine !

Mais lorsque les Parisiens s'aperçoivent que la voiture prend le chemin de la barrière d'Enfer, et non celui de la Conciergerie, on se rue sur l'équipage, on coupe les traits des chevaux et l'on traîne la berline dans la cour du Comité de sûreté générale.

Le soir, on tente un nouveau départ pour la forteresse de Ham, cette fois. La garnison de Paris est mobilisée, quarante mille hommes sont sous les armes, cent canons enserrent les Tuileries. En dépit de la foule compacte qui la cerne, la voiture dans laquelle se trouve Billaud atteint les Champs-Elysées, mais là, nous dit un témoin, « le peuple a coupé à nouveau les traits des chevaux, s'est emparé des carrosses, et les a traînés lui-même au Comité de sûreté générale ». La troupe n'a pas osé intervenir.

C'est à 2 heures du matin que l'escorte entourant le « terroriste » ose affronter Paris pour la troisième fois et que Billaud-Varenne, tout en étant insulté de relais en relais, parvient sans dommage à La Rochelle où il est embarqué pour Cayenne.

★

Angélique est anéantie par la douleur. Elle est la femme d'un monstre, on lui tourne le dos. Elle se ronge. Qu'est devenu son cher Jean-Nicolas ? Enfin, elle apprend par ses beaux-parents l'embarquement du déporté à La Rochelle. Elle leur annonce : « Je ferai toutes les démarches pour me réunir à mon mari et je partagerai son sort, quel qu'il soit, trop heureuse si je puis obtenir de rejoindre celui qui a fait mon bonheur pendant dix ans. »

Elle met en gage les quelques affaires du ménage pour envoyer des subsides au proscrit. « Je vous supplie, mon cher papa, écrit-elle à son beau-père, s'il est encore temps, de lui procurer quelques louis, à quelque prix que ce soit ; je vous les rendrai fidèlement. D'ailleurs, je fais mettre au roulage deux caisses : l'une contient trois cents volumes, et dans l'autre il y a une pendule. Vous pouvez, si vous voulez, mon cher papa, les faire vendre tout de suite... Je vous demande un million de pardons de tout l'embarras que je vous donne ; mais, mon cher papa, je n'ai plus que vous au monde. J'ai tout perdu : mon frère vient de mourir de chagrin et ma sœur est morte il y a deux mois... »

Poursuivie par la haine de ses voisins, elle va se terrer dans un autre quartier sous un faux nom. Angélique aurait tant voulu partir rejoindre Jean-Nicolas. Hélas ! C'est impossible : « Je ne puis lui tenir ma promesse ; je ne puis survivre à tant de malheurs ; je suis affligée jusqu'à la mort ; toutes mes forces m'abandonnent... Pauvre Billaud, lui qui était mon père, ma patrie et mon tout ; il connaissait tous mes malheurs et me consolait de toutes mes peines. Si je pouvais le voir encore une fois, je mourrais contente ! »

Pour elle, Billaud-Varenne reste l'homme à « la belle

âme pure et innocente que la civilisation indignée a rejeté parmi les sauvages ». Comment s'embarquer pour Cayenne ? Et même si son état « déplorable » s'améliorait, comment verserait-elle l'argent de la traversée ? C'est alors qu'Angélique rencontre Harry Johnson, un riche armateur américain, un républicain exalté qui a voué un véritable culte à Billaud-Varenne. Il propose à Angélique d'armer un corsaire afin d'enlever le proscrit de Cayenne et l'arracher à sa misérable case. Mais Jean-Nicolas, prévenu, répond noblement :

– La Convention nationale, qui m'a condamné injustement, a seule le droit de proclamer ma délivrance.

Enfin, le gouvernement permet à Angélique d'aller retrouver son malheureux époux « aux frais de la République ». Aussi, au mois de février 1796, Angélique part-elle pour La Rochelle où elle trouve une lettre de Billaud-Varenne qui l'attend, lui ordonnant de ne point s'embarquer. Il craint pour elle la pénible traversée, le terrible climat de Cayenne où règnent les fièvres. Découragée, au bord de la dépression nerveuse, Angélique regagne Paris. C'est alors que Johnson tend une « main protectrice et secourable » en lui faisant une proposition extravagante : il est prématurément usé, sa santé est délabrée, assurément il ne vivra pas vieux, aussi propose-t-il à la belle Angélique de divorcer « pour cause d'absence de mari », et de l'épouser. Ainsi Billaud-Varenne pourra, un jour qu'il estime prochain, profiter de sa belle fortune.

Et, au mois de janvier 1797, Angélique, par amour pour Jean-Nicolas, épouse Harry Johnson qui, ainsi en ont-ils décidé, ne sera pour elle « qu'un protecteur et un père adoptif ».

Enfin, elle peut envoyer de l'argent à Billaud-Varenne. Bien entendu, ce dernier ne sait rien de l'étrange arrangement pris par sa femme. On ne l'a pas averti qu'il était divorcé. Elle écrit à son beau-père : « Ne vous occupez pas de l'argent ; si j'ai conservé mes tristes jours, c'est dans l'unique espérance d'être utile à cet innocent opprimé ; je roule mille projets dans ma tête pour le tirer de cette affreuse situation. J'ignore si je réussirai. »

Johnson propose même d'affréter un navire pour aller lui-même « consoler son ami ». Il avait promis de mourir rapidement, il tient parole et, le 26 décembre 1799, quitte la terre en laissant à Angélique un demi-million « dont elle se réjouit de faire profiter Billaud ». Mais lorsque celui-ci apprend le mariage de sa femme et son veuvage, il ne veut plus entendre parler de sa chère Angélique :

– Il y a des fautes impardonnables, déclare-t-il.

Cependant, à la même époque, les nouveaux consuls de la République accordent sa grâce. Fièrement, Billaud-Varenne, secouant sa perruque fauve qu'il porte toujours, répond :

– Je sais par l'Histoire que les consuls romains tenaient du peuple certains droits ; mais le droit de faire grâce que s'arrogent les consuls français n'ayant pas été puisé à la même source, je ne puis accepter l'amnistie qu'ils prétendent m'accorder.

★

Billaud avait fini par acquérir une petite plantation. Il possédait même quelques esclaves. Lui qui, au Comité de salut public, avait solennellement décrété l'abolition de l'esclavage ! Et, comme l'a dit encore Lenotre : « La comédie de l'Histoire, si féconde en revirements pittoresques, n'en présente pas un plus piquant ; le plus curieux autographe qu'un collectionneur puisse rencontrer n'est-il pas celui dont voici l'exacte copie ? : « *Je reconnais avoir reçu la somme de mille huit cent quarante et une livres dix sols, pour le payement de la vente d'un nègre, nommé Etienne, conformément aux engagements que j'avais pris avec l'acheteur de ce nègre...* »

Il s'était également porté acquéreur d'une petite négresse nommée Brigitte. Elle avait seize ans, elle était fort jolie. Billaud-Varenne se mit à l'aimer. Elle suivit cet exemple et c'est avec elle qu'au retour des Bourbons, craignant des représailles, il partit pour New York. Mais Brigitte s'habitua mal au climat et c'est à Saint-Domingue qu'ils allèrent s'installer.

Lorsque la mort vint, Brigitte entendit le vieux Conventionnel murmurer :

– Je meurs fier de l'utilité et du désintéressement de ma vie. Mes ossements reposeront du moins sur une terre qui veut la liberté... Mais j'entends la voix de la postérité qui m'accuse d'avoir trop ménagé le sang des tyrans d'Europe.

Il léguait à Brigitte, à sa chère petite négresse, tous ses biens « autant, précisait-il, pour m'acquitter envers elle des services qu'elle m'a rendus depuis dix-huit ans, que pour reconnaître le nouveau et le plus complet témoignage de son inviolable attachement, en consentant à me suivre, quelque part que j'aille ».

Angélique n'était plus depuis quatre années, elle n'avait pu se résoudre à garder pour elle toute seule la fortune de son second mari. Elle avait épousé, le 2 avril 1808, un négociant, M. Cousin-Duparc, « beaucoup plus jeune » qu'elle, à qui elle avait légué toute la fortune de Harry Johnson.

Anne de Bourbon-Condé, duchesse de Longueville, une beauté blonde « éclatante et rêveuse » qui, avouait-elle, n'aimait pas « les plaisirs innocents ». (Plon.)

Anne-Geneviève de Longueville

Le climat du sombre donjon de Vincennes n'a pas bonne réputation : Henri V d'Angleterre y mourut, puis le roi Charles IX de France, après une effroyable agonie.

Lorsque Charlotte de Montmorency, princesse de Condé – celle-là même qui fut aimée du roi Henri IV – fut enfermée à Vincennes, en compagnie de son trop ambitieux et insupportable mari, elle occupa ses loisirs à faire des enfants. Et pourtant, elle détestait son mari. Fallait-il qu'elle s'ennuyât !... Les trois premiers garçons qui vinrent au monde moururent dès la première heure – sans doute en découvrant le cadre parfaitement sinistre dans lequel ils allaient devoir vivre. Une fille, née le 29 août 1619, fut, elle, plus résistante. On la prénomma Anne-Geneviève et, devenue un jour la duchesse de Longueville, elle sera la plus fameuse des amazones de la Fronde, et la sœur du Grand Condé pour lequel elle aura peut-être des sentiments par trop tendres. Mais nous n'en sommes pas encore là...

Lorsque Anne eut l'âge d'être aimée, elle apparut aux yeux du cardinal de Retz – un connaisseur en dépit de la pourpre – comme une beauté blonde « éclatante et rêveuse ». Sa langueur devint vite célèbre, mais Anne ne rêvait nullement à l'amour, aux révoltes ou aux chevauchées : elle ne pensait qu'au cloître où elle s'imaginait qu'il ferait si doux de s'ensevelir. Jeanine Delpech, qui semble avoir vécu dans son intimité – tant son livre est le reflet de la vie même de son héroïne (1) – nous affirme que le cloître représentait pour la jeune fille le plus sûr refuge de son orgueil. Elle manquait en effet de souplesse. S'assujettir aux exigences de la cour la révoltait. Sa ravissante mère lui reprochait ses silences et son excessive réserve :

– Vous avez, madame, lui répondit sa fille, des grâces si touchantes que, comme je ne vais qu'avec vous, et ne parais qu'après vous, on ne m'en trouve point.

Le prince de Condé estima que seul le mariage pourrait sortir sa fille de son état languissant et la rendre simplement langoureuse. Aussi, lui ordonna-t-il de se préparer à assister à un bal de la cour. Il n'était point question de résister !

Anne, affolée, alla bien vite demander conseil aux carmélites de la rue Saint-Jacques. Les pieuses femmes furent, paraît-il, « fort affligées » et suggérèrent à Mlle de Bourbon, « avant de se rendre à l'assaut », de placer sous sa robe de bal un cilice. Elles recommandèrent même à Anne de se faire le plus irrésistible possible. Aussi les hommages afflueraient d'autant plus – et la cuirasse lui permettrait de se montrer d'autant plus indifférente. « Tel un jeune soldat vérifiant ses armes la veille d'un combat, elle se croyait invulnérable, fortifiée par la grâce qu'elle portait dans un vase plus fragile qu'elle ne pensait. » Mais Anne dansa un ballet avec tant de charme, elle parut si irrésistible à tous, que les compliments affluèrent. Elle éprouvait tant de plaisir en regagnant l'hôtel de Condé qu'elle jeta son cilice par-dessus les moulins.

Au lieu de prendre le chemin du Carmel, elle se dirigea vers l'hôtel de Rambouillet. Sur sa table de chevet les romans à la mode prirent la place des livres de piété. Comme sa mère, elle se mit à lire *l'Astrée*, chère au Béarnais ; luth et guitare ornèrent les murs de sa chambre et attirèrent les regards plus que le crucifix. Cependant, dans l'ombre, un poète l'aimait – Jacques

(1) *L'Âme de la Fronde* (Fayard).

Sarrazin – mais, timide, il n'osa déclarer sa flamme à la princesse.

★

Le duc de Beaufort, fils de César de Vendôme, petit-fils de Henri IV et de Gabrielle d'Estrées, le futur roi des Halles, fut le premier homme qui demanda sa main. Certes, il bredouillait, sauf au lit, où « il était intarissable ». Aussi, faut-il regretter pour Anne que le prince de Condé n'ait pas voulu de l'alliance avec les Vendôme. Il préféra donner sa fille au peu séduisant et médiocre Henri II, duc de Longueville, descendant de Dunois, bâtard d'Orléans, le compagnon de Jeanne d'Arc. M. de Longueville était déjà veuf avec vingt-quatre ans de plus que sa fiancée et Jacques Sarrazin, désespéré de voir mariée « cette jeune beauté, vrai miracle des cieux », versifia :

Elle est comme une rose en la saison nouvelle
Qui tombe entre les mains d'un passant malappris
Indigne de toucher une chose si belle
Dont il ne connaît pas la splendeur ni le prix.

Le duc de Longueville était si « malappris » qu'il ne rompit même pas sa liaison avec la grasse Mme de Montbazon, épouse dodue d'un vieillard à côté de qui Longueville paraissait damoiseau. L'opulente Mme de Montbazon, aussi gourmande à table que dans l'alcôve, allait bientôt devenir la maîtresse du duc de Beaufort et, animée d'une jalousie rétrospective, se mit à détester Mme de Longueville, puisque son amant en avait été amoureux lorsqu'elle n'était que Mlle de Bourbon.

M. de Longueville se trouva bientôt d'ailleurs également trompé par sa femme qui prit comme amant le comte de Coligny : « Nul remords n'empoisonne sa défaillance : chez les grands l'adultère se sépare alors aussi rarement du mariage qu'un gentilhomme de son épée, et à force de s'entendre louée comme une déesse, la duchesse désinvolte a oublié les conseils des carmélites. »

Le chassé-croisé va tourner assez mal, lorsque l'on découvrira, dans un salon, deux lettres de rupture tombées d'une poche. Mme de Montbazon répandit le bruit qu'il s'agissait de deux écrits de la main de Mme de Longueville et adressés à Coligny. En réalité, les lettres avaient été écrites par M. de Maulévrier pour Mme de Feuquerolle. Le prince de Condé fit de l'affaire un crime de lèse-majesté ; Mme de Chevreuse, en qualité de belle-fille de Mme de Montbazon, s'en mêla et la querelle des dames prit alors une telle proportion que la reine dut appeler à son secours le cardinal Mazarin. Celui-ci passa plusieurs jours à composer une double harangue d'excuses et de pardon. Mme de Longueville et Mme de Montbazon durent lire en public ce texte accroché à leur éventail. Ainsi que l'a raconté Mme de Motteville « le Cardinal faisant l'affairé allait d'un côté et d'autre pour accommoder ce différend, comme si cette paix eût été nécessaire au bonheur de la France et au sien en particulier ».

Mme de Montbazon, ayant été par la suite exilée, Beaufort s'en prit à Mazarin et fustigea « l'insolence » du ministre. Le Cardinal affirma alors que Beaufort voulait l'assassiner et le petit-fils de Henri IV s'en alla méditer en prison – durant cinq années – de l'inconvénient de se mêler d'une querelle de dames.

★

Pour Maurice de Coligny, l'affaire tourna aussi mal. Son nom ayant été accolé à celui de Mme de Longueville, il estima qu'il devait défendre l'honneur d'Anne et, ne pouvant envoyer un cartel à Beaufort déjà emprisonné à Vincennes, il provoqua en duel le duc de Guise, ami de Mme de Montbazon. Anne, cachée derrière une fenêtre de la place Royale, assista au duel et vit son cher Maurice, blessé, tomber à genoux.

– Je ne veux pas vous tuer, lui déclara le duc de

Guise en posant le pied sur l'épée de Coligny, mais vous traiter comme vous le méritez pour vous être adressé à un prince de ma naissance.

A son chevet, Anne rencontra souvent l'ami du moribond, le prince François de Marcillac, futur duc de La Rochefoucauld, l'auteur des *Maximes*. Ils espérèrent la guérison, s'attendrirent et pleurèrent ensemble. Maurice ayant rendu le dernier soupir, Marcillac, avec élégance, qualifia la gangrène de maladie de langueur « due au chagrin d'avoir mal défendu l'honneur de sa maîtresse ». Le procédé toucha infiniment la sœur du Grand Condé et son cœur battit bientôt pour Marcillac. Quant à celui-ci, il déclara que « la beauté de Mme de Longueville, son esprit et tous les charmes de sa personne attachèrent à elle tout ce qui pouvait espérer en être souffert. Beaucoup d'hommes et de femmes de qualité essayèrent de lui plaire... »

Il décida d'essayer à son tour. Pour cela, il fallait écarter de la compétition, autrement dit de l'héritage de Coligny, le comte de Miossens qui, avec ingénuité et fatuité, mettait le prince au courant des progrès qu'il faisait dans la conquête du cœur d'Anne. Il prenait d'ailleurs ses désirs pour des réalités : « Il feignait d'avoir des espérances qu'il n'avait pas, nous dit Marcillac, et que je savais bien qu'il ne devait pas avoir. » Le futur duc de La Rochefoucauld découragea son ami : « J'avoue même, ajoute-t-il peu joliment, que je l'aigris exprès contre elle, pour l'obtenir, sans rien lui dire toutefois qui ne fût vrai. Il me la donna tout entière ; mais il se repentit de me l'avoir donnée quand il vit les suites de cette liaison. »

On devine le reste : Miossens ayant « donné » Mme de Longueville à son ami, Anne et François sentirent qu'ils étaient faits l'un pour l'autre, que leur goût les attirait vers la gloire et M. de Marcillac fut le grand amour de Mme de Longueville. Un sentiment les rapprochait encore : leur haine pour Mazarin qui devait les jeter dans la Fronde.

Lorsque Mme de Longueville n'était pas dans les bras de son amant à qui, soit dit en passant, elle donna un fils, elle débordait d'activité, menant avec adresse des négociations avec le Parlement, aidant Gondi, entraînant son frère Conti dans la révolte, obligeant la cour à chercher retraite à Saint-Germain. Victorieuse, elle s'en alla occuper l'Hôtel de Ville avec la duchesse de Bouillon. « Imaginez-vous, je vous prie, raconte de Retz, ces deux personnes sur le perron de l'Hôtel de Ville, plus belles en ce qu'elles paraissaient plus négligées, quoiqu'elles ne le fussent pas. Elles tenaient chacune un de leurs enfants entre leurs bras, qui étaient beaux comme leurs mères. La Grève était pleine de peuple jusque au-dessus des toits : tous les hommes jetaient des cris de joie ; toutes les femmes pleuraient de tendresse. » Puis, telle une puissance souveraine, Mme de Longueville fera signer le traité entre les frondeurs et la monarchie.

Après l'arrestation de ses deux frères et de son mari qui se retrouvèrent un beau matin à Vincennes, elle essaya mais en vain de soulever la Normandie. Marcillac l'accompagnait et ce fut là une manière d'enlèvement. Tandis que le prince partait en Poitou afin d'y mettre le feu aux poudres, Anne fut bientôt cernée et parvint à s'enfuir « jambes de-ci, jambes de-là » pour « affronter les périls de l'ombre ».

– Je n'aime pas les plaisirs innocents, avouait-elle.

Elle alla se réfugier à Stenay, mais les hostilités continuaient. Ainsi que l'a dit de Retz : « Ils voulurent tous la guerre, parce qu'aucun d'eux ne pouvait faire la paix. »

Un peu plus tard, à Bourges, désœuvrée, Anne se donna au duc de Nemours, surnommé par Mazarin *« le joli »*, qui était marié à la sœur du duc de Beaufort et que l'on surnommait « les délices de la cour ». Anne voulut se rendre compte par elle-même si cette réputation était usurpée... et puis, elle s'ennuyait tant à Bourges !

Marcillac connut la trahison de la bouche même de la coupable – et il en eut infiniment de peine.

Le 2 juillet 1652, Turenne, avec les troupes royales, attaquait les frondeurs. Le prince reçut une affreuse blessure au visage. Le 30 juillet, ce fut au tour de Nemours d'être mortellement blessé. Voici Marcillac débarrassé de son rival, mais sa blessure l'avait rendu presque aveugle. Sous le portrait de Mme de Longueville, il traça ces deux vers :

Faisant la guerre au roi, j'ai perdu les deux yeux ;
Mais pour un tel objet, je l'aurais faite aux dieux.

Plus tard, lorsque leurs amours furent mortes, il transforma ainsi le distique :

Pour ce cœur inconstant, qu'enfin je connais mieux,
J'ai fait la guerre au roi, j'en ai perdu les yeux.

★

Avant de mourir, Mme de Longueville retrouva la foi de sa jeunesse. C'était là, ainsi que le dit un témoin, « une saillie de dévotion qui s'amortirait bientôt ». Il se trompait : Mme de Longueville s'était donnée à Dieu – pour toujours. Elle ne revit plus La Rochefoucauld, mais elle lut avec douleur ses *Mémoires*, publiés sans l'accord de l'auteur, texte dans lequel l'ex-prince de Marcillac avoue l'avoir courtisée uniquement par vanité et pour obtenir la protection de la puissante famille des Condé. Mme de Longueville, devenue militante janséniste, aidant ces « messieurs de Port-Royal », devait quitter le monde le 14 avril 1679. Le Grand Condé pleurait à son chevet.

– Ma sœur n'aime que moi, soupirait-il, et moi je n'aime qu'elle.

Quant à Louis XIV, il déclara :

– Femme singulière, qui a trouvé le moyen de faire du bruit même en faisant son salut, et de se sauver sur une même planche de l'enfer et de l'ennui.

Le temps des amours n'est plus qu'un souvenir. Condorcet, décrété d'accusation par la Montagne, *est arrêté et s'empoisonne dans sa prison de Bourg-la-Reine.* (Hachette.)

Antoine de Condorcet

La belle Marguerite de Meulan qui passait tout l'été dans sa propriété d'Ablois, dans la Marne, avait invité sa grande amie Julie de Lespinasse à venir la rejoindre le mois de septembre.

– Comme je sais que vous n'aimez pas voyager seule, avait-elle ajouté, amenez donc ce M. de Condorcet, le mathématicien, qui a toujours l'air chez vous de se morfondre dans les coins, et que vous protégez, paraît-il.

Mlle de Lespinasse protégeait, en effet, le jeune mathématicien. Certes, le marquis de Condorcet n'était pas beau et son visage était tout grêlé par la petite vérole. Au surplus, il était gauche, froid, vulgaire et habillé sans la moindre recherche, mais ses travaux l'avaient déjà rendu célèbre, et il venait d'être admis à l'Académie des sciences. Antoine de Condorcet n'aimait pas le monde – et il n'en avait point l'usage – mais il accepta néanmoins d'accompagner à Ablois Mlle de Lespinasse à laquelle il témoignait, comme tous ceux qui la connaissaient, une fervente admiration. Malheureusement, la muse de l'*Encyclopédie* eut un empêchement de dernière heure...

Pourquoi M. de Condorcet ne se rendrait-il pas seul chez Mme de Meulan ? Le savant fut d'abord épouvanté à cette idée, mais Julie de Lespinasse le raisonna. Quitter sa mansarde lui ferait le plus grand bien et voir du monde le dégrossirait ! Et puis, si le salon l'ennuyait, il pourrait toujours se réfugier dans la bibliothèque et écrire pour elle quelques résumés des livres qu'il aurait ainsi tout le loisir de lire. Entre autres nouveautés, *l'Esprit de Marivaux* venait juste de paraître...

La mort dans l'âme, Condorcet partit pour la Marne où, dès les premières heures passées au château, il fut ébloui, conquis, bouleversé par la grâce, le charme, la beauté de Mme de Meulan. D'autant plus qu'Antoine de Condorcet n'avait non seulement jamais aimé, mais il ignorait même les rudiments les plus élémentaires de l'amour. Or, Marguerite possédait un amant, parfaitement inintelligent d'ailleurs, mais qui était bel homme et lui plaisait. Condorcet eut beau lui faire des déclarations enflammées, se jeter à ses genoux, Marguerite se contenta de sourire, flattée d'avoir su dégeler ce bloc de glace et de lui avoir fait comprendre que les équations amoureuses avaient plus de charme – et d'imprévu – que celles exposées sur un tableau noir. Mais sur la carte du Tendre, elle désirait, avec le marquis mathématicien, ne pas dépasser le stade de la coquetterie. Une amitié ne pourrait-elle pas se nouer ? Ils se verraient à Paris et s'écriraient le plus souvent possible.

A son retour, Antoine va, bien entendu, se confier à Julie de Lespinasse. Elle est si experte en la matière et connaît si bien le cœur humain ! Elle pourra sûrement lui donner des conseils. Julie tout émue – heureuse de jouer le rôle de confidente – accepte de guider les pas de Condorcet amoureux vers le bonheur. Pour le conduire au but, pour vaincre la gaucherie d'Antoine, elle estime la tâche au-dessus de ses forces et décide de s'adjoindre une aide en la personne de son amie la malicieuse et blonde Amélie Suard, une ravissante femme de lettres, mariée au publiciste et futur académicien J.-B. Antoine Suard.

– Quel joli couple littéraire ! s'extasiait la fameuse Mme Geoffrin, qui les protégeait ; c'est vraiment « le petit ménage » !

Dès que Julie lui eut parlé des peines de cœur du marquis, Amélie s'enflamma d'émotion et fondit en sanglots, selon la mode du temps.

– Que vous êtes belle quand vous pleurez ! lui avait dit un jour le président Dupacuy.

Cette fois, c'est pour Condorcet qu'elle utilisait son don des larmes. Antoine se mourait d'amour – d'un amour malheureux –, il fallait le consoler. N'allez pas vous imaginer qu'Amélie allait pour cela se donner à Condorcet ! Non ! Ce serait mal la connaître : elle voulait au contraire l'aider à conquérir la cruelle Marguerite.

– Si vous saviez comme je l'aime ! soupirait le malheureux.

– Rien n'est perdu, lui répondait-elle. Nous allons tous nous y mettre pour réduire cette vertu trop farouche.

Et pour avoir son « élève » sous la main, elle lui proposa de venir demeurer chez eux, rue Neuve-Saint-Roch. Condorcet, au bord des larmes, lui aussi – des larmes de reconnaissance – accepta et, dès le lendemain, dès le petit déjeuner, Amélie va l'abreuver de recommandations.

– Soignez votre personne ; Mme de Meulan est entourée d'une foule de gens élégants et il est bien certain que vous détonnez fâcheusement au milieu d'eux.

Le soir, chez Mlle de Lespinasse, la divine Julie prenait le relais :

– Tâchez, quand vous parlez, de ne pas mettre le corps en deux comme un prêtre qui dit le *confiteor* à l'autel. Souvenez-vous, en grand géomètre que vous êtes, et n'oubliez jamais, quand vous parlez aux personnes, que la ligne droite est la plus courte qui puisse être suivie depuis les pieds jusqu'à la tête.

Antoine essaie de suivre les avis de ses deux amies. Il se rend chez Mme de Meulan, rue des Capucines, et lui écrit des lettres passionnées, auxquelles elle répond infiniment plus froidement :

– Ne lui faites pas voir votre dépit, lui suggère Mme Suard ; je suis certaine qu'elle vous aimera davantage quand elle ne vous croira pas malheureux.

La stratégie enseignée par Amélie semble être efficace puisqu'un soir, après une visite rue des Capucines, Condorcet peut déclarer :

– J'ai été fort bien traité aujourd'hui : c'est le fruit de vos conseils, bonne amie.

Mais il ne s'agit de rien d'autre que d'un sourire et d'une main abandonnée un instant. Alors, Antoine essaie d'employer une autre tactique : l'humeur. Il décide de ne plus reparaître chez Mme de Meulan.

– Prenez garde, lui conseille Amélie, l'humeur est dangereuse.

En effet, Marguerite semble ne même pas s'apercevoir de l'absence de son soupirant. Lorsque, vaincu, il retourne enfin chez elle, elle s'exclame simplement :

– Enfin, vous voilà ! Qu'étiez-vous donc devenu ?

Pour elle, il ne s'agit toujours que d'amitié.

– Quelle douceur que l'amitié ! lui dit-elle. Quelle joie de se sentir unie à un ami très cher, à qui l'on peut confier ses joies et ses plaisirs.

– Vos affaires tournent fort mal, bon ami, s'émeut Mme Suard au retour de Condorcet, rue Neuve-Saint-Roch. Si vous vous engagez sur le sentier de l'amitié, vous êtes perdu.

Enfin Condorcet abandonne : il se résigne.

– Ce sont des moments affreux, mais bien doux tout de même, lui dit Amélie.

Et Julie de Lespinasse de renchérir :

– Jouissez d'un avantage inappréciable : celui d'un grand talent qui peut occuper votre vie. L'amitié suffira à remplir votre âme, qui est aussi sensible qu'elle est honnête. Fuyez tout ce qui pourrait faire naître ou réchauffer un sentiment qui fit toujours des victimes.

Cependant Condorcet estime qu'il doit faire « quelque chose » pour sortir de cette situation ridicule. Alors que la chance semble lui sourire dans un autre domaine – il vient d'être nommé inspecteur de la Monnaie – les gens rient de lui, le considèrent comme un jocrisse de l'amour ! Aussi, pour prouver qu'il est un homme comme les autres, il décide d'enlever la propre nièce de Suard, Mlle de Boubers, fort jolie personne de dix-huit ans pour laquelle il éprouve bien de l'attirance. Et il a vingt-cinq ans de plus qu'elle ! La jeune fille habite chez les Suard, dans leur propriété de campagne à Fontenay-aux-Roses. De nuit, en chaise de poste, et avec l'accord de Mlle de Boubers, Condorcet enlève celle qu'il considère comme sa fiancée et va la cacher « dans un asile secret ».

Les Suard, cette fois, ne vont nullement seconder les amours de Condorcet : ils se rendent chez le lieutenant de police dont les agents ont vite fait de découvrir Mlle de Boubers et de l'arracher des bras de M. de Condorcet. Ils la ramènent rue Louis-le-Grand où demeurent les Suard qui s'empressent d'expédier la jeune fille chez son père en conseillant à M. de Boubers de s'opposer au mariage.

★

Et voici de nouveau Condorcet malheureux... et consolé par Amélie qui continue à voir son cher Antoine, mais, en revanche, M. Suard refuse de lui serrer la main. Condorcet se console avec les honneurs : le voici secrétaire perpétuel de l'Académie des sciences et ses travaux l'ont rendu célèbre dans toute l'Europe. Mais en 1786 – il a alors quarante-trois ans – il passe l'été chez le marquis et la marquise de Grouchy et s'éprend de l'une des filles de la maison. Elle a vingt et un ans et se nomme Sophie, mais on l'appelle *Grouchette*. Sans doute a-t-elle le titre de chanoinesse de l'abbaye de Neuville, mais elle a perdu la pratique de la religion, ayant trop lu Voltaire, Helvétius et Rousseau.

Voilà le marquis de Condorcet amoureux pour la troisième fois. Malheureusement *Grouchette* ne répond pas à la flamme du mathématicien quadragénaire :

– Je n'ai aucun penchant sentimental pour lui, je le

trouve peu séduisant, assez âgé, et il sait mal parler d'amour. Je ne respecte en lui que le savant et le philosophe.

C'est alors qu'Amélie entre une fois de plus en lice. Elle reproche d'abord à « Bon ami » de lui avoir tout caché :

– Je trouve très simple que vous ayez un très vif intérêt pour Sophie. J'ai toujours pensé que la beauté, la grâce, l'esprit devaient faire de très vives impressions. Pourquoi ne m'avez-vous pas dit tout ce qui se passe dans votre âme ? Etre si près de moi sans sentir le besoin de me voir un instant, c'est une indifférence à laquelle votre amitié n'a pu me préparer, que la mienne ne peut concevoir.

Piteux, Condorcet s'excuse en répondant par une lettre fort embarrassée, assurant Mme Suard « qu'il sollicite ses bons avis sur la conduite à tenir ». Voici Amélie en son affaire ! Elle prend les choses en main et révèle à Antoine que Sophie, en dépit de sa pureté apparente, a déjà noué une intrigue avec un être qu'elle aime. Elle le précise avec pessimisme :

– C'est un premier sentiment qui, d'ordinaire, jette dans l'âme de profondes racines, et il ne faut point penser à lui en demander le sacrifice en ce moment.

Condorcet est d'abord anéanti, puis se détermine finalement – avec l'avis de l'infatigable Amélie Suard – à faire la conquête de Sophie : il attendra que la passion se soit apaisée dans le cœur de *Grouchette*. Touchée, Sophie envisage maintenant d'épouser Antoine. Cependant, celui qu'elle aime est absent et il lui faut attendre son retour, « afin de concilier sa passion avec son mariage, sans sacrifier l'un à l'autre ». Bref, fort « moderne d'esprit », elle accepte de garder l'amant, tout en se donnant à son mari.

On croit rêver lorsque Amélie suggère :

– Il faudrait que ce fût l'ami qui accordât lui-même à Condorcet la main de sa maîtresse.

Le plus étonnant est de voir l'amant suivre cette curieuse suggestion et pousser Sophie dans les bras du mathématicien. Quant à M. Suard, il se tait, complètement dépassé par cette nouvelle situation. Peut-être avait-il deviné que, de l'aveu même d'Amélie, le ménage Condorcet serait semé d'orages... Tel fut, en effet, le cas.

On s'en serait douté !

Mme Vigée-Lebrun fit plusieurs portraits de Mme Grand, devenue la princesse de Talleyrand – « une beauté céleste... une forêt de cheveux blond clair qu'on a vus qu'à elle ». (Giraudon.)

Catherine de Talleyrand

– Je suis d'Inde !

Ainsi s'exprimait, dit-on, la ravissante Catherine Grand, qui allait devenir l'épouse de Talleyrand et qui, en effet, était née aux Indes. Ses bévues étaient célèbres. Un jour que le ministre recevait Denon, à son retour d'Egypte, Talleyrand avait recommandé à sa femme de se « documenter » sur l'œuvre de l'égyptologue. Qu'avait compris la naïve Catherine ? Toujours est-il qu'elle se serait écriée au milieu du repas :

– Ah ! Monsieur, quelle émotion ! Cette île déserte, ce perroquet, ce Vendredi ! Et votre chapeau pointu !

On imagine le fou rire que les convives essayèrent vainement de dissimuler. Ces impairs que la malignité de la cour consulaire, puis impériale, répétait avec la joie que l'on devine, procurèrent à Mme Grand une solide réputation de sottise. Etait-elle vraiment sotte ? Je crois qu'il faut en rabattre... Mais il était si drôle d'affirmer que l'épouse de l'homme le plus intelligent de l'Europe était idiote – et par là même attaquer Talleyrand – que l'on ne s'en privait point. On prétendait même qu'un soir où Népomucène Lemercier commençait à lire l'une de ses tragédies par ces mots :

– La scène est à Lyon...

Mme Grand se tourna vers son mari en s'exclamant :

– Vous voyez, mon ami, que j'avais raison. Vous vouliez que ce fût la Saône qui coulât à Lyon !

Louis XV régnait encore en France lorsqu'elle avait vu le jour, de parents français, à Trinquebar. Son père était capitaine de la place de Chandernagor, et c'est là qu'elle s'était mariée avec Georges-François Grand, employé de l'*Indian Civil Service*. Peu de temps plus tard, à Calcutta, le conseiller du gouvernement du Bengale, sir Philip Francis, tomba éperdument amoureux de cette délicieuse blondeur et la jeune Mme Grand ne fit guère de difficultés pour se laisser glisser dans les bras de son soupirant. M. Grand prit fort mal la chose et provoqua le suborneur en duel. Mais l'amant de Mme Grand apprit sans doute que l'employé de l'*Indian Civil Service* était une fine lame et qu'il tirait, en outre, fort bien au pistolet, aussi refusa-t-il de se battre, préférant payer au mari cinquante mille roupies, amende infligée, selon les usages britanniques alors en vigueur, par la Cour suprême.

M. Grand empocha la somme, n'estimant pas plus son honneur que l'inconduite de son épouse. Bien sûr, il aurait pu poursuivre cette opération lucrative et laisser de futurs amants se faire condamner à l'instar de sir Philip. Mais il eut peur que l'un d'eux, moins fortuné, préférât se battre, et fût meilleure lame que lui, aussi demanda-t-il à sa volage épouse de regagner l'Europe.

Voici Catherine installée à Paris et menant un train fastueux, nullement en rapport avec les subsides que pouvait lui faire parvenir le fonctionnaire de l'*Indian Civil Service*. Ne mâchons point nos mots : Mme Grand se fit entretenir, ce qui lui permit d'acheter un hôtel rue d'Antin, de louer une loge à l'Opéra et aux Italiens et de placer dans ses écuries des attelages célèbres. Elle préférait se faire offrir des chevaux plutôt que des fleurs ou des bijoux.

Le baron de Frénilly, tombé amoureux d'elle, nous le dit : « J'avais une paire de jolis chevaux blancs, je lui en fis cadeau. » Le jeune baron était ébloui par cette

« beauté céleste, rayonnante de jeunesse, avec des dents incomparables, d'une blancheur transparente, et une forêt de cheveux blond clair qu'on n'a vue qu'à elle ». Peut-être, pour ensorceler M. de Frénilly, Catherine avait-elle utilisé le même procédé que celui dont elle s'était déjà servie pour séduire le jeune et beau Edouard Dillon. Elle avait reçu à souper celui qu'on surnommait le baron de *Frénésie*, simplement revêtue de ses admirables cheveux « tombant de façon à être totalement voilée ». Dillon le racontera plus tard à sa nièce, Mme de Boigne : « Le convive eut quelques distractions. » Pour s'en convaincre, il suffit de contempler le tableau de Mme Vigée-Lebrun qui s'est attachée à peindre les boucles soyeuses de Mme Grand, tombant en cascade sur sa gorge nue.

★

La tourmente venue, Catherine part pour l'Angleterre où elle va multiplier les ravages qui lui permettront de mener grand train. Le Directoire la revoit à Paris avec le marquis de Spinola. Celui-ci, soupçonné, non sans raison, d'être un agent de l'Angleterre, est expulsé. Catherine tremble à l'idée de subir le même sort.

– Vous devriez demander protection au citoyen Talleyrand, lui conseille la marquise de Sainte-Croix. Le ministre des Relations extérieures est un homme puissant qui ne sait pas résister aux requêtes d'une jolie femme. Allez le trouver et vous verrez.

Dès qu'il reçut la jolie solliciteuse, Talleyrand fut émerveillé par Catherine qui lui fit le « coup de la chevelure ». Bien que cette fois, du moins au début de la conversation, Catherine demeurât habillée, l'ancien évêque fut conquis par le spectacle et l'audience accordée par le ministre des Relations extérieures se prolongea jusqu'au lendemain matin...

Mme Grand règne maintenant chez Talleyrand en maîtresse souveraine. Elle reçoit à ses côtés, rue du Bac, puis à l'hôtel Galliffet, enfin, au château de Neuilly. Elle suit, bien entendu, la mode du jour où il est alors du meilleur genre de laisser « galoper ses attraits » – et Mme Grand y excelle. La situation est parfaitement admise, et l'on peut lire une lettre du cardinal Consalvi adressée à Talleyrand, le 23 septembre 1801, s'achevant par ces mots : « N'oubliez pas de faire mes compliments à Mme Grand. »

Tout aurait donc pu se poursuivre de la sorte si Bonaparte n'avait pas décidé de donner plus de respectabilité à la Cour consulaire.

– Il faut de grandes maisons pour les gens qui ont de grands emplois.

Le Premier consul fut gêné par la situation de l'ancien évêque d'Autun vivant avec sa concubine – au surplus avec une femme mariée.

– Il faut que vous épousiez Mme Grand.

C'était là un ordre, mais point facile à exécuter. D'abord, Catherine était toujours mariée et, ensuite, M. de Talleyrand se trouvait encore évêque, et il lui fallait, de son côté, se séparer de l'Eglise. L'« affaire » se traita avec M. Grand assez facilement. Il aimait l'argent – nous l'avons vu. Moyennant espèces sonnantes et trébuchantes il acceptait aisément toutes sortes de compromissions. En échange du divorce, Talleyrand lui remit une coquette somme d'argent et l'expédia au Cap, avec le titre de conseiller extraordinaire. M. Grand donna sa parole que le citoyen et la future citoyenne Talleyrand n'entendraient plus jamais parler de lui et il la tint si scrupuleusement que l'Histoire, elle-même, perd la trace du personnage.

Pour Maurice de Talleyrand, l'opération fut plus compliquée. Fort heureusement, le ministre des Relations extérieures se trouvait en discussion avec le Saint-Siège pour l'établissement du concordat. Aussi, mena-t-on les deux affaires conjointement : le retour de la France dans le giron de l'Eglise, et le départ officiel du citoyen de Talleyrand de ce même giron. Bientôt, le pape, Pie VII, signait un bref « par lequel le citoyen

Maurice Talleyrand était rendu à la vie séculière et laïque ».

Le mariage religieux des époux Grand n'ayant pu être cassé en Cour de Rome – il ne fallait pas trop en demander au Saint-Siège ! – Maurice et Catherine durent se contenter d'une cérémonie civile. Elle eut lieu le 9 septembre 1802, à la mairie du Xe arrondissement d'alors, rue de Verneuil, à Paris. La veille, Bonaparte, Joséphine et les deux autres consuls avaient signé le contrat, tandis que le mari offrait à sa femme une dot de trois cent mille livres, une maison rue d'Anjou, et la terre de Pont-de-Sains. L'époque des « jolis chevaux blancs » était bien dépassée... Il n'y eut point de cérémonie, puisqu'il valait mieux ne pas trop attirer l'attention sur l'union de l'ex-évêque d'Autun âgé de quarante-huit ans et celle d'une femme de trente-neuf ans, non divorcée aux yeux de l'Eglise, et dont on avait un peu trop parlé des cheveux et des chevaux. Talleyrand se contenta d'amener sa femme à une réception aux Tuileries, afin de la présenter officiellement au Premier consul. Bonaparte, en passant son habituelle revue des femmes présentes, s'arrêta devant la nouvelle Mme de Talleyrand, et lui dit brutalement, tout comme s'il s'adressait à une recrue :

– J'espère que la bonne conduite de la citoyenne Talleyrand fera oublier les légèretés de Mme Grand.

Catherine s'inclina et répondit :

– Je ne saurai mieux faire que de suivre, à cet égard, l'exemple de la citoyenne Bonaparte.

Et cela nous prouve que l'ex-Mme Grand était moins d'« Inde » qu'on ne l'a dit...

★

Mme de Talleyrand – s'il faut en croire Molé – paraissait dix années de moins que son âge. Les témoins du temps sont unanimes : Catherine avait gardé « cette beauté céleste, ces dents incomparables et cette forêt de cheveux blond clair qu'on n'a vus qu'à elle » – et Talleyrand « se dopait » à coups de poivre, de piment et de madère. La jeune femme recevait officiellement aux côtés de son mari. Malheureusement, ainsi que nous l'explique Bernard de Lacombe, « Mme de Talleyrand restait, sous ses titres et ses bijoux, la fille du petit fonctionnaire de Chandernagor, la femme du modeste employé de Calcutta. A l'exemple de tant d'autres que la Révolution hissa brusquement au premier rang, elle n'eut jamais ni les traditions, ni les usages, ni les manières, ni le ton, ni l'esprit du monde, toutes choses qui ne s'improvisent guère... » Aussi, Talleyrand chargea-t-il Despréaux, l'ancien maître à danser de Marie-Antoinette, de donner à son épouse des leçons de maintien. Celui-ci dut faire du zèle car Catherine devint franchement insupportable de prétention et de vanité. Lorsque Talleyrand est nommé grand chambellan, grand cordon de la Légion d'honneur et prince de Bénévent, Catherine ne se sent plus d'orgueil. Elle signe ses lettres *princesse souveraine*, et engage pour dame de compagnie une comtesse de l'Ancien Régime qu'elle oblige à la suivre à distance. Si la malheureuse oubliait la recommandation, elle s'attirait cette observation :

– Comtesse, vous perdez le respect.

L'arrogance de Mme de Talleyrand ne connut plus de bornes lorsque Talleyrand, grâce à la générosité de Bonaparte, put faire l'acquisition du somptueux château de Valençay. En visitant la demeure, Catherine poussa des cris d'admiration et parcourut avec une joie d'enfant les vingt-cinq appartements de maîtres et l'interminable suite de salons. Elle prit des allures de reine lorsque Napoléon confia à Talleyrand la garde de Ferdinand VII d'Espagne détrôné. « Vous pourriez faire venir Mme de Talleyrand avec cinq ou six femmes, lui conseilla l'Empereur. Si le prince des Asturies (Ferdinand VII) s'attachait à quelque femme et qu'on en fût sûr, cela n'aurait aucun inconvénient, puisqu'on aurait un moyen de plus de le surveiller. » Ce n'est pas le « prince des Asturies » qui s'attacha à Mme Grand, mais son frère, le duc de San Carlos. Ce qui permettra à Napoléon, le jour où, au cours d'une scène fameuse, il insultera Talleyrand, de s'exclamer :

– Vous ne m'aviez pas dit que le duc de San Carlos était l'amant de votre femme !

Ce à quoi, impassible, le prince de Talleyrand répondit :

– Je n'avais pas pensé que ce rapport pût intéresser la gloire de Votre Majesté, ni la mienne.

Assurément, Talleyrand commence à se détacher de son épouse – et même à ne plus l'aimer du tout. On l'entend s'exclamer maintenant :

– Bêtise et vanité, tel est son lot.

Plus aimablement, il dit encore :

– Elle a de l'esprit comme une rose.

★

Lorsque l'Empire s'écroule et que Louis XVIII s'installe aux Tuileries, Talleyrand devient le grand homme de la Restauration – ce qui permet au *Nain jaune* de brocarder : « Hier, après la messe, monsieur l'évêque d'Autun a eu l'honneur de présenter sa femme au fils de Saint Louis. »

Talleyrand va s'éprendre de sa nièce, Mme Edmond de Périgord. C'est elle qui, lors du Congrès de Vienne, recevra aux côtés de son oncle. Au retour, Talleyrand signifie à son épouse que « Mme Edmond de Périgord veut bien, comme il l'en a priée, tenir sa maison à Paris, ainsi qu'elle l'avait fait à Vienne, mais qu'elle a exigé le départ de l'ex-Mme Grand ». Mme de Talleyrand devra donc passer ses étés à Pont-de-Sains et ses hivers à Bruxelles. Cependant, en 1817, Catherine revint à Paris, mais ne s'installa point chez son mari. Elle loua un hôtel rue de Bourbon et vécut avec le souvenir de l'époque où elle était réellement la princesse de Bénévent. Tout en sa demeure lui rappelait son mari : « Son fauteuil préféré, le tapis devant le foyer, le coussin brodé, placé sous ses pieds, le mouchoir de linon ou la tabatière qu'elle tenait à la main, la pendule de la cheminée qui portait les armes de Talleyrand avec la devise *Re qui Diou*. Dans un coin, la cage où dormait un couple de loirs blancs reproduisait avec son donjon et ses tours le château de Valençay. »

Lorsqu'elle mourut, deux années avant son mari, l'incorrigible Talleyrand murmura :
– Voilà qui simplifie beaucoup ma position.

Charlotte Willhoefft-Stieglitz au visage grave et tendre. (Plon.)

Charlotte Willhoefft

Celui pour lequel Charlotte Willhoefft allait aimer jusqu'à se donner la mort – une mort inutile – s'appelait Heinrich Stieglitz. Il s'agissait d'un poète exalté et ardent, contestataire – s'il fallait le qualifier d'un mot à la mode aujourd'hui. A l'époque, nous sommes en plein romantisme, puisqu'il était né dans la minuscule principauté allemande de Waldeck, au début du siècle. Ce non-conformiste avouait même franchement être révolutionnaire, un révolutionnaire patriote, précisait-il. Comme, de nos jours, certains échappés des cavernes, il affectait, afin d'effaroucher et de scandaliser les bourgeois, de porter des accoutrements extravagants, et d'énoncer des opinions et des propos violents. Il gardait la chemise ouverte et agitait avec ostentation une chevelure mérovingienne.

Aux alentours de 1820, il fallait aussi clamer des vers devant des sites baptisés sauvages, se battre en duel avec d'autres étudiants et, ainsi que l'a dit Marcel Brion, historiographe de Charlotte, se livrer « à de folles amours, qui, lancées à la poursuite d'une étoile, s'arrêtaient à côté de la personne modeste et sans éclat d'une petite lingère ou d'une servante d'auberge... ».

Plus rimailleur que poète, il alignait des vers avec une facilité qui laisse pantois – et cela sur n'importe quel sujet. Un torrent verbal coulait de sa plume. On s'en doute, en appelant les peuples opprimés à se révolter, il fut on ne peut plus mal vu par les différentes universités où il passa. De Gotha, il fut mis à Gœttingen où on l'enferma même durant quelque temps au cachot, afin de l'assagir avant de le renvoyer. Il échoua à Leipzig où il devait quelque peu se calmer.

C'est là qu'un soir son camarade, l'étudiant Willhoefft, l'invita à venir passer la soirée chez lui. Dès qu'elle le vit entrer dans le salon familial, la fille de la maison, la jolie Charlotte au visage grave et tendre, sentit battre le cœur de ses seize ans à grands coups, et ses yeux brillèrent d'émotion. Heinrich était bien l'éphèbe héroïque, le génie auquel rêvaient toutes les jeunes Allemandes de l'époque qui mangeaient, paraît-il, entre deux tartines de confiture, le portrait de l'être aimé. Heinrich fit à Charlotte l'effet d'un génial capitaine de brigands, car il parlait sans cesse de partir au secours de la nation grecque opprimée. Elle tomba donc éperdument amoureuse d'un être qui incarnait son idéal. Elle le trouvait d'autant plus irrésistible qu'il sortait du cachot de Gœttingen. « Il lui sembla que Stieglitz, écrit Marcel Brion, avec ses yeux de feu et ses boucles noires, était le paladin rêvé pour combattre les Turcs et affranchir l'Hellade. » Au prestige qui entourait déjà cette allure de « capitaine de brigands » s'ajouta une auréole héroïque forgée de déclamations superbes, la grandeur d'un Karl Moor devenu redresseur de torts, chevalier des opprimés...

Et lui ?

Assurément, il l'aima. N'était-elle pas exaltée, passionnée, vibrante d'enthousiasme comme lui ? Et les fiançailles suivirent quelques mois après cette première rencontre. D'un commun accord, il fut décidé que les jeunes gens se marieraient lorsque Heinrich obtiendrait sa chaire de professeur et que la publication d'un recueil de poèmes lui aurait apporté la gloire. En attendant, les fiancés doivent accepter une première séparation : il semblait alors impossible pour la carrière d'Heinrich qu'il ne commençât pas au plus tôt son tour d'Allemagne littéraire. On vit Charlotte acheter chez un antiquaire un poignard à manche noir et à double tranchant qui lui permettrait de se défendre pendant son voyage.

En le lui remettant, le jour de son départ, elle eut un peu l'impression de l'armer chevalier...

★

Le tour littéraire fut une réussite. Heinrich faisait illusion. Il suffit pour s'en convaincre de rapporter l'opinion de Goethe :

– Il m'a beaucoup plu, parce qu'il n'a dit que des choses raisonnables. Tout était clair et plein de bon sens. J'ai remarqué en lui une grande énergie. Energique : si on voulait le définir par un seul mot, c'est celui-là qu'il faudrait choisir.

Goethe s'abusait. A peine rentré à Leipzig, Heinrich dut repartir pour Berlin où il espérait obtenir un diplôme et un emploi. Charlotte fut anéantie par cette nouvelle séparation. Heinrich prit la chose plus philosophiquement. Pour lui, l'âme passait avant les joies du corps – et, même à distance, les âmes pouvaient s'unir. La correspondance amoureuse suffisait. Il n'en était pas de même, on s'en doute, de Charlotte, qui aimait « en Stieglitz ses impulsions et ses velléités, elle a aimé l'homme qu'il rêvait d'être plutôt que celui qu'il était, parce que, en définitive, le vrai Stieglitz était dans ses rêves, non dans ses échecs... ».

Heinrich – il le prouve dans ses lettres – apparaît souvent comme un hypocondriaque. Perpétuellement inquiet, il passe par des périodes d'intense découragement. C'est un anxieux tourmenté par cent problèmes. Il semble parfois se rendre compte, en dépit de son orgueil, qu'il n'est qu'un raté. Charlotte rejette tout sur elle. Assurément leur amour n'est pas un levain, mais au contraire, leur future union obligera l'être aimé à accepter des tâches en dessous de lui. N'a-t-il pas déjà abandonné la poésie pour l'enseignement ? Selon elle, leur amour avilit l'être aimé, le retient au sol, au lieu de lui permettre de s'envoler vers les cimes. Elle est l'obstacle, et doit se sacrifier – et se sacrifier totalement. Pour délivrer Heinrich de ses chaînes, il faudra bien qu'elle ait un jour le courage de se sacrifier – non en fuyant et en essayant d'oublier, mais en quittant la vie. Aussi décide-t-elle de mourir de faim. Fort heureusement, le lent suicide est interrompu par une véritable maladie qui va obliger Charlotte à s'alimenter et à renaître à l'existence. De même Heinrich, se rendant compte du trésor qu'il avait failli perdre, lui aussi, revient à l'espoir et à la vie. Ses hypocondries disparaissent miraculeusement, il travaille ferme, et en 1826, à l'âge de vingt-cinq ans, reçoit son brevet de docteur et sa chaire à l'université de Berlin.

★

Deux années passent. Pourquoi les deux jeunes gens ne se marient-ils pas ? Heinrich – et le fait est inexplicable – semble parfaitement heureux d'aimer Charlotte à distance. La « communauté des âmes » ne vaut-elle pas mieux que les soucis quotidiens de la vie à deux ? Le voici, au moment de franchir le pas, mis au pied du mur, et il se trouve à nouveau en proie à la neurasthénie. Charlotte – la malheureuse – s'en attribue toutes les responsabilités. Elle lit et relit cette lettre de son fiancé :

« La mobilité extrême de mes facultés, la tendre émotivité de mes nerfs et leur réceptivité pour toutes les impressions du dehors sont capables, après une trop forte tension, de produire en moi une atonie qui est bien la plus déplaisante sensation que je connaisse. Près de toi, je le crois fermement, cette atonie se manifestera plus rarement, mais sa venue ne me paraît pas tout à fait impossible. Or, sous l'influence d'une pareille humeur, je suis intolérable, odieux, excitable à l'extrême, à peine maître d'un seul de mes sentiments. Tu ne verras plus alors à tes côtés ton ami dans sa magnificence, mais un être insupportable sur lequel toi seule, parmi toutes les créatures, sauras encore exercer quelque influence... » Heinrich achève en espérant que s'il devait traverser à nouveau un semblable état d'épuisement extrême, avec ses affreuses conséquences, la sollicitude de Charlotte l'aiderait à supporter avec patience l'inégalité d'humeur de son fiancé.

La jeune fille répond avec enjouement et confiance. Aussi, après cinq années de fiançailles, le mariage est-il décidé. « Mais le grand prêtre qui nous unira, en vérité, lui écrit Heinrich, sera l'esprit éternel de l'amour qui ne revêt ni robe noire ni blanc rabat. Il porte un clair vêtement d'étoiles, des yeux pareils à des fleurs, une chevelure de feuillage, une grande âme libre, gonflée d'un haut et unique sentiment. Voilà le pontife de nos prédilections ! »

Le voyage de noces fut une affreuse déception. Un silence lourd, « un silence de pierre », s'établit entre eux. Plus de lyrisme, plus de bavardage. Ils sont l'un pour l'autre – et surtout lui pour elle – comme des étrangers. Charlotte l'avouera elle-même et expliquera ce phénomène par « une syncope à l'aspect de la réalité ».

Assurément, ils ont trop attendu le bonheur !

Charlotte est-elle déçue ? Peut-être découvre-t-elle peu à peu que son héros romantique, son éclatant génie n'est qu'un rimailleur. Ils essaient de jouer le jeu en s'amusant des cent incidents burlesques ou émouvants qui émaillent leur voyage. Mais quand ils se retrouvent à leur foyer berlinois – un rez-de-chaussée obscur et incommode – la déception ne fait que s'aggraver. Ils décident de déménager et finissent, après quelques échecs, à trouver *Unter den Linden* le domicile de leurs rêves. Ils reçoivent et sont bientôt entourés d'amis qui s'intéressent « au personnage romantique d'Heinrich » et admirent sans réserve la beauté, l'intelligence et l'esprit de sa compagne, exquise musicienne au surplus. Quand elle s'envole « sur les ailes du chant », on est en extase. Seul Heinrich demeure mélancolique et fidèle à son pessimisme – le mal du siècle. Il doit bien se rendre à l'évidence : sa vie est un échec littéraire. Charlotte sent qu'il n'y aura jamais de bonheur pour eux. Elle pensait que leur amour serait assez fort pour donner à Heinrich du génie, mais elle se rend compte : leur passion – la sienne surtout – est un obstacle. L'amour ne peut créer le bonheur. Elle l'explique dans son *Journal* intime : « C'est une très grande abondance d'amour suprasensible qui, de temps en temps, voudrait briser en moi des liens trop pesants. Je n'ai jamais su et je ne sais pas encore où trouver l'emploi de mon amour. Le monde n'en a cure : nul homme ne sait l'apprécier dans la mesure surabondante où je pourrais le donner. De là mon inspiration croissante de verser le trop-plein de cet amour en Dieu, dans l'infini sans limites. Je suis fatiguée parfois de contenir sans cesse mon élan le plus sacré ; il faut à chaque instant que l'intelligence commande, que la prudence conseille et l'amour n'a jamais le droit d'être amour ! »

★

Bientôt une pensée la hante de plus en plus : il faut rendre sa liberté à Heinrich. Il faut que l'aigle – car elle le prend toujours pour un aigle – reprenne son vol vers le ciel et ne soit plus retenu par la vie conjugale et ses inévitables difficultés financières. Il faut le libérer ! Sans doute, lorsqu'elle disparaîtra volontairement de la vie, Heinrich ressentira-t-il une immense douleur. Tant mieux ! Cette douleur sera un tremplin puisque « Rien ne nous rend si grand qu'une grande douleur... » Elle ose lui dire :

– L'un de nous doit être la victime de redoutables puissances, mais alors l'autre sera sauvé. Il faut que ce soit toi, ô ami de mon âme !

Mais Stieglitz ne fait rien pour arrêter le cours des événements. Peut-être croit-il qu'il ne s'agit là que d'une vue de l'esprit – et d'un esprit qui est bien de son temps. Pourtant Charlotte a décidé de se donner la mort et elle le fera avec le poignard à manche noir, acheté pour lui à la veille du fameux tour littéraire d'Allemagne. Le 29 décembre 1834, elle lui écrit cette dernière lettre :

« Tu ne pouvais devenir plus malheureux, très aimé, mais au contraire, tu peux être plus heureux au sein d'un malheur véritable. Dans le fait d'être malheureux, réside souvent une bénédiction merveilleuse : elle descendra assurément sur toi ! Nous avons souffert tous deux d'une même souffrance, tu sais combien j'ai souffert en moi-même ; que jamais ne tombe sur toi nul reproche, car tu m'as beaucoup aimée ! Cela va aller mieux pour toi, beaucoup mieux et dès à présent ! Pourquoi ? Je le sens et ne trouve pas de mots pour le dire. Nous nous reverrons un jour, plus libres, plus indépendants ! Mais, toi, tu achèveras d'abord de goûter la vie dans tout ce qu'elle peut offrir, et il faut que tu prennes encore vaillamment tes ébats à travers le monde.

« Salue tous ceux que j'aimais et qui me le rendaient. Au revoir, dans l'éternité tout entière !

« Ta Charlotte »

« Ne te montre pas faible ; sois calme, et fort, et grand. »

Puis Charlotte revêt une chemise blanche, celle de l'ultime sacrifice, et enfonce la lame dans son cœur.

L'atroce sacrifice de Charlotte Stieglitz ne donnera nullement du génie à Heinrich. Peut-être son chagrin fut-il trop bref... Quoi qu'il en soit, aujourd'hui, l'œuvre du philologue et de l'orientaliste est parfaitement oubliée. Il ne demeure de lui que d'avoir été le mari de Charlotte qui sacrifia sa vie à son amour.

L'étrange dédoublement du chevalier de Fréminville.
(Tallandier.)

« Mademoiselle » Christophe-Paulin de Fréminville

Le 15 septembre 1804, à Boulogne, Napoléon remarqua sur le pont d'un petit bâtiment un jeune aspirant de marine et lui demanda :

– Vous êtes noble, monsieur ?

– Oui, monsieur, plus que vous.

– J'aime le courage, aurait répliqué l'Empereur.

Et le jeune aspirant – il se nommait le chevalier de Fréminville – était devenu officier. Du moins, s'il faut en croire la tradition de famille recueillie par l'actuel comte de Fréminville – le grand historien de la marine Jean Merrien (1). Il paraît d'ailleurs plus vraisemblable que le jeune aspirant répondit plus poliment à l'Empereur ce qu'un témoin du temps rapporte :

– Je suis noble de naissance, mais j'espère, sire, l'être de cœur.

Il l'était assurément – et son histoire d'amour le prouve. Christophe-Paulin de La Poix de Fréminville, devenu enseigne de vaisseau à dix-sept ans, se passionna infiniment plus pour le dessin, la recherche des coquillages, l'étude des insectes et des plantes, que pour la guerre maritime. Il sillonna toutes les mers, mais éprouva toujours une prédilection pour les Antilles – et particulièrement pour les sept îlots des Saintes, au large de la côte sud de la Guadeloupe. On le comprend ! Ce

(1) *Un certain chevalier de Fréminville : marin, naturaliste, antiquaire, légitimiste, et romantique... le tout à la folie.* (Editions Maritimes et d'Outre-mer.)

minuscule archipel est un rêve réalisé... et cinq des sept îles sont toujours inhabitées.

« Heureux pays, heureux climat, s'exclama le chevalier, heureuse époque de ma vie ! Que votre souvenir m'est cher ! Mais qu'il me coûte de regrets aujourd'hui, qu'une si fatale catastrophe ait anéanti mes espoirs et brisé mon avenir ! »

La catastrophe commença par un accident. Le 6 septembre 1820, Christophe-Paulin quittait son bateau, la *Néréide*, débarquait au petit port du Fond-du-Curé, dans l'île de la Terre d'En-Haut, et se rendit dans l'anse du Marigot pour aller chercher des madrépores. Au loin se profilait la silhouette de l'île Marie-Galante. Il aperçut bientôt un merveilleux banc de coraux, dont il était malheureusement séparé par un canal de vingt-cinq toises dans lequel s'engouffrait la mer avec violence et fracas. Le chevalier, comme bien des marins de l'époque, ne savait pas nager. Il n'osa pas se lancer dans les flots tumultueux. Il remarqua cependant que l'arrivée de trois grosses lames était suivie d'une période de relative accalmie. Il se déshabilla, se jeta à l'eau, fut retardé dans sa démarche par des oursins qui tapissaient le fond de la mer, et parvint cependant jusqu'aux coraux. Au moment où il cassait un rameau, il entendit un rugissement. Il se retourna : une véritable lame de fond – un de ces rouleaux fréquents sur la côte est de la Terre d'En-Haut – souleva le malheureux naturaliste, le roula sur les coraux tranchants. Blessé, le visage, le corps tailladés un peu partout, il perdit connaissance.

★

Quand Christophe-Paulin reprit ses sens, il se crut d'abord aux Enfers ; des Noires et des mulâtresses s'affairaient, armées de longs ciseaux afin de lui couper les cheveux : « Je prenais ces ciseaux pour quelque instrument de supplice, et je me croyais livré aux Furies. » Mais, brusquement, Fréminville vit se pencher sur lui une figure céleste, « une espèce d'ange vêtu tout de blanc qui me tirait des mains de ces démons, et qui, me prenant sous sa sauvegarde, venait aussi soulager mes souffrances ». Il voulut se soulever, mais la douleur lui arracha un long cri. L'ange céleste se pencha, et Fréminville murmura dans la meilleure tradition mélodramatique :

– Où suis-je donc ? Où est ma frégate ? Pourquoi suis-je ici ?

Christophe-Paulin avait été retrouvé à demi noyé dans l'anse du Marigot et transporté en haut du morne Morel, chez une certaine Mme C... – car Fréminville n'a pas révélé le nom de la riche veuve qui l'avait sauvé, aidée par sa jeune sœur. Cette dernière se nommait Caroline et, dans ses *Souvenirs*, Fréminville nous dit que de sa vie il n'avait pu imaginer « une si charmante personne ». Absolument en extase, il décrit complaisamment la taille svelte et élancée de la jeune fille, ses jolies petites mains, ses pieds mignons et délicats « particuliers aux créoles des colonies françaises d'Amérique », affirme-t-il.

On le devine aisément, Fréminville tomba éperdument amoureux de la créature angélique qui se penchait plusieurs fois par jour sur ses nombreuses blessures. Dès que la jeune fille quittait la pièce, le malade jetait – il l'avoue lui-même – « des cris lamentables » et Caroline ne quitta plus guère le chevet de « son malade » couvert d'emplâtres et de bandages.

Le commandant de la *Néréide* vint visiter son lieutenant et lui reprocha son imprudence.

– Soyez désormais moins ardent pour les recherches d'histoire naturelle.

– Nous veillons sur lui, promit Mme C... Vous êtes entre nos mains, ajouta-t-elle, en se tournant vers Christophe-Paulin, lorsque vous serez convalescent, ne croyez pas que je vous laisserai aller courir les bois, les rochers et les précipices.

Fréminville, oubliant les madrépores, admira la pâleur de son infirmière, « cette pâleur qui lui donnait un charme de plus et qui cadrait fort bien avec ses traits parfaitement réguliers et surtout avec l'expression d'ineffable douceur de ses grands yeux qui étaient bleus, quoiqu'elle eût les cheveux d'un châtain foncé... Elle portait une robe d'une blancheur éblouissante avec une ceinture de couleur unie qui dessinait sa taille aérienne »...

Quant à Caroline, dès que le malade fut débarrassé de ses bandelettes et eut repris figure humaine, elle tomba – à son tour – amoureuse de lui à en perdre l'esprit. Aussi, on devine sa douleur lorsque le commandant de la *Néréide* annonça le prochain appareillage du navire. En héroïne romantique, elle tomba évanouie, puis, revenue à elle, versa « un torrent de larmes » en répétant :

– Vous allez donc partir... Vous allez partir !

L'absence ne se prolongea qu'une quinzaine de jours : Caroline et Christophe-Paulin auraient difficilement supporté une plus longue séparation. La jeune fille n'avait fait que « se tourmenter de mille manières ». Lorsque la *Néréide* fut en vue, Caroline monta au belvédère qui dominait un pavillon de la maison et ses regards ne purent se détourner du navire qui lui ramenait son ami, lorsqu'elle le vit enfin rentrer dans la baie du Fond-du-Curé. Quelques instants plus tard, Christophe-Paulin serrait Caroline sur son cœur, une Caroline aux traits changés par le chagrin.

Durant deux mois, Fréminville, installé chez Mme C..., connut les heures les plus heureuses de sa vie. Les journées se passaient en promenades dans la campagne ou au bord de la mer, Mme C... en tiers – malheureusement. Le soir, le trio jouissait de la fraîcheur et Caroline faisait apporter sa guitare, chantant de sa voix « douce et touchante ».

« Comme j'écoutais ses accents, soupirera plus tard Fréminville, comme je m'en enivrais, comme ils pénétraient mon cœur ! » Le souvenir de ces soirées si pleines de charme le fait palpiter encore de regrets et d'amour ;

ni le temps ni les événements ne pourront jamais l'effacer. Il est en extase. Le destin a assurément fait Caroline et son chevalier l'un pour l'autre ; caractère, idées, goûts – ils adorent dessiner –, manière de voir et de penser, tout est à l'unisson. Un jour que la mer était grosse, ils descendirent au pied du morne Morel. Caroline paraissait absorbée par une rêverie profonde. Son ami vit une larme briller sur sa paupière :

– A quoi pensez-vous donc ? lui demanda-t-il.

– Ah ! je pense au jour où cette mer si furieuse vous a roulé dans ses ondes et rejeté presque sans vie sur le rivage. Si vous aviez péri, grand Dieu !... Et pourtant, sans cet événement, nous ne nous serions peut-être jamais connus.

– Aussi, répliqua-t-il gaiement pour tâcher de la tirer de sa rêverie, bien loin d'être affecté du souvenir de cette aventure, je songe que je lui dois le plus grand bonheur de ma vie, et je serais bien fâché qu'elle ne me fût pas arrivée. Ce bonheur m'est si précieux qu'il n'est pas acheté trop cher par le péril que j'ai couru. Pourquoi donc la vue de cette mer, en vous rappelant cet événement, vous chagrine-t-elle à ce point ? N'est-ce pas à lui que nous devons notre réunion ?

– Il est vrai, oui, sans doute vous avez raison ; mais je ne sais pourquoi, ce soir, la vue de cette mer orageuse me fait mal ; il me semble qu'une voix secrète me prédit que la mer me rendra un jour bien malheureuse.

★

Mais la *Néréide* dut de nouveau appareiller pour la Martinique où une révolte venait d'éclater. En apprenant ce départ, Caroline, selon son habitude, tomba une fois de plus évanouie et, revenue à elle – et à lui – après avoir versé le « torrent de larmes » cher à l'époque – murmura :

– Mon ami, je ne vous verrai plus, je ne vous verrai plus...

Et ce furent des adieux déchirants. Caroline, désespérée, semblait devenue folle. Il fallut l'arracher des bras de Christophe-Paulin, éperdue, presque mourante. Jamais Fréminville ne devait oublier l'expression de son regard. Cette nuit-là – cette nuit du 17 au 18 octobre 1822 – il ne put fermer l'œil :

– Je songeais à Caroline si jeune, si belle, si aimable et si douce, en proie à une douleur dont j'étais la cause. Je pensais à la singulière fatalité, à l'enchaînement de circonstances imprévues qui nous avaient conduits à nous connaître et à nous aimer.

★

Un mois plus tard, la *Néréide* revenant de la Martinique passait devant les Saintes sans s'arrêter : la frégate avait reçu la mission de se rendre directement à Pointe-à-Pitre, capitale de la Guadeloupe. Le surlendemain, le navire reprit la mer, mais tourna le dos aux Saintes, devant prendre la direction de Saint-Domingue pour une nouvelle mission. C'est seulement le 6 décembre que la frégate de Fréminville mouilla dans la baie de la Terre d'En-Haut. Christophe-Paulin gravit le morne Morel et courut d'un trait jusqu'à la maison de Mme C... Les fenêtres étaient fermées, la demeure déserte.

On devine l'immense déception du chevalier.

Sans doute Caroline et sa sœur se trouvaient-elles « en partie de campagne » ? Peut-être chez leurs amis qui avaient une résidence dans l'anse Craven, où habitait la nourrice de Caroline ? « J'avais descendu le morne Morel, racontera-t-il, je passais au bord du Grand Etang et je traversais le cimetière de l'île qui est sur ses rives et qui n'a pas de clôture. En passant près d'une tombe fraîchement revêtue de gazon, mes yeux se portèrent machinalement sur la croix plantée en tête, ils y lurent ces mots :

Caroline C...
morte le 30 novembre 1822.
Priez pour elle. »

Ainsi Caroline était morte ! Lorsque Fréminville reprit ses esprits, il apprit les détails de la tragédie. Chaque jour, Caroline montait au sommet d'un morne pour guetter les voiles blanches de la *Néréide*. Deux fois, elle vit passer la chère frégate de Fréminville. Perdant alors toute espérance, persuadée que celui qu'elle aimait avait été obligé de partir pour l'Europe, elle s'abandonna à un désespoir atroce. Un matin, tandis que, dans l'habitation, tout le monde dormait encore, Caroline se leva sans bruit, sortit seule de la maison, se dirigea vers la baie du Marigot et se précipita dans les flots, « au lieu même, rapporte Fréminville, où l'on m'en avait retiré quelques mois auparavant, lors de l'événement qui faillit m'y faire périr et qui avait été, comme on l'a vu, la cause première de notre connaissance. Ainsi périt, au printemps de ses jours, victime d'une passion brûlante, insurmontable, et du concours le plus fatal de circonstances imprévues, un ange de beauté, de douceur et de vertus, être trop parfait sans doute pour continuer d'habiter sur la terre ».

★

Christophe-Paulin tomba malade. Il eut une fièvre très violente et délira durant plusieurs jours. On eut peur qu'il perde, lui aussi, la raison. Une fois guéri, il semblait normal. Mais, en retournant à Brest, il rapportait avec lui la robe blanche dans laquelle on avait retrouvé le corps de Caroline. Et, cette robe, il lui arriva souvent de la revêtir, se croyant devenu Caroline...

« Parfaitement raisonnable sur tout ce qui concernait sa profession et la science, écrira Lenotre qui, avant nous, a pu lire la confession de Fréminville, il était devenu fou du seul amour qu'il avait connu. On le verra même signer ses lettres *la chevalière de Fréminville*. Bien plus, il se décrivit lui-même en ces termes sous le *pseudonyme* de Caroline : « Ces jours derniers, nous l'avons vu dans une soirée, au milieu d'un cercle de jolies femmes, sembler rivaliser avec elles de grâce et d'élégance. Il avait une robe de satin rose avec un riche canezou de tulle brodé et garni de dentelle, il était coiffé d'un joli chapeau de satin rose vif orné d'un panache blanc en saule ; des petits souliers de satin blanc dessinaient son pied mignon, couvert d'un bas à jour du tissu le plus délicat. Sa tournure était ravissante, et chacun y était trompé. »

Il était parvenu à s'identifier à la jeune fille qu'il avait aimée, au point de ne plus former qu'un avec elle – ou plutôt avec son souvenir...

A la demande de la princesse de Belgiojoso, Alfred de Musset fit d'elle ce dessin – presque une caricature. (Coll. part.)

Cristina de Belgiojoso

Le marquis de Floranges se trouvait, en 1825, de passage à Milan. Sitôt arrivé, il avait couru, bien entendu, à la *Scala*, où l'on donnait un sombre drame. On y chantait la *Délivrance et la Liberté*. Tout le public italien qui gémissait alors sous le joug autrichien vibrait, frissonnait mais toutefois n'osait trop applaudir par crainte de la police. Soudain, le marquis vit entrer dans une loge une véritable apparition fantomatique : la princesse Cristina de Belgiojoso, une femme grande, aux lèvres provocantes, qui possédait surtout d'extraordinaires yeux noirs de sphinx, dans un visage d'une pâleur si inquiétante que, un jour, tandis qu'elle entrait dans un salon, quelqu'un murmura :

– Qu'elle est belle !

– Oui, répliqua un invité, elle a dû être belle lorsqu'elle était vivante.

Ce soir-là, toute vêtue de noir, le teint de Cristina paraissait d'autant plus blême. Elle semblait descendue de quelque tableau de maître dont les portraits blafards se détachent sur fond de toile sombre.

– Monsieur, demanda Floranges à son voisin, la princesse Belgiojoso se trouve-t-elle donc en grand deuil ?

– Bah ! répondit celui-ci, êtes-vous depuis si peu d'heures à Milan que vous ne connaissiez pas encore cette histoire ? Sachez que Cristina porte publiquement le deuil de son mari.

– Eh quoi ! le prince est mort ?

– Non pas. Mais leur amour est brisé, leur union rompue, ils ne vivent plus ensemble ; on les dit séparés de biens... Et Belgiojoso, tenez : levez les yeux, le voici là-haut, installé tranquillement chez sa maîtresse, la Rosamonda, tout en face de son ancienne épouse.

★

La princesse Cristina était née Trivulzio, autrement dit Trivulce, un nom fameux dans les années de guerre. Elle avait épousé un séducteur-né, le prince Emilio de Belgiojoso, un bel homme, *bellissimo com'un Apollo*, aux cheveux blonds, aux yeux caressants. Un homme né pour séduire, disait-on, qui poursuivait sa carrière de jouisseur sans scrupules et sans remords. La lune de miel n'avait duré que quatre mois, et le prince n'avait pas tardé à se laisser aller à « son intempérance byronienne » et à multiplier le nombre de ses maîtresses. Mais ce couple, quoique désuni, communiait toujours dans la haine de l'occupant et complotait sous la bannière de la « Jeune Italie ». Tant et si bien que le prince, placé à la tête des *carbonari*, dut s'enfuir et se réfugier à Lugano puis à Genève. Pendant ce temps, Cristina soulevait la Romagne, puis le Tessin, et les autorités autrichiennes la sommèrent de regagner Milan. Elle refusa et fut obligée, elle aussi, de franchir la frontière.

A Paris, où Cristina est presque dans la misère, l'historien Augustin Thierry la recommande à son ami et confrère, le beau Mignet, directeur des archives du ministère des Affaires étrangères, qui la trouve belle, aimable et spirituelle. « Je lui rendrai tous les bons offices qui dépendront de moi », affirme-t-il à Augustin Thierry – et il commence par dispenser ses « bons offices » en prenant Cristina comme maîtresse. Mignet possède de jolies mains de prélat, un collier de barbe blonde et un accent provençal coloré. Il est malheureusement affligé d'une jalousie terrible, d'où de fréquentes brouilles entre les deux amants. Les réconciliations, arbitrées par Adolphe Thiers qui, en l'occurrence, a la malchance d'être leur ami, sont théâtrales. Cristina exige que le consolateur vienne avec elle et Mignet à l'église de la Madeleine pour assister à l'office. « On ne dit pas si la princesse communia, estime Léon Séché, mais elle en était capable. »

Cependant, même l'autel finit un jour par ne plus apaiser les querelles des deux amants, et l'archiviste est remplacé par un maçon vigoureux. Comme quelqu'un s'étonne, Cristina explique :

– Celui-là, du moins, il ne pense pas !

Mignet n'en garda pas moins un souvenir ému de sa liaison, et le dira bien après la mort de sa maîtresse :

– C'était une femme ardente, d'une rare énergie, un tempérament d'une haute originalité.

Cette originalité la fait adopter par le Tout-Paris, d'autant plus qu'une amnistie a été accordée en Italie par le nouvel empereur d'Autriche, Ferdinand IV, et que la princesse a recouvré sa fortune. Elle devient bientôt un personnage qu'il est de bon ton d'inviter, et la consécration lui arrive lorsqu'elle est accueillie dans le fameux salon de Charles Nodier, à l'Arsenal. C'est là qu'au mois de mars 1832 elle rencontre Alfred de Musset qui va la faire entrer dans l'Histoire.

Le poète s'était tout d'abord pris d'amitié pour le prince Belgiojoso qui, toujours séparé de sa femme, vit lui aussi à Paris. Ils se sont plu tout en se baignant dans la Seine, à l'école de natation du Pont-Royal. Musset affirmera qu'en voyant pour la première fois la princesse il avait été poussé vers elle par un mouvement d'amour irrésistible. Il est vrai qu'il avait fait exactement la même déclaration à George Sand. L'un (ou l'une) n'empêche pas l'autre, en effet, mais Musset regretta un jour, auprès d'un ami, d'avoir la facilité « de tomber amoureux comme l'on s'enrhume ».

Les amants romantiques sont parfois quelque peu agaçants. Ils éprouvent une joie secrète à s'entre-déchirer. Ici, c'est Cristina qui s'offre à Alfred, mais il semble

– si tant est que l'on puisse avoir en cette matière une certitude – qu'au moment où le poète s'apprête à cueillir enfin ce que l'on met ainsi à sa portée, la princesse, spécialiste, en matière amoureuse, de la valse-hésitation, se refuse. Musset l'a dit lui-même en résumant leurs amours : « Je t'aime si tu ne m'aimes pas ; je recule si tu avances. » Cependant, si la belle Italienne a franchi le pas, ce ne fut assurément que plusieurs années après la première rencontre dans le salon de l'Arsenal.

★

En 1835, Cristina s'installe dans un vaste hôtel situé au 25 de la rue d'Anjou-Saint-Honoré. S'il faut en croire Théophile Gautier, l'appartement se présente comme une vraie série de catafalques : il semble avoir eu pour décorateur un tapissier qui aurait utilisé les laissés-pour-compte des pompes funèbres. Le salon est tendu de damas violet et la chambre de velours noir. Partout des crucifix, des Bibles, des bénitiers et des vanités...

On s'y presse.

Alfred de Musset, dans ce décor funèbre, ne paraît pas gêné ; il se sent chez lui, se roule sur les canapés, met ses jambes sur la table, et, coiffé d'un bonnet, fume des cigares, tandis que la maîtresse de maison reçoit coiffée d'un immense turban rappelant la *Sibylle* de Michel-Ange. Dans ce salon – cette espèce de chapelle funéraire – on rencontre, en outre, l'ancien propriétaire, Mignet, et Liszt, sous le charme de la princesse, assis devant elle « en blouse de velours noir, avec de longs cheveux lisses tombant sur les épaules, sans cravate et un béret à la main ».

Un soir, la princesse met au défi Alfred de Musset d'effectuer sa caricature.

– Mes traits sont trop réguliers.

– La régularité des traits n'empêche rien, répond Musset, je vous assure.

– Voici un crayon, lui dit alors la princesse ; essayez, je vous autorise.

Mme Jaubert, maîtresse épisodique d'Alfred de Musset, et qui était présente, le racontera : « Un trait rapide traça un petit trois quarts où l'œil immense était placé de face et, pour la tournure, une pose un peu abandonnée, en exagérant la maigreur, complétait une ressemblance prise en caricature, que cherchait, peut-être, à atténuer ce vers latin : *Pallida, sed quamvis pallida, pulchra tamen.* (Pâle, mais quoique pâle, belle cependant.) »

Tous se précipitent pour regarder le dessin, et sourient sans se récrier. Quant à Cristina, elle se contente de déclarer avec indifférence :

– Il y a quelque chose...

Et elle ferme l'album d'un coup sec.

– Vous avez brûlé vos vaisseaux, fait remarquer Mme Jaubert à Alfred.

– Cependant, déclare le poète, je n'ai jamais été plus épris qu'en la regardant tandis que je traçais ce croquis.

– Tant pis, lui répond-elle, vous l'avez blessée.

Leurs rapports deviennent alors extrêmement froids, et Alfred affirme à Mme Jaubert :

– Je m'abstiendrai dorénavant de toute correspondance ou rapport quelconque avec Son Altesse Sérénissime ; sous aucune espèce de prétexte, je n'en joue plus.

Mais la résolution est oubliée, et une correspondance s'engage entre ces deux êtres qui se comprennent si mal. Alfred voudrait faire connaître son âme à Cristina, expliquer son caractère et tenter d'ouvrir son cœur. Il se « confesse » – et ce n'est pas facile. « Je ne veux pas faire l'hypocrite, et devant vous moins que devant personne. J'aime encore le plaisir, j'aime même l'excès, c'est ma nature ; mais, enfin, de gré ou de force, dans le moment actuel, je m'en passe, et la nécessité me tient lieu de sagesse. »

Musset tombe malade et la princesse vient le soigner. Aussi, lorsque, quelque temps plus tard, Cristina est obligée de regagner l'Italie, Alfred lui écrit : « Ce que j'aurais voulu vous exprimer, c'est le regret très juste et très sincère que m'a causé votre départ. Et je tenais d'autant plus à vous le dire que vous y pensiez sans doute moins. Ce n'est pas une belle qualité que de sentir le prix des choses de ce monde plus vivement au moment où on les perd que lorsqu'on en jouit. »

Elle lui répond : « Depuis qu'en m'appelant auprès de vous dans un moment bien grave, vous m'avez donné en quelque sorte le droit de m'occuper de vous, je voudrais souvent le faire d'une manière qui vous fût profitable et je me sens arrêtée par la crainte de vous importuner en même temps que par un je ne sais quoi d'un peu sec et de déterminé dans vos manières qui semble dire : C'est bon, parlons du beau temps et de la pluie. »

Alfred essaie de lui démontrer que, devant elle, il ne parvient pas à être lui-même : « Ma vie est si bizarre et il y a un tel désaccord entre mon cœur et ma tête ou, pour mieux dire, entre moi et mes actions, que j'ai été forcé de m'habituer depuis longtemps à avoir ma pensée dans ma poche, et à ne l'en tirer qu'en rentrant chez moi. Mais ce même être, timide ou orgueilleux, qui ne sait que dire et qui vit comme en rêve, si vous faites appel à son cœur, il sera peut-être plus absurde encore d'une autre façon. Diderot, que vous n'aimez pas, disait qu'il savait tout dire excepté bonjour ; moi, je ne sais rien dire, excepté tout... »

A moins d'être slave, à force de trop « s'expliquer », on risque de se fermer un cœur qui ne s'épanche plus librement – et Musset de confier à Mme Jaubert, pour laquelle il gardait toujours un certain penchant amoureux :

– Quant à elle, à présent que mon parti est pris de ne plus la revoir, je puis vous dire franchement mon opinion sur elle. Je l'aime, je l'aime, je l'aime, et je l'aime beaucoup. Et vous aussi. C'est fâcheux mais je n'y puis rien.

Au cours de l'été 1842, la princesse regagne Paris et s'installe dans une villa située à l'entrée de Versailles. Cristina invite son soupirant à venir la visiter : « Il m'est presque impossible de vous voir et de vous parler sans avoir la crainte de vous déplaire. Cette crainte me gêne d'autant plus qu'il me semble sentir que, sans elle, je pourrais ne vous être pas antipathique, et ce double sentiment me rend muet, m'ôte la pensée et la parole. » La princesse estime qu'elle saura bien le faire parler et les voici tous deux à nouveau face à face. Alfred commet l'erreur de lancer au cours du premier repas une mauvaise plaisanterie, et Cristina provoque aussitôt une « querelle d'Allemand ». Elle voit qu'elle lui fait une « peine affreuse », mais elle n'en poursuit pas moins son ton désagréable « avec son charmant sourire, entre ses deux fossettes, et des regards à me donner la migraine », précise Musset. Cela n'empêche pas la princesse d'abandonner sa main à Alfred et de la lui laisser baiser pendant une minute entière. Il lui affirme alors – et à plusieurs reprises – qu'il ne cherche pas près d'elle une bonne fortune, que son amour-propre n'y est pour rien, qu'il ne lui demande qu'un mot d'amitié pour être heureux toute une journée.

Et cependant, durant huit jours, l'insupportable femme traite le malheureux poète comme un étranger. Est-ce pendant ce séjour qu'un soir il se jette à ses genoux, et lui déclare qu'il a trop soupiré ? « Je la compare à la Montespan qui fait de la vertu avec Lauzun qu'elle aime et qui se donne au roi qu'elle n'aime pas, ce qui est le dernier degré de l'abaissement. Savez-vous ce que fait la princesse ? Elle éclate de rire en me disant : *Venez avec moi.* »

Cristina lui prend la main, le conduit jusqu'à sa chambre à coucher, et « voilà que loin de se jeter dans mes bras, elle me jette dans les bras d'une ancienne maîtresse qui ne voulait pas plus de moi que je ne voulais d'elle, mais qui ne me permettait pas d'être heureux avec une autre ».

Musset n'y comprend plus rien. Il cherche une explication : ou Cristina se défie d'elle-même, ou elle le fait souffrir par plaisir, ou bien elle agit froidement avec orgueil et indifférence. « Or ceci est méchant et haïssable. »

D'après certains, Musset s'était fait une sérieuse entorse en poursuivant Cristina dans le parc. Voici le poète couché. De sa chambre, il entend la princesse chanter des duos avec Liszt ou bavarder avec l'éternel Mignet. Il devient furieusement jaloux.

– Ah ! la coquette ! Comme elle sait bien enfoncer ses griffes dans le cœur !

Un matin, la princesse se fait servir à déjeuner au chevet du lit où repose son poète. Elle déploie, paraît-il, tous ses charmes, use de toutes les séductions, puis soudainement, se lève pour se retirer.

– Eh quoi, chère amie, s'étonne Alfred, vous voulez me quitter ?

– Mon professeur de chant est arrivé ; je vais prendre une leçon.

Sitôt la princesse partie, Musset se lève et, à cloche-pied, parvient jusqu'au salon... pour voir Cristina embrasser son pianiste. Après un premier instant de gêne, Mme de Belgiojoso lui déclare :

– Je vous savais là ; je vous avais vu ; je voulais vous éprouver.

– Eh bien ! princesse, l'épreuve est faite. J'en ai assez de votre hospitalité. Je m'ennuie chez vous. Toute cette musique m'empêche de dormir. Que monsieur, qui me semble un peu le maître de la maison, veuille bien sonner un domestique. Qu'on m'habille, qu'on me mette en voiture. Je veux retourner à Paris.

L'histoire est-elle exacte ? Je n'ose rien affirmer. Cependant, Musset confiera à Mme Jaubert :

– On m'a fait enrager. Vous ne savez pas, non, vous ne pouvez pas savoir à quel point on m'a tué, éreinté, abîmé, comme on m'a attiré et laissé faire, quelle profonde, perverse et malfaisante coquetterie on a employée de sang-froid avec un pauvre diable qui aime de tout son cœur, qui se livre comme une bête, qui s'en allait bien tranquillement pleurer à chaudes larmes une demi-heure avant dîner et qui osait à peine le dire tout bas, en offrant son bras pour aller à table ; mais qui se réveille tôt ou tard, n'importe comment et qui sait comprendre.

★

Musset se vengera en publiant, dans *la Revue des Deux Mondes*, son célèbre poème *Sur une morte* :

Elle aurait pleuré, si sa main,
Sur son cœur froidement posée,
Eût jamais dans l'argile humain
Senti la céleste rosée.

Elle aurait aimé, si l'orgueil,
Pareil à la lampe inutile
Qu'on allume près d'un cercueil,
N'eût veillé sur son cœur stérile.

Elle est morte et n'a point vécu.
Elle faisait semblant de vivre.
De ses mains est tombé le livre
Dans lequel elle n'a rien lu.

Cristina fit semblant de croire qu'il ne s'agissait pas d'elle.

– Avez-vous lu les vers d'Alfred de Musset *Sur une morte* ? déclara-t-elle nonchalamment à une amie. Il paraît que cette morte-là, c'est Rachel qui voudrait nous faire croire qu'elle est vivante en jouant les morts. Ce n'est qu'une ombre qui passe.

Delphine de Custine, l'irrésistible Reine des Roses, *« une tête de Greuze avec un profil grec »*. (Plon.)

Delphine de Custine

« La Reine des Roses », c'est ainsi que le chevalier de Boufflers avait baptisé la fille de sa maîtresse, l'irrésistible marquise de Custine – tellement irrésistible que personne ne lui résistait – et qu'elle ne résistait à personne ! Pour les combats amoureux, elle avait été très joliment armée par la nature qui l'avait dotée d'une chevelure d'une éclatante blondeur et de deux yeux bleu aigue-marine. « Une tête de Greuze avec un profil grec », a-t-on dit. Toute sa vie, elle cherchera l'homme idéal entre les bras de qui elle pourrait s'abandonner et se laisser dominer. Car elle était toute faiblesse... Elle voulait être la « belle esclave » – et ne détestait pas, à la rigueur, être bafouée.

Elle sera assurément servie.

Delphine aima d'abord Armand, son mari – ce qui surprit un peu, car on ne se trouvait pas encore au XIXe siècle, mais à la fin du XVIIIe. Après s'être fait faire deux enfants par lui – dont un seul survivra – Delphine se sentit vivement attirée par le chevalier de Fontanges qui était tourné comme un Adonis – ce qui rachetait un visage totalement dépourvu d'agrément. Lorsque la beauté du corps de M. de Fontanges ne fit plus oublier son visage, Delphine devint la maîtresse d'un certain M. d'Esterno. Les premiers feux passés, elle s'aperçut qu'il était ennuyeux à périr, et qu'en la regardant il prenait « des airs de carpe pâmée » – ce qui eut le don de l'agacer au plus haut point. Elle eut alors une aventure avec le comte de Moges, « fort soumis, fort complaisant », trop peut-être. Elle le délaissa bien vite au profit de Grouchy, le futur Grouchy de Waterloo. Delphine l'appelait *le Sigisbée*, sans doute parce que, s'étant enfui avec elle au Havre, il s'était montré infiniment trop respectueux. Nouvelle tentative avec un certain Victor – Victor de Broglie, croit-on – mais, romantique avant la lettre, celui-ci avoua – entre ses bras – qu'il aimait sans espoir une autre femme. Et Delphine faillit croire qu'avec Victor elle avait rencontré le grand amour...

Devant ce déferlement de *troubadours* – c'est ainsi que « la Reine des Roses » appelle ses soupirants – le mari préfère prendre le sage parti de fuir à l'étranger. Mais la Révolution se déclenche. Ce qui n'empêche pas Delphine de poursuivre d'actives recherches pour trouver l'amant idéal. « Faites-moi une petite chanson sur mon amour papillon, écrit-elle à son frère. Je serais tentée de poser cette question à tout le monde : Connaissez-vous le moyen de fixer un papillon ? » Mais, comme l'a dit, un jour, Lenotre, le Papillon va devenir tout à coup héroïque, et héroïque à la folie ! Qu'on en juge ! Son beau-père, le maréchal de Custine, qui sert dans les armées de la jeune République, est arrêté au lendemain de la prise de Valenciennes. Il a eu le malheur de s'exclamer, en apprenant l'exécution de Louis XVI :

– Je servais mon pays pour le défendre de l'invasion étrangère, mais qui peut se battre pour les hommes qui nous gouvernent aujourd'hui ?

Apprenant que l'instruction du procès du maréchal est commencée, Delphine se précipite à la Conciergerie.

– Ah ! ma chère fille, s'écrie le maréchal, Dieu a entendu mes prières, puisqu'il vous a envoyée vers moi ! C'est l'espérance qui entre avec vous dans cette lugubre demeure.

– Soyez assuré, répond Delphine, que je ferai l'impossible pour confondre vos calomniateurs et éclairer vos juges.

Chaque jour, Delphine va voir son beau-père, chaque jour, elle le réconforte. Chaque jour, elle assaille les comités en sa faveur. Lorsque M. de Custine paraît devant ses juges, elle s'assied en face de lui sur un escabeau, puis, nous dit un témoin : « Lorsque l'interrogatoire est suspendu, elle s'empresse d'offrir à son beau-père les secours que son état exigeait. » Hélas ! les efforts de Delphine sont inutiles et le maréchal est envoyé à la mort.

★

Armand de Custine qui sert, lui aussi, à l'armée du Nord, est arrêté à son tour. Et « la Reine des Roses » parvient à lui rendre visite dans son cachot. L'entrevue entre ce mari tant trompé et cette jeune femme qui, à l'heure du danger, cesse d'être un papillon et risque chaque jour sa vie pour les siens, ne dut certes pas manquer d'émotion, d'autant plus que Delphine a conçu le projet de faire évader son mari, grâce à la complicité de la fille d'un geôlier. Mais la Convention décrète « la peine de mort pour quiconque favoriserait l'évasion d'un prisonnier ». Ce jour-là, en accueillant Delphine, la fille du geôlier lui dit :

– Ah ! madame, il ne veut plus partir, je le supplie depuis ce matin... Il a lu le journal. Venez vite, vous seule pourrez le décider.

Armand demeure inflexible. Il est condamné à mort. Avant de partir pour l'échafaud, il écrit à sa femme : « C'en est fait, ma pauvre Delphine, je t'embrasse pour la dernière fois. Je ne puis pas te voir, et même si je le pouvais, je ne le voudrais pas : la séparation serait trop difficile et ce n'est pas le moment de s'attendrir... »

Delphine s'est vêtue de noir, ce qui lui va à ravir. Mais elle n'a pas le temps d'exercer d'autres ravages, car elle est incarcérée le jour même où elle se préparait à quitter Paris pour la Belgique. A la prison des Carmes, elle retrouve Joséphine de Beauharnais – la future impératrice – et le mari séparé de celle-ci, le bel Alexandre. Aussi bien aux Carmes que dans les autres prisons de

France, règne alors une sorte de frénésie amoureuse. Et, bien entendu, des amours de derrière les barreaux commencent entre Alexandre et Delphine. C'est bientôt une passion dévorante à l'ombre de la guillotine. Grâce à la complicité des geôliers, et moyennant un pourboire appréciable, Alexandre peut se faire enfermer dans un cachot avec la dame de ses pensées. Dans ce même cachot, Joséphine et Hoche leur succèdent. Le soir venu, lorsque les hommes et les femmes doivent regagner leurs cellules respectives, Delphine montre à Joséphine les billets enflammés que lui adresse Alexandre de Beauharnais : « Faut-il mon sang ? Je le verserai avec plaisir s'il peut, en coulant pour toi, allumer le tien et imbiber plus fortement mon image dans ton souvenir... Alors dans ton cœur, comme amant, comme ami, comme frère, je me confondrai avec tout ce qui t'est cher, pour vivre d'amour, même dans les soupirs que lui déroberaient d'autres liens... »

Malheureusement, le vicomte de Beauharnais commet l'imprudence d'envoyer une pétition au Comité de salut public, dans laquelle il affirme : « Si la liberté que j'ai constamment servie m'est rendue, je n'en veux faire usage que pour augmenter dans le cœur de mes enfants la haine des rois. » Des enfants qui coifferont, un jour, chacun une couronne ! En effet, Eugène sera vice-roi d'Italie, et Hortense reine de Hollande. M. le vicomte de Beauharnais a eu tort d'attirer l'attention sur lui, car il est envoyé à la Conciergerie, et de là, à l'échafaud.

★

Delphine croit, chaque jour, venu son tour de mourir. Mais, que se passe-t-il ? Fouquier-Tinville, l'accusateur public, semble l'avoir oubliée. Qui la protège ainsi ? Elle l'apprendra en sortant de prison, au lendemain de Thermidor, de la bouche de Nanette, gouvernante de son fils, qui a reçu des secours des mains d'un certain Jérôme, maçon de son état, et commissaire de la section. En cette qualité, il avait arrêté Delphine, et était tombé éperdument amoureux de l'irrésistible jeune femme. Il s'est alors mué en ange gardien. Mais la réaction est venue et, maintenant, c'est lui qui doit se cacher. Grâce à Delphine qui le protège, le maçon réussit à s'enfuir et à gagner les Etats-Unis. Lorsqu'il revient, Delphine l'aurait volontiers admis dans sa société, mais l'ex-sans-culotte refuse.

– Je viendrai vous voir quand vous serez seule, lui déclare-t-il ; lorsqu'il y aura du monde chez vous, je n'irai pas. Vos connaissances me regarderaient comme une bête curieuse ; vous me recevriez par bonté, car je connais votre cœur, mais je serais mal à mon aise chez vous, nous n'avons pas la même éducation.

Je connais votre cœur ! Ainsi que l'a spirituellement remarqué Lenotre : « Si c'était vrai, le pauvre homme dut bien souffrir ! » En effet, à cette époque, Delphine est tombée amoureuse d'un *libertador*, le général vénézuélien Miranda. Lui la considère au même titre que toutes les jolies femmes qu'il traîne à sa suite. Et voici Delphine d'autant plus éprise ! Elle le harcèle de ses lettres : « Ecrivez-moi. Pourquoi ne me répondez-vous pas ?... Que de choses j'ai à vous dire !... J'ai besoin de vous, vous êtes mon seul bien... Vous traitez mal votre pauvre et triste amie. »

Il ne la traite pas mal : il la traite comme toutes les autres. Alors, elle se fait humble : « Je m'arrangerai comme vous voudrez, je serai la sœur de votre domestique Françoise. Oh ! de grâce ! Ne me refusez pas cela ! Je serai cuisinière, je serai tout ce qu'il faudra être : pour vous voir, il n'est rien que je ne fasse. »

★

Pour oublier la goujaterie du Vénézuélien, il lui faudra l'amour que va lui vouer Chateaubriand. Le vicomte semblait alors inconsolable, ayant perdu sa chère Pauline de Beaumont, qui venait de s'éteindre, poitrinaire. Les douleurs – même celles provoquées par les flèches de Cupidon – ne sont heureusement pas éternelles. Chateaubriand le dira lui-même : « Il faut, tôt ou tard, qu'elles finissent parce que le cœur de l'homme est ainsi fait. C'est une de nos grandes misères, nous ne sommes même pas capables d'être longtemps malheureux. »

C'est l'amoureuse Delphine qui va l'aider à sortir de son marasme. Alors qu'il aimait Pauline de Beaumont, il avait, mais en vain, fait le siège de Delphine qui, on ne sait pourquoi – un caprice ! – s'était refusée à lui. Il en avait été fort surpris et, devant partir pour Rome, il lui avait écrit : « Je suis, je vous assure, à moitié fou, et je crois que je finirai par donner ma démission. L'idée de vous quitter me tue !... » Dès qu'elle apprend le « veuvage » de Chateaubriand, Delphine – elle l'avouera – est tentée de lui écrire : « Revenez, et je vous accorderai tout. »

Ainsi fut fait.

★

« La Reine des Roses » est si exigeante, si trépidante, si expansive, si amusante aussi, que Chateaubriand oublie de jouer son rôle d'amant inconsolable et désespéré. C'est le grand amour ! Elle l'appelle son *Colo*, et lui sa *Colombe*. Mais leurs amours vont tourner au tragique. Delphine ne peut supporter de voir son Génie, son Enchanteur, faire le joli cœur avec d'autres femmes, orner leurs salons, et surtout le lit de la spirituelle, gracieuse et coquette Nathalie de Noailles. Delphine saisit même un jour un fusil et menace *Colo* « de s'envoyer une balle au travers du cœur ». Chateaubriand prend alors le parti de fuir et de rejoindre la plus paisible Mme de Chateaubriand.

Les deux amants se retrouveront, cependant, au château de Fervacques, non loin de Lisieux et de Bernay, que Delphine vient d'acheter. Mais il s'agit là d'un séjour de rupture – un séjour de quinze jours. Lorsque l'Enchanteur – elle l'appelle maintenant le Grognon – quitte le château, Delphine sent que c'est pour toujours. Elle en tombe malade :

– Je ne ferai pas un pas pour conserver la vie, murmure-t-elle.

Il ne lui reste que ses souvenirs, et elle se confie à son ami Chênedollé :

– Voilà le cabinet où je le recevais, lui dit-elle en pleurant.

– C'est ici qu'il a été à vos genoux ?

– C'est peut-être moi qui étais aux siens !

Elle poursuit ses confidences :

– Je ne suis plus bonne qu'à être Margot. Actuellement, je ne fais plus le thé. C'était bon quand il était là. Quel plaisir d'être sa servante, de faire sa couche, de lui préparer à manger, d'habiter une cabane avec lui... J'étais désespérée quand il a dit qu'il n'aimait pas les petites bouches... Croyez-vous pourtant que, dans le petit cabinet, il n'aimait pas celle-là ?

– Ses baisers vous ont-ils indiqué qu'il la trouvait trop petite ?

« Alors elle sourit d'une manière fine et charmante où l'on devinait tout le plaisir qu'elle avait éprouvé... »

★

« Je ne ferai pas un pas », avait-elle dit. Elle le fit cependant vers le docteur Koreff, poète, dramaturge, et plus ou moins médium. Il lui fit des passes magnétiques à Fervacques même, et « la Reine des Roses » de soupirer :

– Je ressens un bienfait de sa seule présence.

Et *Ko*, ainsi l'a-t-elle baptisé, succède à *Colo*. Lorsque à certains moments on perd un peu la tête, Delphine ne la perdait qu'à une syllabe près – et c'est assurément moins grave ! ... Lorsque *Ko* l'abandonna pour d'autres admiratrices de son fluide, Delphine sanglota de nouveau, tomba encore à genoux et extériorisa une douleur désespérée.

Il faudra l'âge pour tempérer cette irrésistible amoureuse, mais elle continua à garder pour Chateaubriand une immense tendresse qui ressemblait bien fort à de l'amour. Dans la galerie de ses amants – quelle collection ! – « René » avait une place à part. Lui qui passait alors le plus clair de son temps près de Mme Récamier ! Lorsque mourut Delphine – un soir du mois de juillet 1826 – Chateaubriand vint se recueillir à son chevet : « J'ai vu, écrira-t-il, celle qui affronta l'échafaud du plus grand courage, je l'ai vue plus blanche qu'une Parque, vêtue de noir, la taille amincie par la mort, la tête ornée de sa sombre chevelure de soie. »

C'est à Fervacques que Delphine, « la Reine des Roses », repose de son dernier sommeil.

Denis Diderot disait de lui-même : « J'avais un grand front, des yeux très vifs, d'assez beaux traits... » (A.P.)

Denis Diderot

« J'ai un cœur et des yeux et j'aime à voir une jolie femme, j'aime à sentir sous ma main la fermeté et la rondeur de sa gorge, à presser ses lèvres des miennes, à puiser la volupté dans ses regards et à en expirer entre ses bras... »

Ainsi se confiait Diderot, mais n'allez pas prendre pour un satyre celui dont son ami Grimm disait qu'il possédait la tête la plus encyclopédique qui ait jamais existé. Certes, il éprouva un certain contentement à joliment écrire les chapitres les plus osés de l'*Encyclopédie,* mais il aima surtout l'amour afin de pouvoir mieux l'analyser. Son esprit regardait, si l'on peut dire, vivre la chair. Avait-il du charme ? A cette question, il répond lui-même :

« J'avais un grand front, des yeux très vifs, d'assez grands traits, la tête tout à fait du caractère d'un grand orateur. »

Tel quel, il plut à la ravissante Louise-Gabrielle Babuti qui deviendra un jour la vulgaire et trop coquette Mme Greuze, et cessera d'être le délicieux modèle de *la Cruche cassée.*

Diderot aimait l'effaroucher alors qu'elle était encore une jeune fille « droite comme un lis et vermeille comme une rose ». On le voyait entrer dans la boutique de livres que tenait Babuti et demander innocemment :

– Mademoiselle, voulez-vous me donner *le Portier des chartreux* ?

– Oh ! monsieur, nous n'avons que des livres honnêtes.

– Et *la Tourière des carmélites* ?

– Mais nous ne vendons pas de pareilles vilenies !

– Ah ! faisait le philosophe, jouant la confusion. Ce sont des vilenies ? Moi, je n'en savais rien.

Et Diderot s'esquivait en riant et ne se doutait pas qu'abandonnant Louise-Gabrielle à ses prudes rougeurs il l'échappait belle. Greuze fut émerveillé par l'exquise pudeur de Mlle Babuti et il devint le plus malheureux des hommes en épousant celle qui allait se transformer en la plus affreuse des harpies !

Diderot aimait s'encanailler : « Quelquefois, avec mes amis, une partie de débauche, même tumultueuse, ne me déplaît pas. » Car Denis fréquentait aussi les filles. Un soir que l'une d'elles avait entraîné son client et se mettait déjà en tenue de... travail, la porte s'ouvrit. Un ami de Diderot intervint pour mettre en garde l'écrivain : s'il voulait éviter une suite fâcheuse, mieux valait s'abstenir.

Peu de temps après, il crut aimer pour de bon une danseuse de l'Opéra, Mlle Lionnais – jusqu'au jour où il s'aperçut qu'elle passait ses bas à la craie pour en cacher les taches – et cela le fit fuir.

★

Il se réconcilia avec l'amour en dévorant des yeux une petite voisine de la rue du Vieux-Colombier où il demeurait. Elle était belle comme un ange et se nommait Marie-Antoinette Champion, mais on l'avait surnommée Nanette. Elle vivait sagement auprès de sa mère. Comment l'aborder ? Déjà à cette époque, Diderot pouvait déclarer comme il le dira au curé de Saint-Sulpice à son lit de mort : « Je ne crois ni au Père, ni au Saint-Esprit, ni à personne de la famille. » Cependant, âgé de vingt-huit ans en cette année 1741, il fit croire à Mme Champion et à sa ravissante fille qu'il se destinait à la prêtrise et leur demanda avec toute l'onction dont il était capable :

– Voulez-vous vous charger de réunir mon trousseau de séminariste ?

La mère et la fille acceptèrent et se mirent pieusement au travail jusqu'au jour où Diderot leur avoua que son rêve n'était pas de revêtir le petit rabat et la soutane – même confectionnés des blanches mains de Nanette – mais de devenir l'époux de cette dernière. La jeune fille baissa les yeux et avoua, en versant quelques larmes d'émotion, qu'elle aussi aimait en secret Denis Diderot. Elle était même bien triste d'avoir appris qu'un aussi charmant jeune homme allait devenir prêtre.

Après les inévitables difficultés soulevées par M. Diderot père, l'amour fut le plus fort et, le 6 novembre 1743, à minuit, on maria Denis et Nanette en l'église Saint-Pierre-aux-Bœufs.

La lune de miel fut d'autant plus brève que Nanette se révéla bientôt d'un caractère difficile, une « pie-grièche et une harengère », du moins s'il faut en croire Jean-Jacques Rousseau. Bien vite, Diderot regretta de s'être laissé entraver : « Un des grands inconvénients de l'état de la société, dira-t-il plus tard, c'est la légèreté avec laquelle on accepte des engagements qui disposent de tout le bonheur d'une vie. On se marie, on prend un emploi, on a une femme et des enfants avant que d'avoir le sens commun. Ah ! si c'était à recommencer ! » Il n'ose même pas s'informer de la santé de sa femme : « Les questions les plus obligeantes amènent des réponses si dures de sa part que je ne lui parle jamais sans une extrême nécessité... » Soyons objectifs. Peut-être Diderot n'est-il pas blanc comme neige. Leur fille le dira :

– Le tort de mon père fut de ne pas former ma mère pour le monde, parce que, né jaloux, il ne souhaitait pas qu'elle le vît. La solitude, les détails domestiques auxquels la condamnait la plus étroite fortune... l'ignorance des formes du monde avaient aigri son caractère et gronder était devenu son habitude...

Lors d'une absence de Mme Diderot, Denis tombe amoureux de Mme de Puisieux, une femme intéressée et cupide qui avouait franchement :

– Devant la tentation d'une berline bien dorée, d'une belle livrée, de beaux diamants, de jolis chevaux, j'aurais épousé l'homme le moins aimable pour avoir la berline, les diamants, mettre du rouge et des mules...

M. de Puisieux n'ayant pas suffisamment de moyens – seuls le rouge et les mules étaient à sa portée – la jeune femme se jeta littéralement sur le philosophe et l'obligea à écrire, non pour lui ou pour ses lecteurs, mais pour elle. C'est ainsi que les *Pensées philosophiques* et *les Bijoux indiscrets* rapportèrent chacun cinquante louis à Mme de Puisieux. Fort heureusement, Diderot eut des soupçons sur la fidélité de sa dévorante maîtresse... d'autant plus qu'il se trouvait alors enfermé au donjon de Vincennes à la suite de la publication de sa *Lettre sur les aveugles*. Réussissant à se sauver, il arriva à Champigny pour trouver Mme de Puisieux en tête à tête galant avec un jeune robin... et regretta d'avoir quitté sa prison. Mieux valait l'incertitude !

★

Ce n'est pas la philosophie qui va guérir sa peine, mais sa rencontre avec Sophie Volland – l'une des plus prolixes amours du XVIIIe siècle puisque la postérité peut lire aujourd'hui trois cent soixante-six lettres sur les cinq cent cinquante-trois adressées par Diderot à Sophie.

Lorsqu'ils se rencontrent en 1765, elle n'a peut-être jamais aimé et vient d'avoir quarante ans, Diderot en a quarante-deux – et leur amour va durer jusqu'à leur mort, durant vingt-neuf années. Elle s'appelle alors Louise-Henriette et Diderot l'a baptisée Sophie « parce qu'elle était la sagesse ». Est-elle belle ? On ne sait. Diderot possède deux portraits d'elle. Le premier, il a du mal à le regarder : le verre est fêlé en cent morceaux. « Il est devant moi ce portrait, lui écrira-t-il, je ne saurais en approcher les lèvres. A peine l'aperçois-je à travers les fractures de la glace. Avez-vous vu quelquefois la lune couverte d'un nuage que sa lumière, élancée par rayons épars, cherche à dissiper ? Eh bien, c'est mon portrait, et la glace rompue... Je sais seulement que vous êtes là-dessous. Mais je ne vous y vois pas. »

Il a placé le second portrait dans un exemplaire d'Horace, mais, ayant besoin d'argent, il s'est vu obligé de vendre sa bibliothèque à l'impératrice Catherine de Russie – et le volume partit pour Saint-Pétersbourg.

Certains ont prétendu que Sophie et Denis furent des amants platoniques. Alors pourquoi attacher tant d'importance dans leur correspondance à ce jour où Mme Volland surprit sa fille quadragénaire dans sa chambre en compagnie de Diderot : « Je ne sais, écrira Diderot, ce que nous devînmes tous les trois. Nous restâmes debout Sophie et moi. La mère ouvrit un secrétaire, prit un papier et s'en retourna. Depuis elle parle d'aller à sa terre ; et, pour une fois, l'enfant est du voyage. On va l'entraîner là pour la faire périr d'ennui. Quel avenir ! » L'enfant : c'est Sophie qui, cette année-là, atteignit ses quarante-trois ans...

Sans doute Sophie mit-elle quelque temps avant de se donner à Diderot. « Vous ne voulez pas mourir et faire mourir de plaisir, lui écrira-t-il en 1765. Si vous sortez de ce monde sans avoir connu ce bonheur, pouvez-vous vous flatter d'avoir été heureuse et d'avoir vu et fait un heureux ? » Elle lui avait cependant accordé quelques privautés puisque, cinq années auparavant, il lui écrivait : « Je te baise partout. » Plus tard, il lui écrira encore : « Si je vous trompais une fois, je pourrais vous tromper mille ; mais je ne vous tromperai pas. » Ou encore : « Qu'il est doux d'ouvrir ses bras, quand c'est pour y recevoir et pour y serrer un homme de bien ! C'est cette idée qui consacre les caresses ; qu'est-ce que les caresses de deux amants lorsqu'elles ne peuvent être l'expression du cas infini qu'ils font d'eux-mêmes ? Qu'il y a de petitesse et de misère dans les transports des amants ordinaires ! Qu'il y a de charmes, d'élévation et d'énergie dans nos embrassements... ! Venez, ma Sophie, venez. Je sens mon cœur échauffé. Cet attendrissement qui vous embellit va paraître sur ce visage. Il y est. Ah ! que n'êtes-vous à côté de moi pour en jouir ! Si vous me voyiez dans ce moment, que vous seriez heureuse ! que ces yeux qui se mouillent, que ces regards, que toute cette physionomie seraient à votre gré ! et pourquoi s'opiniâtrent-ils à troubler deux êtres dont le ciel se plaisait à contempler le bonheur ? Ils ne savent pas tout le mal qu'ils font ; il faut leur pardonner... »

Puisque nous ne connaissons d'eux que leur correspondance, citons encore ces lignes : « J'atteste que ni le temps, ni l'habitude, ni rien de ce qui affaiblit les passions ordinaires n'a rien pu sur la mienne ; que, depuis que je l'ai connue, elle a été la seule femme qu'il y eût au monde pour moi. »

Il paraît bien probable que l'inévitable se soit produit. Il l'avouera : depuis qu'il avait rencontré Sophie, elle était la seule femme qu'il y eût au monde ! – et ils s'aimèrent ardemment ! Quoi de plus joli que de lire cette lettre qu'il a écrite dans l'obscurité, alors qu'un soir il ne l'avait pas trouvée chez elle : « J'écris sans voir. Je suis venu. Je voulais vous baiser la main et m'en retourner. Je m'en retournerai sans cette récompense. Mais ne serai-je pas assez récompensé si je vous ai montré combien je vous aime ! Il est neuf heures. Je vous écris que je vous aime, je veux du moins vous l'écrire ; mais je ne sais si la plume se prête à mon désir. Ne viendrez-vous point pour que je vous le dise et que je m'enfuie ? Adieu, ma Sophie, bonsoir. Votre cœur ne vous dit donc pas que je suis ici ? Voilà la première fois que j'écris dans les ténèbres. Cette situation devrait m'inspirer des choses bien tendres. Je n'en éprouve qu'une, c'est que je ne saurai sortir d'ici. L'espoir de vous voir un moment me retient, et je continue de vous parler sans savoir si je forme des caractères. Partout où il n'y aura rien, lisez que je vous aime. »

Mais le voici jaloux. Et de qui ? De la sœur de Sophie, Mme Le Gendre : « Je vois d'après votre lettre en grimoire que Mme Le Gendre est ou sera incessamment avec vous. Je suis devenu si ombrageux, si injuste, si jaloux, vous m'en dites tant de bien, vous souffrez si impatiemment qu'on lui remarque quelque défaut, que... Je n'ose achever. Je suis honteux de ce qui se passe en moi, mais je ne saurais l'empêcher. Madame votre mère prétend que votre sœur aime les femmes aimables, et il est sûr qu'elle vous aime beaucoup ; et puis cette religieuse pour laquelle elle a eu tant de goût ; et puis cette manière voluptueuse et tendre dont elle se penche quelquefois sur vous, et puis ses doigts singulièrement pressés entre les vôtres. »

Elle eut sur lui une influence considérable. Lorsqu'il la quittait, plein de la tendresse qu'elle lui avait inspirée, sa joie brillait dans ses yeux et échauffait ses discours. Elle transparaissait dans ses mouvements et se montrait en tout. Il semblait extraordinaire, transporté, divin. « Grimm, racontera-t-il, n'avait pas assez de ses yeux pour me regarder, pas assez de ses oreilles pour m'entendre ; tous étaient étonnés ; moi-même j'éprouvais une satisfaction intérieure que je ne saurais vous rendre. C'était comme un feu qui brûlait au fond de mon âme, dont ma poitrine était embrasée, qui se répandait sur eux et qui les allumait. Nous avons passé une soirée d'enthousiasme dont j'étais le foyer. »

Leurs fréquentes séparations les brisaient, mais ils avaient un *petit château*, ainsi que nous l'explique Dominique Saint-Alban dans son délicieux ouvrage : « Un *petit château*, comme les enfants en construisent dans le sable et que la mer efface chaque nuit. Un *petit château* en Espagne. Ils ont cinquante ans bientôt l'un et l'autre, séparés par des kilomètres, et le soir, comme d'autres dans une étoile choisie d'avance, ils se donnent rendez-vous dans leur *petit château « dont les portes sont petites et les fenêtres très grandes »*. Une maison de rêve et de perfection, où ils ont envie de vivre très vieux et de mourir ensemble, une maison sans glaces, sans tableaux, sans sofas, où ils seront les mortels les plus heureux par le bien qu'ils feront et celui qu'on dira d'eux. Chaque soir, chaque nuit, les yeux fermés, à rêver l'un de l'autre (1). »

Quelle tristesse lorsqu'il doit partir, en 1773, pour aller remercier la tsarine de l'achat de sa bibliothèque.

L'impératrice est suffoquée par l'agitation de Diderot dès qu'il veut exprimer sa pensée : « Votre Diderot, écrit-elle à Mme Geoffrin, est un homme bien extraordinaire ; je ne me tire pas de mes entretiens avec lui sans avoir les cuisses meurtries et toutes noires ; j'ai été obligée de mettre une table entre lui et moi pour me mettre, moi et mes membres, à l'abri de sa gesticulation... »

Bien vite, Denis regagne la France et, durant encore onze années, sa pensée ne quitte pas Sophie. Le 19 février 1784, il se sent au plus mal et dit à sa fille :

– Voilà, c'est fini, il faut nous séparer.

Mais c'est Sophie qui partira la première : le 22 février, elle lègue à Diderot les *Essais* de Montaigne, et une bague qu'elle appelle : « sa Pauline ». Puis elle rend le dernier soupir.

Diderot n'est plus qu'un corps sans âme, d'autant plus que, ne croyant à rien, il demeure bien convaincu de ne pas revoir Sophie dans un autre monde.

Le 31 juillet, il se trouve à table et pèle un fruit. Avant de le porter à sa bouche, il s'exclame :

– Le premier pas vers la philosophie, c'est l'incrédulité !

Il eut alors un léger toussotement et mourut.

(1) *Le Roman d'amour des grandes égéries* (Robert Laffont).

Don José Primero, autrement dit Joseph Ier, roi d'Espagne par la grâce de son frère Napoléon — et pour son malheur. « Je ne suis point épouvanté de ma situation, soupirait-il en arrivant dans son royaume, mais elle est unique dans l'Histoire : je n'ai pas ici un seul partisan... » (Plon.)

Don José Primero

A Marseille, sous la Révolution, un jeune commissaire traversait, le soir du 18 au 19 septembre 1793, l'antichambre vide du redoutable représentant du peuple, Albitte. Soudain, il s'arrêta. Une piquante et gracieuse jeune fille, sans doute lasse d'attendre, s'était endormie sur une chaise. Il n'y avait personne d'autre dans la vaste pièce éclairée par la lumière venant d'une lanterne de la rue. Le commissaire s'approcha, intrigué. La jeune fille était brune, charmante... Réveillée en sursaut, elle ouvrit de beaux yeux noirs. Jolie ? Disons qu'elle avait cette beauté du diable qui vaut souvent mieux que les traits chers aux sculpteurs grecs...

– Citoyenne, comment vous trouvez-vous, à pareille heure, en pareil endroit ?

L'inconnue expliqua que son frère venait d'être arrêté et qu'elle avait accompagné sa belle-sœur, venue implorer la grâce de son mari. Où se trouvait-elle ? Elle l'ignorait. Lorsqu'elle s'était endormie, sa compagne se trouvait auprès d'elle...

– Une petite demoiselle comme vous ne peut pas, la nuit venue, s'en aller seule par les rues, je vais donc vous reconduire jusque chez vous.

Le commissaire offrit son bras et apprit par la piquante brune – elle avait un accent chaud et coloré – qu'elle était la fille de François Clary, un important négociant de la ville. Elle avait seize ans et se nommait Bernardine-Eugénie-Désirée. Tout en bavardant, ils arrivèrent devant la maison de la rue des Phocéens où demeurait la famille Clary. Désirée avait trouvé son protecteur infiniment sympathique.

– Ma mère, lui dit-elle en jeune fille bien élevée, voudra certainement vous remercier elle-même du soin que vous avez pris pour moi...

– Alors, un de ces jours, vous me présenterez à votre famille ? dit-il.

– Avec plaisir. Mais, je voudrais pouvoir, en attendant, dire aux miens le nom de celui qui m'a protégée ce soir.

– C'est juste. Vous leur direz que je m'appelle Joseph Buonaparte.

C'est ainsi que le futur roi de Naples puis d'Espagne, celui qui sera un jour *don José Primero*, fit la connaissance de la future reine de Suède et de Norvège. Reçu rue des Phocéens, il trouva la jeune fille fort à son goût et devint son chevalier servant. La sœur de Désirée – Julie – servait de chaperon.

★

Joseph parlait souvent aux Clary de son frère cadet, Napoleone, dont le prénom surprenait un peu et dont la science militaire s'était révélée au récent siège de Toulon. Il venait d'être nommé général de brigade. Lorsque le futur Empereur se présenta chez les Clary, François, le père de famille, venait de mourir. Dès son arrivée, le jeune officier se sentit en confiance entre son frère et les deux sœurs Clary. Si Joseph semblait devoir épouser la coquette et expansive Désirée, il paraissait probable que Napoleone convolerait avec la grave Julie. Jusqu'au jour où ce dernier déclara péremptoirement aux trois jeunes gens :

– Dans un bon ménage, il faut que l'un des deux cède à l'autre. Toi, Joseph, tu es d'un caractère indécis, et il en est de même de Désirée, tandis que Julie et moi nous savons ce que nous voulons. Tu feras donc mieux d'épouser Julie. Quant à Désirée, ajouta-t-il en prenant la jeune fille sur ses genoux, elle sera ma femme.

« C'est ainsi, racontera plus tard Désirée, que je devins la fiancée de Napoléon. »

Joseph s'inclina de bonne grâce et, le 1er août 1794, épousa Julie, dont on ignore d'autre part les réactions.

Pour Joseph, ce fut assurément un beau mariage. Il n'était guère fortuné et Julie lui apportait l'aisance. La chance continua à lui sourire. Il se mit à gravir derrière son frère les échelons du succès. A cette époque, Napoléon avait une grande confiance en son frère qui était son ami et son confident. Il lui écrivait souvent, lui demandait parfois conseil.

Sans aucun doute, Joseph, ainsi que le dira un jour Talleyrand, « était doué du talent de se faire aimer. Avec ça, ajoutait le ministre, on réussit à tout. » Après – mode du jour – s'être fait appeler *Scévola* Bonaparte, le futur souverain avait contribué à organiser la Corse, était devenu député aux Cinq-Cents, ministre à Parme et, enfin, ambassadeur de la République près la cour de Rome.

Le soir du 19 brumaire, le Directoire se trouvait à terre. « On hésitait sur le parti à prendre, nous dit un témoin, lorsque Joseph Bonaparte eut l'idée de rassembler les débris du Conseil des Cinq-Cents et de faire avec cette assemblée tronquée ce que l'on avait eu l'intention de faire le matin avec l'assemblée complète... et de cette assemblée mutilée sortirent les décrets pour supprimer les Conseils, abolir le Directoire et créer trois Consuls. »

Napoléon se souvint sans doute de ce qu'il devait à son aîné en lui confiant la négociation des grands traités, à Mortefontaine, avec les Etats-Unis, puis à Lunéville avec l'Autriche, enfin à Amiens avec l'Angleterre.

★

– Je suis résigné à l'éclat comme je l'eusse été à l'obscurité. La nature m'a fait sans ambition. Accepter la grandeur est une grande vertu pour moi.

Ainsi parlait Joseph Bonaparte. Il se résigne donc à

l'éclat. Au lendemain de l'accession au trône de son frère Napoléon, il reçoit le titre d'Altesse impériale, la dignité de grand électeur de l'Empire, le palais du Luxembourg, un traitement de trois cent trente-trois mille trois cent trente-trois francs, et un million onze cent cinquante mille francs de gratification.

Bien qu'il se déclarât « sans ambition », il s'agite beaucoup, à la veille du sacre, au nom du clan et tente de faire obstacle au couronnement de Joséphine.

– Le couronnement de l'Impératrice, ose-t-il affirmer à son frère, est contraire à mes intérêts ; il tend à donner aux enfants de Louis et d'Hortense des titres de préférence sur les miens ; il préjudicie aux droits de mes enfants en ce qu'il fait des enfants de Louis des petits-fils d'une impératrice, tandis que les miens seront les fils d'une bourgeoise.

L'Empereur explose :

– Qu'il me parle de ses droits et de ses intérêts à moi, c'est me blesser dans mon endroit le plus sensible. Joséphine sera couronnée ! Elle sera couronnée, dût-il m'en coûter deux cent mille hommes !

Convenons – afin de rassurer les historiens tenants de la thèse de Napoléon pacifiste – que la colère poussait parfois Napoléon à exprimer des idées qui dépassaient sa pensée. En tout cas, devant cette menace d'hécatombe, Joseph cède et vient faire amende honorable à Fontainebleau. Napoléon se montre satisfait :

– Je suis appelé à changer la face du monde, je le crois, du moins. Tenez-vous donc dans un système monarchique héréditaire où tant d'avantages vous sont promis.

Joseph – toujours en clamant son manque d'ambition – repart en guerre quelques jours plus tard, en ce même palais de Fontainebleau, pour obtenir que sa femme soit dispensée de porter la traîne de Joséphine durant la cérémonie de Notre-Dame. « Madame Joseph » prétendait, en effet, « qu'un tel office était bien pénible pour une femme vertueuse » ! Où la vertu allait-elle se nicher ?

– Depuis six jours que dure cette querelle, confie l'Empereur à son frère, je n'ai pas un instant de repos. J'en ai perdu le sommeil, et vous seul pouvez exercer sur moi un tel empire.

Il fut finalement décidé que Julie ne porterait point la traîne d'hermine, mais la « soutiendrait »... Cette nuance subtile sembla plaire et tout rentra à peu près dans l'ordre...

Joseph, tout en protestant toujours de son peu d'ambition, ne trouve pas la composition de sa maison assez brillante. Napoléon lui avait cependant déclaré :

– Ma maison et la vôtre, pour être bien composées, ne peuvent l'être que de militaires et d'anciens nobles. Il reste encore d'assez beaux noms parmi lesquels vous pouvez trouver ce qui vous convient.

Ne suivant pas le conseil de son frère, Joseph a composé sa petite cour presque uniquement de roturiers. Mieux : il choisit, comme dame d'honneur pour S.A.I. Julie, Mme de Girardin, femme divorcée et libérale.

★

A la fin de 1804, Joseph a refusé la royauté d'Italie que lui offrait son frère et qui l'aurait, du même coup, obligé à abandonner ses droits à la succession de l'Empire. A croire que Charles Bonaparte avait été empereur et que Napoléon s'était emparé sans vergogne de l'héritage paternel !... Quelques semaines après Austerlitz, Napoléon décide de chasser du trône de Naples la reine Marie-Caroline – sœur de Marie-Antoinette – et Ferdinand IV qui ont rompu la neutralité en appelant chez eux un corps d'armée anglo-russe. L'Empereur offre la couronne de Naples à son frère et, cette fois, ne devant pas abandonner ses « droits » sur la France, Joseph accepte.

A l'approche des troupes françaises, les forces anglo-napolitaines de Marie-Caroline se sont évanouies en même temps que la famille royale. Joseph – devenu Joseph Ier, « roi des Deux-Siciles » – fait son entrée le

15 février 1806 dans sa capitale, tandis que les cloches sonnent à toute volée et que les salves tonnent, saluant le nouveau souverain.

Joseph a l'heureuse idée de passer autour du cou de la statue de saint Janvier, patron de Naples, un collier de diamants. Le geste déchaîne en pleine église une tempête d'applaudissements – et le peuple accueille sans trop de heurts le maître qui lui a été imposé.

Les Napolitaines, surtout, adopteront Joseph avec une bienveillance qui n'aura d'égal que l'empressement que le nouveau roi de Naples leur manifestera. Julie, de son côté, est restée en France avec ses deux filles. Les honneurs de la royauté ne la tentent pas et il faudra un ordre exprès de l'Empereur pour qu'elle se résigne à partir pour Naples.

A la fin de l'année 1807, Napoléon et Joseph se rencontrent à Venise. Sans doute est-il alors question d'un éventuel mariage entre la fille aînée de Joseph et le futur Ferdinand VII d'Espagne. Mais on sait comment éclatera à Madrid la crise espagnole qui allait mettre à Bayonne la famille royale des Bourbons d'Espagne à la merci de l'Empereur ! Le 18 avril 1808, Joseph recevait cette lettre de son frère :

« Il ne serait pas impossible que je vous écrivisse dans cinq ou six jours de vous rendre à Bayonne... Votre femme resterait à Naples. Les relais seraient préparés dans ce cas sur votre route. Cependant, jusqu'à présent, cela est encore incertain. »

Le 5 mai suivant, Charles IV d'Espagne cède son royaume à Napoléon et, le 6, à la nouvelle du sanglant *dos de mayo*, son fils Ferdinand doit, lui aussi, renoncer à la couronne. Le même jour, l'Empereur écrit à Joseph :

« La nation, par l'organe du Conseil de Castille, me demande un roi. C'est à vous que je destine cette couronne. L'Espagne n'est pas le royaume de Naples... Elle a d'immenses revenus et la possession de toutes les Amériques. »

Joseph ayant reçu une nouvelle couronne, comme on

reçoit un nouveau chapeau – la comparaison est de Chateaubriand – prend le nom de *don José Primero* et – ce jour-là il a remisé sa modestie – se proclame « par la grâce de Dieu, roi de Castille, d'Aragon, des Deux-Siciles, de Jérusalem, de Navarre, de Grenade, de Tolède, de Valence, de Galice, de Majorque, de Minorque, de Séville, de Cerdagne, de Cordoue, de Corcega, de Murcie, de Santiago, des Algarves, d'Algésiras, de Gibraltar, des îles Canaries, des Indes occidentales et orientales, des îles de Terre-Ferme de l'Océan, archiduc d'Autriche, duc de Bourgogne, de Brabant et de Milan, comte de Habsbourg, Tyrol et Barcelone, seigneur de Biscaye et de Molina », etc.

Enfin, il signe fièrement : *Yo, el Rey.*

★

Dès les premiers tours de roue vers Madrid, Joseph se rend compte de la situation. Elle est dramatique : « Je ne suis point épouvanté de ma position, soupirait-il, mais elle est unique dans l'Histoire : je n'ai pas ici un seul partisan... »

Napoléon lui répond avec superbe : « Vous avez un grand nombre de partisans en Espagne, mais qui sont intimidés. Ce sont tous les honnêtes gens. Vous ne devez pas trouver trop extraordinaire de conquérir votre royaume. Philippe V, Henri IV ont été obligés de conquérir le leur. »

« Non, sire, vous êtes dans l'erreur, lui affirme par retour du courrier Joseph. Les honnêtes gens ne sont pas plus pour moi que les coquins. Votre gloire échouera en Espagne. Mon tombeau signalera votre impuissance. »

Il n'en commence pas moins son règne avec courage. Malheureusement, Joseph pour mieux se faire comprendre s'adresse au clergé en espagnol. Son discours est un fâcheux salmigondis de langues latines. Le roi n'aura pas le temps de perfectionner ses connaissances de la langue espagnole : la honteuse capitulation française de Baylen donnera aux insurgés espagnols, soutenus par le contingent britannique, la foi dans les destinées de leur pays et le courage nécessaire pour attaquer les troupes françaises.

★

Le 19 août 1808 – un mois après son entrée solennelle à Madrid – *don José Primero*, obligé de reprendre le chemin de la frontière française, arrive à Vitoria et décide d'y attendre les ordres de Napoléon.

Vitoria est une charmante cité, lieu de villégiature de la noblesse espagnole. Le roi Joseph a choisi, en dehors de la ville, une fort jolie maison qui appartient au marquis de Montehermoso. Le marquis, ayant des ascendances françaises, s'est empressé de mettre sa demeure à la disposition de *don José Primero*.

Ce voisinage amènera très vite Joseph à remarquer une beauté brune qui n'était autre que la jeune femme de chambre de Mme de Montehermoso... Lorsque la marquise apprend l'aventure ancillaire du roi Joseph, un peu dépitée, elle ne cache pas son étonnement à Stanislas de Girardin, ami de Joseph.

– Comment, lui dit-elle, un homme aussi séduisant et agréable que l'était le nouveau souverain, pouvait-il se contenter de faire le joli cœur auprès d'une camériste, alors que tant de grandes dames auraient été flattées de retenir son attention.

Girardin ne manqua pas de transmettre cette confidence au roi Joseph qui la prit comme une discrète invite... Ce en quoi il n'avait pas tort puisque c'est ainsi que commença sa liaison avec la charmante marquise de Montehermoso. Liaison que l'esprit et la coquetterie de Mme de Montehermoso allaient faire durer tout le temps de la royauté de Joseph Ier en Espagne, et se prolonger même encore après le départ de celui-ci.

Cependant, Napoléon, accouru en Espagne avec ses meilleures troupes, cantonnait tout d'abord son frère au-delà de l'arrière-garde et reprenait Madrid où *don José Primero* effectuait bientôt une seconde entrée solennelle.

Une guerre atroce, une guerre de cauchemar, débutait, tandis que Joseph essayait, tant bien que mal, de régner. Il aurait voulu prendre le commandement des troupes françaises. En apprenant cette prétention, au début de 1809, Napoléon avait explosé et déclaré à Roederer :

– Le roi n'est pas militaire, il ne peut pas l'être. Il n'a pas même la santé nécessaire. Je le suis, moi, parce que c'est le don particulier que j'ai reçu en naissant ; c'est mon existence, c'est mon habitude... J'étais né pour cela. Il faut que vous le persuadiez bien qu'il n'est pas militaire. Il est devenu tout à fait roi ! Il veut qu'on le flatte !

De même que Louis en Hollande, et Murat à Naples, *don José Primero* avait en effet formé le projet de se transformer « en bon Espagnol ».

– Je serai roi, déclarait-il à l'Empereur, comme doit l'être le frère et l'ami de Votre Majesté...

On devine la réaction de Napoléon. Les rois qu'il avait créés, nous le verrons à propos de Murat, ne devaient être que des super-préfets ! Avec courage, *don José Primero*, « philosophe sur le trône », protestait, légiférait en disciple de Rousseau, ordonnait des spectacles, affichait une grande piété, affectait de se passionner pour les courses de taureaux – et faisait même semblant de manger avec gourmandise l'indigeste riz « à la Valenciana » qui lui donnait, paraît-il, des nausées...

Il s'efforçait d'alléger les impôts, ce qui faisait hausser les épaules de Napoléon :

– Il se plaint de n'avoir point d'argent, pourquoi n'en a-t-il pas ? Il y en a en Espagne. J'ai tiré un milliard de la Prusse. Il ne m'aurait pas été difficile d'en tirer deux de l'Espagne.

Joseph avait à cœur de faire le bonheur de son peuple, de le rendre heureux malgré lui. Napoléon trouvait cette prétention tout à fait utopique et un peu dérisoire :

– Joseph veut être aimé des Espagnols ; il veut leur faire croire à son amour. Les amours des rois ne sont pas des tendresses de nourrices, ils doivent se faire craindre et respecter. L'amour des peuples n'est que de l'estime.

Hélas ! à défaut d'amour, Joseph n'avait même pas l'estime du peuple espagnol. Rien ne parvenait à désarmer les patriotes qui traitaient *don José* de « roi par la grâce du diable ». Cette aversion surprenait d'autant plus qu'il venait de recevoir un accueil chaleureux et inattendu au cours de son voyage dans le sud de l'Espagne.

Est-ce sa gentillesse, son évidente bonne volonté de leur plaire et son goût apparent pour les courses de taureaux qui touchèrent les habitants ?

Toujours est-il que Joseph fut acclamé. A Cordoue, des jeunes filles lui jetèrent des fleurs et, à Séville, « les prêtres et les moines venaient lui baiser les mains du matin jusqu'au soir », précisait un témoin. « Ils lui disaient qu'il était l'envoyé de Dieu. Les nobles andalous, de leur côté, ne savaient qu'inventer. Les uns lui envoyaient une douzaine de magnifiques taureaux en présent ; d'autres des chevaux andalous parfaitement harnachés ; et plusieurs mettaient à la disposition de Sa Majesté leurs femmes et leurs filles. Au milieu de cet enthousiasme incomparable, le peuple se vautrait devant le roi, dès qu'il l'apercevait, soit à cheval dans les rues, soit à l'un des balcons du palais de l'Alcazar. »

Cette popularité devait brusquement disparaître lorsque Napoléon, en créant des gouvernements militaires français en Catalogne, Aragon, Navarre et Biscaye, enleva au roi Joseph toute autorité sur ces provinces.

Assurément, c'était là le premier pas vers la création, outre-Pyrénées, d'un glacis français. Ainsi que l'écrivait le maréchal Jourdan : « Il semblait que l'Empereur voulait punir son frère d'avoir su se concilier l'amour des peuples du Midi. »

La situation devint de plus en plus difficile. Si difficile que Julie n'eut pas, cette fois, à vaincre sa répugnance pour venir – comme elle avait été contrainte de le faire à Naples – occuper le trône d'Espagne au côté de Joseph. Epouse dévouée, elle aurait fini sans doute par obéir à son mari qui lui avait écrit de le rejoindre – sans trop de conviction, mais pour faire cesser les bruits qui couraient sur ses aventures féminines. Les événements en ayant décidé autrement, Julie était demeurée à Paris avec ses deux filles, Zénaïde et Charlotte.

Madrid, où Joseph, ayant abandonné Vitoria, était revenu, se trouvait sans cesse menacé par les *guerrilleros.* A la fin de l'année 1810, le roi écrivait à sa femme :

« A chaque instant du jour et de la nuit, je suis exposé à monter à cheval pour défendre ma vie contre les bandes armées et exaspérées qui entourent cette ville. A l'heure qu'il est, ma garde est tout employée contre ces bandes ; et cette garde n'est pas payée depuis six mois. La nation ne se calmera jamais tant qu'elle ne verra pas en moi un pouvoir protecteur et un véritable roi.

« Je patiente tant que je puis. Je veux que la postérité plaigne une grande nation d'avoir méconnu le roi que le ciel lui avait donné dans sa bonté. Jamais je ne consentirai à approuver les traitements horribles que lui font éprouver les gouvernements militaires... »

Joseph « patiente », mais ne se fait sans doute guère d'illusions sur l'issue de la situation. Deux mois avant cette dernière lettre, il avait déjà écrit à Julie :

« Mets ta douceur, ta sagesse, ta prudence à savoir comment, où, quand l'Empereur veut que je me retire ; et je ne cesserai de te remercier d'avoir réussi à me tirer d'ici de toute place publique. Je serais plus heureux avec toi, mes enfants, un petit cercle d'amis et ma conscience, que tu connais, que je ne l'ai jamais été depuis que j'ai été placé si haut auprès du monde et si bas à mes propres yeux. Je ne pourrai rester ici qu'autant que je pourrai faire le bonheur de la nation espagnole. »

Le 20 mars 1811, Napoléon demande à son frère

d'être le parrain du roi de Rome par procuration, car il lui interdit de quitter l'Espagne. Joseph passe outre et se rend à Paris. Il semble que sa venue ne déchaîne pas la colère de l'Empereur et que l'entrevue des deux frères est fructueuse pour Joseph. *Don José Primero* obtient à peu près tout ce qu'il voulait : autorité sur les maréchaux, des subsides, et une manière d'indépendance.

L'Empereur, on le sait, ne devait tenir aucune de ses promesses. Déçu, désespéré, le roi – le 23 mars 1812 – envoie à son frère une lettre d'abdication... La lettre est interceptée par les *guerrilleros*. Cependant, au même moment, devinant les sentiments de son aîné, Napoléon confie à Joseph le commandement « de toutes ses armées en Espagne » – et enlève du pays sa garde, les lanciers polonais et une partie du corps des dragons. Ainsi, pour le roi Joseph, le « commandement de la fin » devait-il précéder de dix-huit mois celui de l'Empereur.

Wellington s'empare de Badajoz, défendu par Soult, et Marmont, apprenant que Joseph va venir prendre le commandement de ses troupes, attaque prématurément et subit aux Arapiles une défaite totale.

Joseph abandonnait Madrid le 10 août 1812, où, deux jours plus tard, Wellington faisait son entrée. *José Primero* parviendra à reprendre sa capitale pour se trouver – le 2 juin 1813 – obligé de l'abandonner définitivement.

Tout devait alors se précipiter – d'autant plus que Napoléon, qui avait toute l'Europe dressée contre lui, allait être encore obligé d'effectuer d'importantes ponctions dans son armée d'Espagne. A Vitoria, le 21 juin, les quatre-vingt-cinq mille Anglo-Hispano-Portugais avaient facilement raison des cinquante mille soldats de Jourdan. Joseph s'enfuyait à cheval vers la frontière, abandonnant ses bagages, ses équipages et les femmes qui suivaient l'état-major royal – *les ladies de Joseph*, dirent les vainqueurs en se les appropriant...

Tandis que Joseph galope en direction de Paris, la marquise de Montehermoso, quittant Bordeaux – première étape de son exil – prend, elle aussi, la route vers Paris. Joseph devait l'y retrouver.

★

Joseph maintenant n'est plus rien. Son frère lui a enlevé son commandement au profit de Soult. Le roi sans royaume se réfugie dans sa propriété de Mortefontaine, en dépit de l'interdiction de son frère qui craint les intrigues du vaincu de Vitoria. Il avait même ordonné à ses ministres :

– S'il venait à Paris ou à Saint-Cloud, vous feriez en sorte de le faire arrêter ; et il faut qu'il ne l'ignore pas... Si vous mettiez ici de la faiblesse, le roi recevrait, deviendrait un centre d'intrigues. Il n'y a absolument que cela qui puisse le contraindre.

Cependant, Savary, appliquant sans doute un peu trop à la lettre les ordres de l'Empereur, surveilla maladroitement les allées et venues que Joseph faisait entre Mortefontaine et Paris, où habitait maintenant la chère marquise de Montehermoso... Napoléon, averti par Roederer, écrivit d'Allemagne à son ministre de la Police :

« La démarche que vous avez faite auprès du roi d'Espagne est inconvenante sous tous les rapports. Puisque vous connaissiez l'objet de ses voyages à Paris, vous deviez paraître les ignorer. Il y a dans cette conduite peu de tact de votre part. L'art de la police est de ne pas voir ce qu'il est inutile qu'elle voie... » Et l'Empereur ajoutait, à l'adresse de Roederer : « Joseph peut venir à Paris tant qu'il voudra pour voir des filles ou Mme de Montehermoso. »

– Qu'est-ce qu'il veut ? demandera Napoléon à Roederer. Songe-t-il encore à régner ?

– Sire, je le crois.

– Veut-il encore le trône d'Espagne ?

– Sire, il pense, à ce que je présume, qu'il serait encore possible de négocier.

– Chimère ! Ils ne veulent pas de lui. Ils le regardent comme incapable. Ils ne veulent pas d'un roi qui est toujours avec les femmes à jouer à cache-cache ou à colin-maillard. Ce sont ses amis mêmes qui disent cela de lui. Le roi dépend des femmes, de ses maisons, de ses meubles. Il me disait sérieusement au Prado qu'il fallait éviter que mes grenadiers n'allassent déranger son palais. Moi, je ne tiens ni à Saint-Cloud ni aux Tuileries. On brûlerait cela que j'y serais indifférent. Je compte mes maisons pour rien, les femmes pour rien, mon fils pour un peu...

– Sire, reprit Roederer, peut-être le roi ne désire pas précisément la couronne d'Espagne, mais une couronne.

– Eh bien ! quand je séparerais la couronne d'Italie de la couronne de France – je n'ai jamais eu la résolution positive de les réunir ou de les séparer – pourrais-je mettre de côté le vice-roi, un jeune homme qui est aimé et considéré de tout le monde, qui m'a toujours servi avec fidélité et avec honneur ? Il a de l'honneur, le roi n'en a pas...

Napoléon n'en donnera pas moins à son frère aîné le titre de *roi Joseph* – et à sa femme, celui de *reine Julie* – il l'autorisera à porter le même uniforme que lui et le nommera lieutenant général de l'Empire à la veille de la campagne de France. Suivant les directives de son frère, Joseph quittera Paris, investi par les Alliés et, avec Marie-Louise, ira se réfugier à Blois. Quelques jours plus tard, Marie-Louise partira rejoindre son père – mais sans Joseph, qui prendra le chemin de l'exil. Il reviendra à Paris au début des Cent-Jours et exercera la présidence du Conseil des ministres pendant la brève campagne qui s'achèvera à Waterloo.

★

Désormais – et jusqu'à sa mort – l'ex-*don José Primero* ne sera plus qu'un exilé, aux Etats-Unis d'abord, où il vivra sans soucis financiers, durant de nombreuses années, puis en Italie où il viendra rejoindre Julie.

C'est auprès d'elle, à Florence – le 28 juillet 1844, la même année que son beau-frère Bernadotte – que Joseph Bonaparte, ancien roi des Deux-Siciles, de Naples, d'Espagne et des Indes, s'éteindra. La reine Julie lui survivra de quelques mois.

Le 11 juin 1826, Napoléon III faisait chercher le corps de son oncle pour le placer dans l'une des chapelles latérales des Invalides, à deux pas du tombeau de Napoléon dont, durant tant d'années, il avait été l'ami.

Elisabeth Ire d'Angleterre exigeait flatteries et compliments sur ce qu'elle croyait être sa beauté. (Brogi-Giraudon.)

Elisabeth Ire

– Je suis un roi, je ne suis pas une femme, avait coutume de dire Elisabeth Ire.

Mais elle ajoutait aussi :

– Si vous saviez ce que sont mes nuits, vous ne me conseilleriez pas d'aller me reposer.

Femme sans homme, reine-vierge, demi-vierge, victime d'une abominable fantaisie de la nature ? Peut-être n'aurait-elle pas demandé mieux que de se livrer aux joies de l'amour, mais elle les estimait sans doute incompatibles avec la dignité de son rang, avec son rôle, avec la mission qu'elle devait accomplir. Mais tant de choses prouvent aussi la frigidité d'Elisabeth Ire ! Lorsqu'elle exige flatterie et compliments sur ce qu'elle croit être sa beauté, n'est-ce pas uniquement pour démontrer, à ceux dont elle force l'admiration, sa supériorité en dédaignant leurs hommages !

Fille du roi Henri VIII, cette hérédité n'a pas dû, certes, arranger les choses. Le roi Barbe-Bleue, avec l'intention de répudier Catherine d'Aragon et d'épouser la piquante et spirituelle Anne Boleyn, s'était proclamé chef de l'Eglise catholique d'Angleterre. Ce qui lui avait permis de nommer un archevêque complaisant, celui de Canterbury, qui avait annulé le premier mariage du roi et béni l'union des futurs parents de la petite Elisabeth qui viendra seulement au monde le 7 septembre 1533.

Une fille ! Quelle déception pour le roi qui voulait un héritier, Anne ne pouvant lui en donner, en dépit d'une bonne volonté qui, hélas ! ne modifiait pas le résultat, Henri accusa – faussement – sa femme d'adultère et le tribunal condamna la mère d'Elisabeth « à être décapitée ou brûlée selon le bon plaisir de Sa Majesté ». Le « bon plaisir du roi » fut que sa femme ait la tête tranchée. Anne se résigna, espérant simplement ne pas trop souffrir, « car le bourreau, m'a-t-on dit, soupira-t-elle, est malhabile et mon col est très gracile... ».

On le sait, Henri VIII ne s'arrêta pas en aussi bon chemin et fera couper la tête à une autre de ses successives épouses, la légère Catherine Howard, cousine d'Anne Boleyn. On devine le climat dans lequel dut vivre la petite princesse jusqu'au jour où son demi-frère, Edouard VI, fils de Jeanne Seymour, monte sur le trône. Il n'a que dix ans et c'est son oncle Edouard Seymour qui gouverne. Celui-ci a un frère cadet, le beau, le séduisant amiral Thomas Seymour. Cet infatigable viveur manie avec la même adresse les armes et la parole. Il est l'amant – et même le mari secret – de Catherine Paar, la survivante et dernière épouse d'Henri VIII. Mais il regarde avec trop de complaisance la jeune Elisabeth, âgée seulement de quatorze ans. « Profitant de l'aimable promiscuité qui est alors de règle dans les plus grandes maisons, il s'introduit volontiers à l'aube dans la chambre de la jeune fille, écarte ses rideaux, la réveille d'un baiser, la caresse, la chatouille, feint de vouloir entrer dans son lit puis, la mettant debout à moitié nue, il la poursuit à travers la pièce, la rattrape ; lui donne de grandes claques au bas du dos ; le tout finit par des éclats de rire. On les surprend parfois dans les corridors ou dans les jardins étroitement embrassés (1). »

Jusqu'où les choses sont-elles allées ? On ne sait. Un seul fait est certain : l'amiral conspire contre son frère pour prendre sa place, d'autant plus que, Catherine Paar étant morte, il espère épouser Elisabeth. Lorsque Edouard Seymour découvre la vérité, il fait arrêter son

(1) Jacques Chastenet.

frère pour haute trahison et enferme Elisabeth au château de Hatfield. C'est là qu'elle adresse avec habileté ces lignes au régent : « Il m'a été dit que des bruits couraient qui sont grandement préjudiciables à mon honneur : à savoir que je serais emprisonnée à la Tour et grosse du Lord amiral. Mylord, ce sont d'infâmes calomnies ; pour confondre mes calomniateurs je désire ardemment être mandée à la Cour pour y être mise en présence de Sa Majesté le roi, pour y rencontrer Votre Seigneurie et pour m'y montrer telle que je suis. Ecrit en hâte. Votre amie assurée dans la mesure de mon faible pouvoir, Elisabeth. »

Edouard Seymour ne la fera pas comparaître, mais donnera l'ordre d'exécuter son frère, et la future reine se contente de constater froidement :

– Aujourd'hui est mort un homme de beaucoup d'esprit et de peu de jugement.

Edouard VI meurt prématurément. Marie Tudor, première fille d'Henri VIII, épouse de Philippe II d'Espagne, lui succède, pour disparaître après cinq années de règne et, en 1558, le 18 novembre, Elisabeth monte sur le trône.

★

Certes, la nouvelle reine de vingt-cinq ans, en dépit de son excessive coquetterie, n'est pas belle. Son teint est terne, son nez agressivement busqué et pointu, ses cheveux d'un blond presque filasse sont dressés en auréole. Mais ses mains sont fines, son sourire enjoué, et sa démarche gracieuse.

Qui va-t-elle épouser ? Ou plutôt quel homme acceptera-t-elle d'élever jusqu'à son trône ?

Aussi, les premiers candidats qui se présentent sont-ils de sang royal : les rois de Suède et de Danemark, le veuf Philippe II d'Espagne est le plus sérieux postulant, mais la protestante Elisabeth le refuse :

– Pour moi, un catholique romain est un hérétique.

Comment pourrait-elle tolérer de voir son époux

assister à la messe et exiger, peut-être, qu'elle prenne place à ses côtés ?

A cette époque, elle regarde avec plaisir et admiration l'élégant et raffiné Robert de Dudley, la plus fine lame du royaume d'Angleterre, et finit par tomber amoureuse de lui. Terriblement excessive, elle lui fait des scènes de jalousie. Fut-elle sa maîtresse ? Eternelle question, éternel problème plutôt. Les historiens en débattent toujours, et ce délicat sujet continue de les diviser.

Pourquoi ne l'épouse-t-elle pas ? Parce que Dudley est déjà marié. Malencontreusement, sa femme fait une chute mortelle en tombant dans un escalier. Celui qui passe pour l'amant d'Elisabeth a-t-il tenté de forcer le destin ? On le laisse supposer à l'époque et la reine sent qu'il lui est impossible d'épouser un homme soupçonné d'avoir tué sa femme pour être libre d'épouser sa souveraine. Elle le gardera donc auprès d'elle, le fera comte de Leicester et le couvrira de présents.

★

Elisabeth a maintenant trente-neuf ans et envisage d'épouser l'un de ses nombreux « fiancés », un prétendant qui, depuis douze ans, aspire à la main de la reine : l'impétueux François d'Alençon, dont la seule présence en France empoisonne l'existence du roi Henri III.

Le dernier fils d'Henri II est alors âgé de vingt-huit ans. Son aspect physique est plutôt ingrat. Légèrement contrefait, le visage marqué par la petite vérole, il possède néanmoins beaucoup de charme, d'intelligence et d'esprit. A la première entrevue que la reine accorde à son « fiancé », celui-ci se présente vêtu à la dernière mode de Paris : petite barbiche en pointe, perles aux oreilles, toque emplumée et mantelet sur l'épaule. La reine le trouve pimpant et, assez séduite, lui donne aussitôt le surnom de « grenouille ».

Durant treize jours, François d'Alençon se montre très galant, ne cessant de comparer Elisabeth à toutes les divinités de l'Olympe. De son côté, la reine reçoit royalement son « fiancé » et organise de somptueuses fêtes mythologiques pour le divertir. Elle lui offre même un anneau et n'hésite pas à lui donner publiquement des marques de tendresse. Le duc d'Alençon a tout lieu de croire que son mariage est vraiment à la veille de se faire.

Elisabeth, un moment prise à son propre jeu, est tentée d'épouser son « promis ». Elle y renonce pourtant, pour des raisons assez mal définies, sans doute parce que l'opinion anglaise se montre défavorable à Alençon qui est catholique. Et puis, peut-être aussi pour le même motif qui fit échouer tous les autres projets de mariage : la « reine-vierge » a peur de franchir le premier pas.

Pour faire casser l'union projetée, Elisabeth décide d'y mettre des conditions insurmontables, telles que la restitution par la France de la ville de Calais. Le projet est donc annulé. Mais, un peu pour se faire pardonner, elle accorde d'importants subsides à Alençon et le quitte avec, semble-t-il, de véritables regrets. A l'instant de lui dire adieu, elle lui offrit un petit poème dans lequel elle exprimait toute sa tristesse et son désespoir à la pensée que désormais sa « grenouille » ne nagerait plus jamais dans la Tamise...

Les années passent... Leicester meurt et l'heure du séduisant et insolent comte d'Essex va sonner. Sa barbe en pointe est irrésistible, paraît-il, son regard ensorcelant, et il a trente-six ans de moins que sa souveraine qui vient d'atteindre sa cinquante-cinquième année. Cette différence d'âge permet au jeune homme d'obtenir de l'or, la charge de grand écuyer, et de devenir chevalier de la Jarretière. Il se vend tout bonnement, et, lorsqu'il n'obtient pas ce qu'il exige, il fait des scènes à la reine. Un jour qu'il demande à Elisabeth la place de vice-roi d'Irlande pour l'un de ses protégés, la reine refuse. Essex lui tourne alors le dos avec un tel dédain qu'elle le force à se retourner et le soufflette en public en criant :

– Allez au diable !

Les assistants, épouvantés, voient alors Essex porter la main à la garde de son épée en hurlant :

– C'est là un outrage que je ne supporterai pas. Je ne l'aurais pas supporté des mains de votre père.

Elisabeth exige des excuses et Essex répond au garde des Sceaux que la reine lui a adressé :

– Je ne suis plus asservi à Sa Majesté comme conseiller ; je ne la servirai jamais comme un manant ou comme un esclave... Ayant subi la dernière humiliation, est-ce à moi de demander pardon ?

La reine ne le fait pas arrêter, car Elisabeth a besoin de sentir près d'elle la jeunesse du bel Essex, sa drôlerie l'enchante, elle aime se promener longuement à cheval en sa compagnie et souper seule avec lui. Elle aime aussi prolonger ces tête-à-tête, et l'on affirme à la Cour que « Mylord d'Essex ne rentre jamais chez lui que les oiseaux du matin n'aient commencé de chanter ».

La reine vieillit mal, elle devient une insupportable vieille dame, obstinée, autoritaire et revêche. Elle cache ses cheveux sous une perruque d'un roux flamboyant et sa peau ridée par d'énormes bijoux. Pour « réparer des ans... » elle change chaque jour de toilette, grâce à d'innombrables réserves de plus de trois mille robes et de six cents paires de chaussures. Mais rien ne peut enrayer la marche du temps... Essex garde toute son influence sur elle et obtient le commandement de l'armée chargée de mater la rébellion des Irlandais, commandés par Tyrone. Après quelques succès, le « lord-lieutenant d'Essex » n'ose plus quitter Dublin et se refuse à attaquer. Elisabeth se fâche :

– Si je donne au lord-lieutenant mille livres par jour, c'est pour aller de l'avant.

Elle lui reproche de manquer d'audace :

– Veuillez considérer que nous avons de bonnes raisons de penser que votre véritable intention n'est pas de terminer la guerre.

Ulcéré, Essex laisse entendre à son entourage qu'au lieu de passer à l'attaque il ferait mieux de partir pour Londres avec ses troupes afin de mettre la reine à la raison. Mais il se rend compte que si de telles paroles sont rapportées à la reine, c'en est fait de lui, et, finalement, il va combattre les révoltés. Une trêve est conclue avec Tyrone et le « lord-lieutenant » commet l'imprudence de lui proposer la vice-royauté d'Irlande, tandis que lui-même monterait sur le trône d'Angleterre. Puis il regagne Londres. Il se précipite immédiatement vers l'appartement de la reine. Elisabeth se tient au milieu de ses dames d'honneur, démaquillée, sans perruque, la tête chauve, le visage crevassé et flétri. Quelques cheveux gris pendent sur son cou décharné de vieille fille. Sans doute accueille-t-elle tendrement Essex, mais elle ne lui pardonnera jamais de l'avoir surprise en un tel équipage. Quand la reine lui supprima une partie de ses revenus, Essex déclara publiquement et peu galamment :

– Sa Majesté est désormais une vieille femme aussi racornie et tordue d'esprit que de corps, une vieille carcasse !

Elisabeth ne le fera jeter en prison que lorsqu'elle aura la preuve que l'homme qu'elle aime toujours est en train de fomenter contre elle un coup d'Etat. Alors, elle n'hésite plus. Essex est enfermé à la tour de Londres, jugé, condamné à être pendu à demi, puis étripé et écartelé. Elisabeth transforme la sentence : Essex sera décapité à la hache. Et, sans trembler, la reine signe l'ordre d'exécution.

Une légende affirmera que, à l'époque où Essex était son « enfant chéri », la reine lui avait remis un camée, « gage de pardon pour toute faute future ». Par la fenêtre grillée de sa prison, le comte aurait jeté le bijou à un enfant en lui disant :

– Va le porter à la reine.

L'enfant l'aurait transmis à lady Nottingham qui, au lieu de remettre le talisman à Elisabeth, l'aurait gardé pour elle. Lorsque la reine l'apprit, elle se serait exclamée :

– Dieu vous pardonne, madame ! Pour moi, je ne vous pardonnerai jamais.

La « Sublime » Emilie du Châtelet n'était peut-être pas jolie, mais elle possédait des yeux « vert de mer » qui lui donnaient un regard brillant d'intelligence. (Roger-Viollet.)

Émilie du Châtelet

Au lendemain du triomphe de *Zaïre* et de la première édition de ses *Œuvres*, M. de Voltaire, alors âgé de trente-neuf ans, avait la certitude de posséder du génie et trouvait tout naturel de voir de jolies adulatrices tomber en pâmoison devant lui. Il n'en fut pas moins quelque peu surpris, lorsqu'un soir du mois de juin 1732, accompagnée par la duchesse de Saint-Pierre et par le comte de Forcalquier, amant de celle-ci, il vit entrer chez lui, dans sa modeste « tanière » de la vilaine rue Jacques-des-Brosses, une jeune femme de vingt-sept ans qui se précipita littéralement sur ses lèvres et l'embrassa longuement.

Elle se nommait Gabrielle-Emilie Le Tonnelier de Breteuil et avait épousé le marquis du Châtelet-Lomont, qui comptait aussi peu dans la vie de sa femme que dans celle de ses contemporains. A vrai dire, Voltaire connaissait son admiratrice depuis son enfance, mais n'avait encore jamais envisagé de tomber amoureux de celle qu'il nommera plus tard « la Sublime ». Voltaire n'osa pas, ce soir-là, inviter ses visiteurs dans son trop modeste logement et tous quatre allèrent s'attabler devant une fricassée de poulet dans une auberge de Charonne. Là, l'écrivain put tout à loisir contempler la femme qui allait devenir le grand amour de sa vie. Mme du Deffand affirme que Mme du Châtelet était grande, sèche, dépourvue de hanches, qu'elle arborait une poitrine trop étroite, des bras, des jambes et des pieds trop gros. Elle parle même d'un teint noir, rouge et échauffé. Voilà un portrait fort méchant. Mme du Châtelet possédait des yeux « vert de mer » qui lui donnaient un regard brillant d'intelligence. Nombreux furent les contemporains qui la trouvèrent désirable, l'appelèrent « la Belle Emilie », et certains vantèrent sa bouche souriante et sa chevelure abondante. Je pense donc qu'il faut se méfier du jugement de Mme du Deffand – et se rappeler qu'à l'époque seuls les teints nacrés et clairs étaient appréciés. Les peaux ambrées que nos compagnes essayent d'acquérir en s'ennuyant ferme durant des heures au soleil n'étaient pas prisées au XVIIIe siècle et elles étaient qualifiées de noires ou de rouges.

C'est avant tout les connaissances encyclopédiques de Mme du Châtelet qui éblouissent Voltaire tandis qu'il déguste avec elle la fricassée de poulet de Charonne. En l'écoutant, il oublie le baiser expéditif qu'il a reçu pour ne regarder que le front bombé de la marquise – ce front lui fera dire un jour qu'elle était la femme de France qui avait le plus de dispositions pour toutes les sciences. Il s'extasie en ces termes : « Elle savait par cœur les plus beaux morceaux d'Horace, de Virgile et de Lucrèce ; tous les ouvrages philosophiques de Cicéron lui étaient familiers. Son goût dominant était pour les mathématiques et pour la métaphysique. On a rarement uni plus de justesse d'esprit et plus de goût avec plus d'ardeur de s'instruire... » Et ce n'est pas tout ! Non seulement Emilie traduit *l'Enéide* en se jouant, non seulement Leibniz pas plus que Newton n'ont de secrets pour elle, mais de surcroît elle chante, elle joue du clavecin et la comédie. Mme du Châtelet l'affirme elle-même en ces termes :

– C'est un étrange rétrécissement d'esprit que d'aimer un art ou une science à l'exclusion des autres... On peut donner des préférences mais pourquoi des exclusions ? La nature nous a donné si peu de portes par où le plaisir ou l'instruction peuvent entrer dans notre âme, pourquoi n'en ouvrir qu'une ?

Mme du Châtelet étend cet éclectisme jusqu'à l'infidélité conjugale – et M. du Châtelet, en homme de bon ton qui sait vivre, ne met aucun obstacle aux nouvelles amours de sa femme. Bien plus, lorsque Voltaire a de graves ennuis à la suite de la publication prématurée de ses *Lettres aux Anglais* et qu'il doit s'exiler pour éviter la prison – dans ses *Lettres* la comparaison entre les deux nations tournait par trop à l'avantage de nos voisins d'outre-Manche – le marquis offre au persécuté l'hospitalité dans son château de Cirey, qui se trouve en Lorraine, alors *presque* à l'étranger tant que vit le roi Leczinski, beau-père de Louis XV.

M. de Voltaire accepte avec d'autant plus de joie l'invitation qu'il est las de la vie turbulente de Paris, « de la foule des petits-maîtres, des mauvais livres imprimés avec approbation et privilège du roi, des cabales des gens de lettres, des bassesses et du brigandage des misérables qui déshonorent la littérature ». Mme du Châtelet – Voltaire l'affirme – pense à peu près comme lui. Cependant, Emilie ne peut partir avec son amant : elle suit les cours du célèbre maître en géométrie Maupertuis qu'il ne peut être question d'interrompre, même pour rejoindre M. de Voltaire, d'autant plus que le géomètre se livre dans l'intimité du soir, avec son élève, à des cours de géométrie descriptive qui vaut bien la géométrie analytique et supérieure de la journée... du moins Mme du Châtelet y trouve tant de plaisir que le malheureux Voltaire en témoigne quelque jalousie. Il connaît encore mal Mme du Châtelet qui, dans ce domaine, lui réservera bien d'autres surprises... Il s'ennuie d'autant plus à Cirey qu'il s'y trouve assez seul, M. du Châtelet n'ayant pas poussé le savoir-vivre jusqu'à tenir compagnie à l'amant de sa femme. Il accepte cependant avec élégance que l'exilé fasse à ses frais – quarante mille livres – la restauration du château qui en a le plus grand besoin – et Cirey devient un lieu merveilleux.

C'est à Cirey que Voltaire reçut la première lettre que lui adressa le futur Frédéric II, alors prince royal de Prusse. Voltaire était certes fort habitué aux adulations – les femmes, nous l'avons dit, s'évanouissaient d'admiration devant lui. Il n'en fut cependant pas moins flatté au-delà du possible en lisant que Frédéric considérait ses œuvres comme « des trésors de l'esprit » et que ses pièces étaient « travaillées avec tant de goût, de délicatesse et d'art que les beautés en paraissaient nouvelles à chaque fois qu'on les relisait ».

Grisé, Voltaire répond longuement, le 26 août 1736, en exprimant sa joie d'apprendre qu'il existe dans le monde un prince qui pense « en homme », un prince philosophe qui rendra les hommes heureux... lorsque, n'ose-t-il ajouter, l'affreuse brute qu'est le père de Frédéric aura achevé son règne.

On devine les sentiments de Voltaire lorsque Frédéric lui adresse un ambassadeur, le baron de Keyserling, « un grand étourdi et bavard, nous dit la propre sœur de Frédéric, qui faisait le bel esprit et n'était qu'une bibliothèque renversée ».

– Songez, lui avait annoncé son maître en lui faisant prendre le chemin de Cirey, que vous allez au paradis terrestre.

En son honneur, le paradis s'illumine et des lampions dessinent dans le ciel ces mots : *Au prince Frédéric de Prusse, à l'espérance du genre humain.* Au retour de Keyserling, Frédéric, bouleversé, lui prend les mains : il a vu M. de Voltaire ! En attendant d'avoir ce même bonheur, le prince demande à Voltaire de corriger ses œuvres, écrites en français, bien entendu. Le premier poème qu'il lui adresse se termine par ces deux vers :

Voltaire, votre nom, immortel dans l'Histoire,
Est gravé par leurs mains aux fastes de la gloire.

« Je vous en prie, Monsieur, lui recommande le prince,

soyez mon censeur rigide comme vous êtes mon exemple et mon maître... Corrigez tout. »

C'est en vers qu'il sollicite des conseils :

Dis-nous, divin Voltaire, où ton esprit sublime
Apprit à renfermer le bon sens dans la rime.

Voltaire apporte quelques modifications sans atténuer, bien entendu, les vers dithyrambiques le concernant.

Lorsque Frédéric, tremblant en attendant le verdict, envoie à son « maître » son ouvrage sur Machiavel, Voltaire le rassure :

« Il y a très peu de ce qu'on appelle des *fautes contre l'usage de notre langue*, et Votre Altesse Royale me permettra de m'acquitter de ma charge : de mettre des points sur les I. Si Votre Altesse Royale daigne condescendre à la prière que je lui fais, si elle donne son trésor au public, je lui demande en grâce qu'elle me permette de faire la *Préface* et d'être son éditeur. »

Leur dialogue se poursuit et on croirait lire la correspondance de deux amoureux.

Voltaire

« C'est Frédéric qui me conduit,
Je ne crains plus disgrâce aucune :
Car il préside à ma fortune,
Comme il éclaire mon esprit.

Je vais prier le bel astre de Frédéric de luire toujours sur moi... »

Frédéric

« Ménagez la santé d'un homme que je chéris et n'oubliez jamais qu'étant mon ami vous devez apporter tous vos soins à me conserver le bien le plus précieux que j'ai reçu du ciel. »

Voltaire

« Monseigneur, votre idée m'occupe jour et nuit. Je rêve à mon prince comme on rêve à sa maîtresse. »

Frédéric

« Pour Dieu, ne m'écrivez qu'en homme et méprisez avec moi les titres, les noms et tout l'éclat extérieur. »

Voltaire

« Quoi ! Vous êtes monarque et vous m'aimez encore ? »

Comme l'a dit Jean Orieux dans son merveilleux ouvrage (1) : « Ce n'était pas de l'amour, simplement de la vanité surchauffée. » Cette vanité va encore pouvoir s'échauffer, lorsque Voltaire verra pour la première fois son prince devenu roi...

★

C'est non loin de Clèves, au délabré château de Moylard, que va avoir lieu la première entrevue. Le poète est tout d'abord quelque peu surpris d'être accueilli par le ministre d'Etat Rambonet qui se promène dans la cour en soufflant dans ses doigts. Sa tenue est on ne peut plus négligée : il porte de grandes manchettes de toile, sales, un chapeau troué, une vieille perruque de magistrat « dont un côté entrait dans une de ses poches et l'autre passait à peine l'épaule ».

C'est en cet équipage qu'il conduit le visiteur vers la chambre du roi son maître, une chambre nue où il n'y a que « quatre murailles ».

« J'aperçus dans un cabinet, à la lueur d'une bougie, écrit Voltaire, un petit grabat de deux pieds et demi de large, sur lequel était un petit homme affublé d'une robe de chambre de gros drap bleu : c'était le roi qui suait et qui tremblait sous une méchante couverture, dans un

(1) *Voltaire* (Flammarion).

accès de fièvre violent. Je lui fis la révérence et commençais la connaissance par lui tâter le pouls, comme si j'avais été son premier médecin. »

L'impression, en dépit du cadre misérable et de la fièvre quarte, est excellente :

« Je vis un des plus aimables hommes du monde, un homme qui serait le charme de la société, qu'on rechercherait partout s'il n'était pas roy, un philosophe sans austérité, rempli de douceur, de complaisance, d'agrément, ne se souvenant plus qu'il est roy dès qu'il est avec ses amis... »

Quant au roi, il se montre tout aussi conquis :

« J'ai vu ce Voltaire que j'étais si curieux de connaître ; mais je l'ai vu ayant ma fièvre quarte et l'esprit aussi débandé que le corps affaibli. Enfin, avec des gens de son espèce, il ne faut point être malade. Il faut même se porter très bien, et être mieux qu'à son ordinaire, si l'on peut. Il a l'éloquence de Cicéron, la douceur de Pline et la sagesse d'Agrippa ; il réunit, en un mot, ce qu'il faut rassembler de vertus et de talents de trois des plus grands hommes de l'Antiquité. Son esprit travaille sans cesse ; chaque goutte d'encre est un trait d'esprit sorti de sa plume. Il nous a déclamé *Mahomet Ier*, tragédie admirable qu'il a faite ; il nous a transportés hors de nous-mêmes, et nous n'avons pu que l'admirer et nous taire. »

Et il ajoute :

« La du Châtelet est bien heureuse de l'avoir ! »

★

Abandonnant les joies des projections sur deux plans, Emilie, en effet, est arrivée à Cirey. Aimant à se parer – parfois elle étincelle comme une châsse – la marquise décide d'orner son château et se passionne pour la décoration. Grâce à ses connaissances géométriques, elle dessine les perspectives du parc et transforme somptueusement ses appartements et ceux de Voltaire d'une manière qui remplit d'admiration les visiteurs. Mme de

Graffigny invitée à passer quelques jours au château – elle y demeura une année – est confondue d'admiration en pénétrant dans la chambre de Voltaire, tapissée de velours cramoisi.

« Il y a peu de tapisseries, écrit-elle, mais beaucoup de lambris dans lesquels sont encadrés des tableaux charmants ; des glaces, des encoignures de laque admirables, des porcelaines, une pendule soutenue par des marabouts d'une forme singulière, des choses infinies dans ce goût-là, chères, recherchées, et surtout d'une propreté à baiser le parquet ; une cassette ouverte où il y a une vaisselle d'argent ; tout ce que le superflu, *chose si nécessaire*, a pu inventer ; et quel argent ! quel travail ! Il y a jusqu'à un baguier, où il y a douze bagues de pierre gravée, outre deux diamants... Entre deux fenêtres d'une petite galerie sont deux petites statues fort belles, sur des piédestaux de vernis des Indes : l'une est Vénus Farnèse, l'autre Hercule. »

Mais Mme de Graffigny demeure à court d'adjectifs lorsqu'elle doit décrire le logis de l'Enchanteresse : « Celui de Voltaire n'est rien en comparaison, la chambre est boisée et peinte en vernis jaune avec des cordons bleu pâle, une niche de même encadrée de papier des Indes charmant. Le lit est en moire bleue. Le tout est tellement assorti que jusqu'au panier du chien tout est jaune et bleu. »

Et elle conclut :

« Si j'avais un appartement comme celui-là, je me ferais réveiller la nuit pour le voir. »

« Mme du Châtelet est devenue architecte, annonce joyeusement Voltaire à la comtesse de La Neuville. Elle fait mettre des fenêtres où j'avais mis des portes ; elle change les escaliers en cheminées, et les cheminées en escaliers ; elle fait planter des tilleuls où j'avais proposé des ormes ; et si j'avais planté un potager, elle en ferait un parterre. De plus, elle fait l'ouvrage des fées dans la maison : elle change des guenilles en tapisseries ; elle trouve le secret de meubler Cirey *avec rien.* Est-il possible qu'il faille absolument trois lits parce qu'on est trois personnes ? Mme du Châtelet a un petit phaéton léger comme une plume, traîné par des chevaux gros comme des éléphants. C'est ici le pays des contrastes et un peu le pays des fous. »

On se pâme surtout devant la salle de bains tout habillée de marbre. Emilie attache, en effet, une importance qui était jugée excessive à ses salles de bains. La nymphe y passe de longues heures. « Cela tempérait ses ardeurs », explique Longchamp qui, avant de servir de secrétaire à Voltaire, était le valet de chambre de la marquise. Elle ne se gênait guère pour lui, enlevant sa chemise et entrant dans son bain « nue comme une statue de marbre ». Longchamp tremblait d'émotion en ajoutant, à la demande d'Emilie, un peu d'eau chaude dans la baignoire.

– Mais regardez donc ce que vous faites ! s'exclamait la baigneuse impatientée.

« Tout mon individu, soupirait Longchamp, n'était ni plus ni moins à ses yeux que la bouilloire que je tenais à la main. »

On s'en doute, l'hydrothérapie passe cependant après les plaisirs de l'esprit. Mme du Châtelet s'y livre en une tenue d'Opéra qui surprend un visiteur nouveau venu à Cirey : le chevalier de Villefort. « La divinité de ce lieu, écrit-il, est tellement ornée et si chargée de diamants qu'elle eût ressemblé aux Vénus de l'Opéra si, malgré la mollesse de son attitude et la riche parure de ses habits, elle n'eût pas le coude appuyé sur des papiers barbouillés d'*x* et d'*y* et sa table couverte d'instruments et de livres de mathématiques. »

Chaque matin, M. de Voltaire et son égérie se lèvent à 5 heures et travaillent jusqu'à 10, moment où les invités sont admis à prendre le café en leur compagnie. Nouvelle séance de travail jusqu'au dîner, où, à midi, on se retrouve autour d'une maigre table. Bien que Voltaire paye la dépense, Emilie lésine sur tout, même sur le vin, et celui qui passe pour être du bourgogne n'est qu'un affreux tord-boyaux mis en bouteilles à Suresnes. M. du Châtelet, lorsqu'il se trouve au château, se fait servir dans ses appartements : il craint de s'endormir en écoutant sa femme discourir sur les *Principes de la philosophie naturelle* de Newton, son livre de chevet. Il fuit également l'après-midi où la discussion se poursuit sur des sujets insolubles tels que : « Pourquoi Dieu, puisqu'il est éternel, a-t-il attendu si longtemps avant de créer l'homme ? Qu'est-ce que le feu ? Une substance, un corps distinct, une portion de la matière, ou bien un phénomène, une manière d'être ? »

Après une heure ou deux de conversation, M. de Voltaire lance une phrase bien ciselée et quitte le salon tandis que l'intarissable Emilie continue à captiver son auditoire en lui parlant de Leibniz ou d'Archimède.

Le soir, lorsque Voltaire, éternel valétudinaire, n'a point de douleurs d'entrailles, on joue la comédie, à moins que le maître ne donne une représentation de lanterne magique « avec des propos à mourir de rire ».

Parfois aussi, Emilie et son amant se disputent – fort heureusement en anglais, langue que personne ne parle à Cirey.

Mais Voltaire se rachète en écrivant des vers au clair de lune :

Astre brillant et doux, favorable aux amants,
Porte ici tous les traits de ta douce lumière ;
Tu ne peux éclairer, dans ta vaste carrière,
Deux cœurs plus amoureux, plus tendres, plus constants.

Voltaire s'absente-t-il pour séjourner en Hollande, Emilie est comme folle. Elle écrit à M. d'Argental : « Je vous demande à genoux de lui mander durement que s'il s'obstine et s'il ne revient pas, il est perdu et je le crois bien fermement... Si vous aviez vu sa dernière lettre, vous ne me condamneriez pas, elle est signée et il m'appelle *Madame*. C'est une disparate si singulière que la tête m'en a tourné de douleur (1). »

(1) C'était se ranger à l'avis de Mme de Tencin qui disait d'Emilie au maréchal de Richelieu : « C'est une tête complètement tournée ; elle me fait grand'pitié. »

« Emilie est follement amoureuse, écrit Jean Orieux. Encore une fois, Voltaire met dans son amour, pourtant profond et sincère, moins d'angoisse, de passion que sa partenaire. Mais elle a tort de s'inquiéter, il a déjà pris le chemin du retour, il revient – tout heureux – se remettre au pouvoir de sa déesse. Le retour fut exquis :

Et je laisse à penser de combien de plaisirs
Ils payèrent leur peine.

« Les meilleurs de ces plaisirs furent, à n'en pas douter, ceux du cabinet de physique et non pas ceux de l'alcôve... avec Voltaire les ébats de l'amour sont souvent des exercices pédagogiques. »

Mais qui, mieux que Voltaire lui-même ne décrirait la vie qu'il mène à l'un de ses amis ?

« Je suis toujours un peu malade, mon cher Cideville ; Mme du Châtelet lisait hier au chevet de mon lit les *Tusculanes* de Cicéron, dans la langue de cet illustre bavard ; ensuite elle lut la quatrième épître de Pope sur le bonheur. Si vous connaissez quelque femme à Paris qui en puisse faire autant, mandez-le-moi. Je vous avais envoyé mon épitaphe, et, en vérité, ce style funéraire convenait bien mieux à moi, chétif, toujours faible, toujours languissant, qu'à vous, robuste héros de l'amour, qui vivrez longtemps pour lui, et qui ferez l'épitaphe de trente ou quarante passions nouvelles avant qu'il soit question de graver la vôtre. Voici celle que je m'étais faite :

Voltaire a terminé son sort,
Et ce sort fut digne d'envie ;
Il fut aimé, jusqu'à la mort,
De Cideville et d'Emilie.

« Comme je vous écrivais ce petit quatrain tendre, on entra dans ma chambre, on vit la lettre, et on la brûla. Je vous écris celle-ci *incognito*, et avec la peur d'être surpris en flagrant délit. Emilie, au lieu de ma triste épitaphe, vous écrivit une belle lettre qui lui en a attiré une charmante, qui fait ici le principal ornement de notre *Emiliance*. Ne soyez pas surpris, mon cher Cideville, qu'avec des épitaphes et la fièvre je raisonne à force sur l'immortalité de l'âme. Votre esprit et le sien me font croire l'âme immortelle ; mais lorsque je suis accablé par la maladie, que mes idées me fuient, et que mon sentiment s'anéantit dans le dépérissement de la machine,

Alors, par une triste chute,
Je m'endors en me croyant brute.

Cependant il arrive parfois au poète – comme à Bayreuth notamment – d'avoir quelque faiblesse pour ses admiratrices. Emilie, dont le cœur est déchiré par ces « trahisons », parle de rompre la liaison et se confie à son mari qui essaye de l'apaiser :

– M. de Voltaire *nous* trompe, ce n'est point la première fois ; il ne faut pas tourner en drames les fantaisies sans lendemain de notre ami...

★

Les voici tous deux invités à la cour de Lunéville où l'on monte avec succès *Mérope*. Parmi les spectateurs – tout le monde pleure, même Voltaire – se trouve le séduisant et jeune capitaine marquis François de Saint-Lambert, un poète de Melun, qui devient l'amant de Mme du Châtelet. Il se montre infiniment plus brillant que Voltaire, maintenant dépourvu dans ce domaine de toute imagination – et même d'ardeurs. Elle essaye d'expliquer les choses à d'Argental : « J'ai été heureuse pendant dix ans par l'amour de celui qui avait subjugué mon âme... Quand l'âge et les maladies, peut-être aussi la satiété ont diminué son goût, j'ai été longtemps sans m'en apercevoir ; j'aimais pour deux... Il est vrai que j'ai perdu cet état si heureux et que cela n'a pas été sans qu'il m'en ait coûté bien des larmes. »

Emilie pleure mais s'est donnée à son nouvel amant et l'aime maintenant de toute son âme. Elle s'amuse à cacher des billets destinés à Saint-Lambert dans la harpe de Mme de Boufflers qui ne s'en doute pas. « ... Il n'y a point de bonheur sans vous, lui écrit-elle, je ne puis jouir de rien sans vous... Oui, je vous aime, tout vous le dit, tout vous le dira toujours... Je vous adore et il me semble que quand on aime on n'a aucun tort. »

Et Mme du Châtelet se confie à l'abbé Voisenon qui nous rapporte ses propos :

« Elle n'avait rien de caché pour moi ; je restais souvent tête à tête avec elle jusqu'à cinq heures du matin. Quand elle disait qu'elle était détachée de Voltaire, je ne répondais rien, je tirais un des huit volumes de la correspondance manuscrite de son amant avec elle, et je lisais quelques lettres. Je remarquais ses yeux humides de larmes ; je refermais le livre en lui disant : « Vous n'êtes pas "guérie". » La dernière année de sa vie, je fis la même épreuve ; elle les critiquait ; je fus convaincu que la cure était faite : elle me confia que Saint-Lambert avait été son médecin. »

Cependant, au château de Commercy, à la fin d'un après-midi, alors que Voltaire s'en venait parler à Emilie de ses *Commentaires algébriques* ou de quelques autres œuvres de sa maîtresse, il s'étonna : point de domestique dans l'antichambre. Il pousse la porte du boudoir : Emilie recevait son beau capitaine et aux yeux de Voltaire se présente un tableau qui ne lui laisse aucun doute : Mme du Châtelet, ainsi qu'il l'avait écrit, possédait bien « le plus de dispositions pour toutes les sciences ». Furieux, jurant comme un charretier, Voltaire veut se jeter sur Emilie. Saint-Lambert s'interpose et, entre deux injures que lui lance Voltaire, offre au poète une réparation par les armes. Voltaire n'a que cinquante-quatre ans, mais le capitaine en a trente et un, aussi l'amant trompé, suffoqué d'indignation, fait-il semblant de ne pas entendre et vocifère de plus belle, jusqu'au moment où Mme du Châtelet s'interpose :

– Chut ! M. du Châtelet va nous entendre.

– C'est vrai, jubile Voltaire, soudain rasséréné, il y a un mari responsable : je m'en lave les mains !

Et il prend le sage parti de se retirer chez lui, où il se couche en se prétendant mourant.

Quelques instants plus tard, Emilie entre dans la pièce.

– Sortez, madame, sortez. Je ne veux plus vous voir, je vous chasse !

– Pas avant, monsieur, que je vous aie donné toutes mes explications.

– J'ai vu, madame, j'ai vu !

– Non, monsieur, vous n'avez rien vu.

Et la Divine vient s'asseoir au pied du lit du philosophe en fureur.

– Je vous aime toujours, lui explique-t-elle avec une désarmante inconscience, je vous aime plus que jamais, mais depuis longtemps vous vous plaignez que vos forces vous abandonnent, que vous n'en pouvez plus ; je ne veux pas votre mort. C'est une nouvelle preuve d'amour que je vous donne en ménageant votre santé, en cherchant à vous faire suppléer par un ami qui est aussi votre admirateur. Comment pouvez-vous prendre au tragique ce service immense qu'il vous rend ?

Voltaire ne semble guère convaincu... Et Mme du Châtelet continue sur sa folle lancée. Comment M. du Châtelet prendrait-il la chose si M. de Voltaire osait abandonner sa femme ? Que dirait le monde ? L'union d'Emilie et du maître ne fait-elle pas partie de la vie littéraire ?

C'est alors que le poète reconnaît en soupirant :

– Ah ! Madame, vous avez toujours raison, et puisqu'il faut que les choses soient ainsi, du moins qu'elles ne se passent pas sous mes yeux.

Mme du Châtelet aurait pu lui répondre qu'à l'avenir mieux valait ne pas ouvrir les portes sans autorisation.

Des ordres sont cependant donnés et, ainsi que nous le dit Longchamp : « On eut soin désormais qu'il y eût toujours un laquais dans les antichambres et que les portes fussent toujours fermées. »

Est-ce ce jour-là que Voltaire écrivit ces vers à l'inconstante ?

Si vous voulez que j'aime encore,
Rendez-moi l'âge des amours ;
Au crépuscule de mes jours,
Rejoignez s'il se peut l'aurore...
. . . .
On meurt deux fois, je le vois bien ;
Cesser d'aimer et d'être aimable,
C'est une mort insupportable ;
Cesser de vivre, ce n'est rien...
. . . .
. . . .
Du ciel alors daignant descendre,
L'Amitié vint à mon secours ;
Elle était peut-être aussi tendre,
Mais moins vive que les amours.

Touché de sa beauté nouvelle
Et de sa lumière éclairé,
Je la suivis, mais je pleurai
De ne pouvoir plus suivre qu'elle.

Le lendemain, Voltaire déclare au capitaine qui veut toujours en découdre :

– Mon enfant, j'ai tout oublié, c'est moi qui ai eu tort. Vous êtes dans l'âge heureux où l'on aime, où l'on plaît. Jouissez de ces instants trop courts, un vieillard malade comme je le suis n'est plus fait pour les plaisirs.

Saint-Lambert s'apaise et Voltaire le remercie en lui adressant ces vers :

Saint-Lambert, ce n'est que pour toi
Que ces belles fleurs sont écloses,
C'est ta main qui cueille les roses
Et les épines sont pour moi.

Et il ajoute même :

Porte-lui donc à sa toilette
Ces fleurs qui naissent sous tes pas
Et chante-lui sur ta musette
Ces beaux airs que l'amour répète
Et que Newton ne connut pas.

Le marquis de Saint-Lambert aurait pu tout à loisir continuer à chanter sur sa « musette » si un fâcheux inconvénient n'était pas survenu. En effet, Mme du Châtelet vient un jour annoncer à Voltaire qu'elle est enceinte. Après l'inévitable accès de colère du poète, on tient conseil : il faut absolument faire venir M. du Châtelet à Cirey et qu'Emilie joue le grand jeu de la séduction. Ainsi fut fait et, après dix-huit années de séparation, M. du Châtelet, assez surpris, retrouve, non sans plaisir, sa femme amoureuse à souhait. On devine sa joie lorsque, quelques semaines plus tard, Emilie apparemment tout heureuse – et soulagée – peut lui annoncer qu'il va être père. Lorsque l'enfant naquit, le 4 septembre 1749, au château de Lunéville, Voltaire déclara, imperturbable, à Emilie :

– Nous mettrons ce bébé parmi vos œuvres mêlées.

Puis il écrivit au marquis d'Argenson : « Mme du Châtelet vous mande, Monsieur, que, cette nuit, étant à son secrétaire et griffonnant quelques pancartes newtoniennes, elle a eu un petit besoin. Ce petit besoin était une fille qui apparut sur-le-champ. On l'a étendue sur un livre de géométrie *in quarto*. Pour moi qui ai accouché d'une tragédie de *Catalina*, je suis cent fois plus fatigué que l'heureuse mère... »

Mais, six jours plus tard, Emilie mourait des suites de ses couches.

– Ah ! mon ami ! dit Voltaire à Saint-Lambert en sanglotant, c'est vous qui l'avez tuée !

Puis il ajouta presque comiquement :

– Eh ! monsieur, de quoi vous avisiez-vous de lui faire un enfant ?

★

Et le mot de la fin, ce fut évidemment encore à Voltaire de le faire – bien joliment – et tristement aussi.

Il découvrit après la mort de la Divine, dans la bague à secret qu'Emilie portait à son doigt, une miniature de Saint-Lambert qui avait remplacé la sienne. Et lui retournant le langage que M. du Châtelet employait autrefois à son égard, il lui déclarait, résumant la situation :

– Voilà une chose, monsieur le marquis, dont *nous* ne devons nous vanter ni l'un ni l'autre.

Puis Voltaire rima en quatrain :

L'Univers a perdu la sublime Emilie.
Elle aima les plaisirs, les arts, la vérité ;
Les Dieux, en lui donnant leur âme et leur génie,
N'avaient gardé pour eux que l'immortalité.

Le charmant comte de Tilly, le page de Marie-Antoinette au teint pâle et aux grands yeux pétillants d'esprit. (Tableau app. à l'auteur.)

Émilie de Sainte-Amaranthe

Il avait été page de Marie-Antoinette et ces quelques mots évoquent toute une époque : celle de la douceur de vivre. De plus, il portait le joli nom de comte de Tilly. Il était beau, possédait un teint pâle, de grands yeux noirs pétillant d'esprit – et se flattait d'écrire. Il avait même composé une comédie tirée d'un conte de Marmontel – « une pièce ravissante et du meilleur ton », s'il faut en croire l'auteur – intitulée *Laurette ou la Vertu couronnée par l'Amour.* L'œuvre avait failli être jouée, Marie-Antoinette s'y était opposée. Surpris, Tilly lui avait demandé :

– Mais, madame, y a-t-il du mal à faire représenter ?

– Du mal, non, mais cela ne convient pas. Il ne faut pas qu'un gentilhomme se donne en spectacle.

Ces paroles sont bien inattendues dans la bouche de celle qu'on avait surnommée « la tête à vent » – ce qui prouve qu'il faut se méfier des jugements tout faits – aussi écoutons-la poursuivre :

– Conduisez-vous comme vous le devez, et vous aurez en moi tout l'appui dont vous êtes susceptible. Soyez vêtu plus simplement : depuis quelques jours, voilà déjà deux habits brodés ; votre fortune, quoique honnête, ne vous suffira pas si vos goûts l'excèdent. Pourquoi cette coiffure et ces crochets ? Allez-vous jouer la comédie ? La simplicité ne fait pas qu'on vous remarque, mais elle fait qu'on vous estime.

La reine n'avait certes pas tort de faire la morale à son page, lorsque l'on sait de quelle manière il se comportera lorsqu'il rencontrera, peu avant la Révolution, la belle Mme de Sainte-Amaranthe et sa ravissante fille Emilie. Mme de Sainte-Amaranthe tenait, avec le sieur Auccane – le Bayard des tapis verts – une maison de jeux située à l'arcade numéro 50 du Palais-Royal, bientôt Palais-Egalité. Comment cette dame d'excellente famille – elle était née Saint-Simon d'Arpajon – en était-elle arrivée à devenir une sorte de demi-mondaine avant la lettre ? Abandonnée par son mari avec deux enfants, réduite à la misère, elle s'était laissé entretenir par de nombreux admirateurs, à la tête desquels se trouvait le richissime prince de Conti.

C'était le premier faux pas.

Elle devait en faire bien d'autres, jusqu'au moment où les premières journées révolutionnaires éparpillant ses protecteurs, Auccane lui proposa de l'aider à recevoir ses hôtes dans ses salons de jeux. Des « avantages fabuleux » lui ayant été offerts, elle consentit d'abord à présider les dîners somptueux qui étaient donnés aux joueurs et finit par accepter d'entraîner vers les salles de jeux les malheureux qui se faisaient plumer avec le sourire, la grâce et l'élégance, qualités d'autant plus appréciables qu'en cette époque troublée la vulgarité commençait à être de plus en plus de mise. On affirmait aussi que Mme de Sainte-Amaranthe n'était point trop cruelle et qu'elle exerçait également ses charmes hors des tapis verts...

Les joueurs faisaient aussi la cour à Emilie, âgée de dix-sept ans, que sa mère ne craignait pas d'amener chaque soir avec elle. Parmi les soupirants, on remarquait M. de Miromesnil, qui bombardait la jeune fille de quatrains, et le fils du lieutenant de police Sartine que Mme de Sainte-Amaranthe aurait considéré comme un gendre parfait. Malheureusement, Emilie le trouvait franchement ridicule.

Le plus épris semblait être le comte de Tilly. Il hésitait cependant entre Mlle de Sainte-Amaranthe et sa mère.

Celle-ci paraissait être la sœur aînée de sa fille et devait être incontestablement plus experte qu'elle. Mais la beauté resplendissante d'Emilie fit pencher la balance en sa faveur et l'ancien page commença à faire à la jeune fille une cour empressée qui ne fut pas de prime abord couronnée de succès. Aussi, pour exciter sa jalousie, Tilly fit-il semblant de désirer la mère. Mme de Sainte-Amaranthe, pensant que le comte ne déparerait pas sa collection d'amants, se montra toute prête à se laisser tomber dans les bras du cynique personnage.

La comédie réussit fort bien : Emilie tombe dans le piège et ne résiste plus aux avances du séducteur qui s'empresse de lui donner rendez-vous dans « une retraite sûre » aménagée à leur intention. « Le signal convenu, racontera-t-il, trois coups furent légèrement frappés à la porte, j'ouvris et reçus Flore dans mes bras ; c'était la déesse des jardins, véritablement plus fraîche que le bouquet qu'elle portait sur son sein. De trop rapides instants s'étant écoulés, elle redescendit au salon, je l'y suivis plus tard, en vainqueur modeste qui veut dérouter le soupçon et laisser à la pudeur le temps de reprendre un maintien. Elle était comme une rose qu'on a agitée sur sa tige et dont la nuance de pourpre est plus vive après que le zéphir a mollement entrouvert ses feuilles. »

Mais un jour, Louis, le frère d'Emilie, découvre la « retraite sûre », surprend les amants et court avertir leur mère. Mme de Sainte-Amaranthe, d'autant plus prude qu'elle menait une vie fort dissolue, entra dans une fureur indescriptible. Elle est surtout profondément vexée que Tilly lui ait préféré sa fille. On l'entend hurler :

– Vous êtes un monstre, un corrupteur !

L'algarade est si violente que Tilly n'a plus qu'à disparaître, tandis que Mme de Sainte-Amaranthe explique à sa fille qu'elle doit essayer d'oublier celui qui les a jouées toutes deux. Une seule solution : épouser Sartine.

En attendant le mariage, le fiancé conduit sa future femme et sa future belle-mère au théâtre Favart pour applaudir l'admirable Elleviou dans le rôle d'Alexis du *Déserteur* (1). Dès que l'illustre comédien entre en scène, Emilie a le coup de foudre. Elle n'écoute plus les bavardages de sa mère et de son fiancé, elle ne voit, elle n'entend qu'Elleviou, elle n'a d'yeux que pour Elleviou. Lorsque Emilie – elle a l'adresse des amoureuses – parvient à le rencontrer en ville, elle est encore plus conquise par le sourire du comédien. Malheureusement, elle apprend qu'il est l'amant de cœur de Clotilde Mafleuroy. Mlle de Sainte-Amaranthe ne se décourage pas pour autant.

Emilie commence par lui écrire des lettres qu'elle fait passer par l'intermédiaire de l'ouvreuse du théâtre et auxquelles le chanteur ne répond pas. Elle s'enhardit et lui annonce que, lorsqu'il jouera *le Déserteur*, celle qui l'admire tant sera là, tout habillée de blanc, au premier

(1) Ce drame de Sedaine était, de l'avis unanime, « une pièce mal conçue et le plus souvent écrite avec une irrévérence des règles grammaticales que Scribe seul devait dépasser ». La faiblesse de l'œuvre dramatique n'était rachetée que par la partition de Monsigny – alors âgé de quatre-vingt-deux ans –, une musique « tour à tour gracieuse, expressive... et toujours en rapport avec l'action ». Il n'empêche qu'après l'impression de cette pièce une spirituelle épigramme circula dans Paris :

D'avoir hanté la comédie,
Un pénitent, en bon chrétien,
S'accusait et promettait bien
De n'y retourner de sa vie.
« Voyons, lui dit le confesseur,
C'est le plaisir qui fait l'offense ;
Que donnait-on ? – Le Déserteur.
–Vous le lirez pour pénitence. »

On conçoit à quel point Emilie devait être subjuguée par Elleviou pour avoir ainsi enduré plusieurs représentations de l'ouvrage !

rang d'une avant-scène. Voici Emilie tout heureuse : par deux fois, à chaque acte, elle en est certaine, Elleviou a regardé de son côté – et la jeune fille reçoit enfin une réponse à son dernier billet : Elleviou la trouve jolie et charmante et la prie de bien vouloir se rendre dans sa loge où il espère pouvoir lui baiser la main.

Non sans peine – mais que ne braverait-elle pas ! – Emilie parvient à s'échapper et, le cœur battant, pénètre dans les coulisses du théâtre Favart. Dès qu'Elleviou la voit si fraîche, si pure, si souriante, et si différente des actrices et des danseuses dont il a jusqu'à présent partagé la vie, il est ému – et la suite se devine. Emilie, après quelques entrevues, devient la maîtresse d'Elleviou qui se met à aimer Emilie de Sainte-Amaranthe à la folie.

C'est le grand amour, en dépit de Clotilde Mafleuroy qui essaie, mais en vain, de lutter. Cependant Mme de Sainte-Amaranthe finit par être étonnée des continuelles migraines qu'Emilie prétexte pour échapper aux traditionnels dîners qu'elle continue à présider en face de M. Auccane. Elle se renseigne, apprend la vérité et s'exclame dans la meilleure tradition du vaudeville :

– Puisqu'il lui faut absolument un amant, marions-la vite !

Si la liaison avec Elleviou se poursuit, eh bien, ce sera l'affaire de M. de Sartine ! Ainsi fut fait et la nouvelle Mme de Sartine, après quelques semaines de fidélité accordées à son ennuyeux mari, reprend sa liaison avec son chanteur adoré.

Cependant les événements se précipitent. La royauté s'effondre et les salons de jeux de M. Auccane sont à un tel point désertés par les habitués que la maison ferme ses portes.

A la veille du 10 août, le comte de Tilly réapparaît au Palais-Egalité et propose à ces dames de faciliter leur départ de Paris pour l'étranger. La maison de jeux de M. Auccane n'est-elle pas signalée comme un centre royaliste ? Le rendez-vous de tous les ci-devant ? Mais Mme de Sainte-Amaranthe refuse d'émigrer : elle préfère aller se réfugier à la campagne près de Paris, au château de Sucy qui appartient à un ami de M. Auccane. Toute la famille s'y installe et, fort heureusement, M. de Sartine, qui aime se coucher tôt, est aveugle et sourd comme bien des maris – ce qui permet à Elleviou, quand il ne joue pas, de se glisser dans la maison endormie où Emilie l'attend avec la fébrilité que l'on devine.

★

Or, Clotilde Mafleuroy apprend un jour la raison des fréquentes absences de celui qui a été son amant et qu'elle n'a jamais cessé d'aimer. La liaison d'Elleviou l'a meurtrie profondément, aussi décide-t-elle de se venger et, du même coup – du moins elle le croit – de reconquérir Elleviou libéré. Elle adresse au Comité de salut public une lettre dénonçant Mme de Sainte-Amaranthe et sa famille comme d'ardents royalistes et révèle leur cachette. Le 1er avril 1794, les membres du Comité révolutionnaire de Sucy viennent perquisitionner au château et arrêtent la famille Sainte-Amaranthe. Seul M. Auccane, qui semble réellement souffrant, est épargné. Emilie a le temps de lui murmurer, alors qu'on l'entraîne :

– Dites, je vous en supplie, à mon cher Elleviou, que ma dernière pensée est pour lui.

Le chanteur fit l'impossible pour sauver Emilie et les siens... sans succès. Bientôt, M. et Mme de Sartine, Mme de Sainte-Amaranthe et son fils Louis sont traînés à la prison de Sainte-Pélagie à la Conciergerie, antichambre de la guillotine. Il n'y a plus d'espoir. Tandis que Mme de Sainte-Amaranthe et Louis sanglotent, Emilie ne vit que pour penser à son bien-aimé. Lorsqu'on leur fait savoir qu'ils sont tous inculpés dans le complot dit des Etrangers – dont ils n'avaient jamais d'ailleurs connu l'existence – Emilie et Louis se jettent dans les bras de leur mère :

– Maman, nous allons tous mourir ensemble !

Lors du procès, Fouquier-Tinville considère « Sartine fils, plus connu pour son immoralité individuelle que par les crimes de son père », tandis qu'il stigmatise Mme de Sainte-Amaranthe et sa fille « toutes deux liées à leurs complices par leur infâme coupe-gorge du Palais-Egalité, quartier général des ci-devant ». Ils sont tous quatre condamnés à mort en compagnie de cinquante de leurs complices qu'ils n'ont jamais vus.

Le 17 juin 1794, un mois avant Thermidor, Emilie, au moment de monter en charrette, coupe elle-même ses cheveux.

– Tenez, monsieur, dit-elle au concierge de la prison, je vous les confie. C'est le seul legs que je puisse faire. Peut-être quelqu'un viendra-t-il un jour les chercher.

Sur le chemin de l'échafaud, Emilie aperçoit Clotilde Mafleuroy qui – victorieuse et sans le moindre remords – la regarde en ricanant. Un peu plus loin, perdu au milieu de la foule, elle voit Elleviou. Leurs yeux noyés de larmes se fixent aussi longtemps que possible. Quelques minutes plus tard, Louis est exécuté le premier, Emilie le suit, et Mme de Sainte-Amaranthe, évanouie, est liée à la machine. M. de Sartine est exécuté le dernier.

Le lendemain, Elleviou se présentait à la Conciergerie. On lui remettait l'admirable chevelure d'Emilie, cette chevelure sur laquelle il avait si souvent posé ses lèvres.

Quant à Tilly, certains historiens ont prétendu que le page de la reine s'était suicidé en apprenant la mort de Marie-Antoinette... En ce cas, il aurait longuement mûri sa décision. C'est, en effet, seulement le 23 décembre 1816 qu'il mit fin à ses jours, non par chagrin, mais n'ayant pu supporter le déshonneur d'avoir été surpris, trichant, dans un tripot clandestin de Bruxelles.

Eugène de Beauharnais, fils de Joséphine et vice-roi d'Italie, est représenté ici le jour de son mariage avec la princesse Auguste de Bavière. (Plon.)

« Ce bon Eugène ! »

Quatre jours après qu'un jeune général inconnu – il prononçait son nom *Napoléoné dé Buonaparté* – eut cloué à coups de canon sur le seuil de Saint-Roch l'insurrection royaliste en marche contre les Tuileries, Barras, le 17 vendémiaire, montait à la tribune de la Convention et annonçait que « les comités du gouvernement avaient pris un arrêté portant que les sections Lepelletier et du Théâtre-Français seraient désarmées ». Et il ajoutait :

– J'ai ordonné à tous les habitants de ces deux sections de déposer, sous trois heures, leurs armes au chef-lieu de leur section.

En prononçant ces mots, celui qui allait devenir l'un des « rois » du Directoire ne se rendait certes pas compte que son ordre se trouvait à l'origine de l'éclatant destin d'Eugène de Beauharnais, futur vice-roi d'Italie.

Le lendemain, 18 vendémiaire, Bonaparte, nommé commandant militaire de Paris, déjeune chez Barras, lorsqu'on lui annonce la visite du « citoyen Beauharnais ». Le jeune homme – il a quatorze ans – ayant pris connaissance de l'arrêté signé par le Comité vient demander au « général Vendémiaire » la permission de garder le sabre que son père avait porté « et qu'il avait illustré par d'honorables et éclatants services ».

Bonaparte sait qu'il a devant lui le fils de la « veuve Beauharnais » – amie de Barras et des Tallien – et s'empresse de rendre au solliciteur l'épée du général Beauharnais, guillotiné sous la Terreur. Le lendemain, la mère d'Eugène vient remercier le général et, le surlendemain, le nouveau commandant militaire de Paris va lui rendre sa visite...

Ainsi, grâce au sabre de Beauharnais, Bonaparte devient un familier du petit hôtel de la rue Chantereine... La suite se lit dans tous les manuels d'histoire : *Napoléoné* tombe amoureux de la créole, la baptise Joséphine, estimant que son prénom de Rose avait été murmuré par trop de lèvres masculines – et l'épouse.

Les années passent.

Au lendemain du coup d'Etat de brumaire, Eugène devient l'animateur de la petite cour qui, chaque *décadi* – ces week-ends du Consulat – se déchaîne à Malmaison. On chante, on joue la comédie et l'on dispute, sur les pelouses, d'endiablées parties de barres auxquelles le Premier consul vient parfois se mêler.

Eugène est charmant, souriant, toujours gai, et les jeunes filles de Malmaison le regardent avec quelque arrière-pensée, d'autant plus qu'il collectionne les aventures amoureuses. Agé de vingt et un ans, il est nommé colonel des chasseurs de la Garde, avec trente mille francs de traitement annuel, qui seront portés à cent cinquante mille à la fin de 1803. Son beau-père lui propose alors d'acheter à son intention le magnifique hôtel de Neufville-Villeroy, rue de Lille.

La demeure, tout à la fin du règne de Louis XIV, avait été construite pour lui-même par l'architecte et ingénieur nantais Germain Boffrand, créateur des palais de Nancy et de Lunéville, et constructeur de nombreux ponts sur la Seine. Depuis, l'hôtel avait été la résidence de Jean-Baptiste Colbert, marquis de Torcy, ministre, ambassadeur et secrétaire d'Etat. En 1780, Gabriel-Louis de Neufville, marquis, puis duc de Villeroy, en était devenu le propriétaire. Il avait été guillotiné et, sous la Révolution, le 78 de la rue de Lille fut transformé en « maison à locataires » par les soins des citoyens Baudelaire et Garnier. C'est à eux que, le 20 mai 1803 – grâce à l'argent de son beau-père – Eugène s'adresse pour acquérir l'hôtel moyennant cent quatre-vingt-quinze mille francs, mais il ne pourra malheureusement entrer en jouissance de son acquisition qu'au mois de mars 1804.

L'immeuble est délabré et Eugène décide de le transformer totalement. Il ne restera bientôt plus de la demeure de Germain Boffrand que les quatre murs et l'escalier. Du côté de la cour, le beau-fils du Premier consul surcharge la façade d'un lourd péristyle néo-égyptien – seule ombre à cette extraordinaire réussite.

Les ouvriers se sont emparés de l'hôtel et le décorateur Bataille, le peintre Girodet, le bronzier Thomire font des merveilles. Rien n'est encore terminé lors des fêtes du Sacre et Eugène ne peut recevoir sa sœur et leurs amis que dans la galerie du rez-de-chaussée. Le jeune colonel-général va-t-il bientôt pouvoir emménager ? Il l'espère ! Quel cadre prestigieux pour ses réceptions maintenant qu'il a été nommé – le 1er février 1805 – Altesse Sérénissime et chancelier d'Etat de l'Empire. « Elevé par nos soins et sous nos yeux, depuis son enfance, annonce l'Empereur au Sénat, il s'est rendu digne d'imiter, et, avec l'aide de Dieu, de surpasser un jour les exemples et les leçons que nous lui avons donnés. »

Fréquemment, Eugène prend le chemin de la rue de Lille où les travaux de l'hôtel se poursuivent activement, mais le « prince » ne pourra pas continuer à surveiller les entrepreneurs et les décorateurs : il doit partir en effet pour l'Italie, afin de commander l'escorte des chasseurs qui précède l'Empereur et l'Impératrice en route pour le sacre de Milan.

Il se console en se disant qu'au retour il aura enfin la joie de pouvoir résider dans l'hôtel de Neufville-Villeroy, devenu l'*hôtel de Beauharnais.* La politique en décidera autrement et prendra le pas sur ses légitimes désirs de propriétaire. Eugène, prince impérial, va être comblé au détriment d'Eugène propriétaire.

L'Italie demeurait encore une république, dont Napoléon était le président. L'empereur des Français considère cette situation comme une anomalie qu'il faut au plus tôt réviser. Il adopte alors Eugène et le nomme vice-roi d'Italie, « désirant, précise-t-il, donner au prince Eugène, notre beau-fils et chancelier d'Etat de notre Empire de France, un témoignage éclatant de la confiance que nous mettons dans ses sentiments de fidélité à notre personne ».

L'Empereur aime son beau-fils, qui a pour lui une soumission sans bornes. Cet effacement, cette absence de volonté ravissent l'Empereur qui appelle « son bon Eugène » le chevalier sans peur et sans reproche. Bien sûr, le fils de Joséphine devra se considérer à Milan comme une manière de super-préfet et prendre le moins d'initiatives possible.

« Je ne puis trop vous témoigner mon mécontentement de ce que vous prononcez sur des objets que je me suis réservés, lui écrira l'Empereur le 6 août 1805. Voilà trois fois dans un mois... Si vous tenez à mon estime et à mon amitié, vous ne devez, sous aucun prétexte, la lune menaçât-elle de tomber sur Milan, rien faire de ce qui est hors de votre autorité. »

Eugène doit non seulement « attendre les avis » de son impérial beau-père, mais il n'a pas le droit de regagner Paris où, l'on s'en doute, il aimerait bien se rendre compte de l'achèvement de son hôtel. Soudain naît une petite lueur d'espoir : Napoléon fiance son beau-fils avec la princesse Auguste de Bavière. Nul doute que le mariage ne se fasse à Paris et qu'il pourra passer sa nuit de noces au 78 de la rue de Lille...

Mais l'Electeur, le père de la princesse, exige que la cérémonie soit célébrée à Munich et fait, au surplus, la grimace :

– Le prince Eugène n'est qu'un *adopté* ; je ne sais ce que cela veut dire. Dans la réalité, il n'est que vicomte de Beauharnais et ma fille n'épouserait qu'un gentilhomme de France.

Il faudra, pour voir céder l'Electeur, lui donner en échange la promesse de transformer son électorat en royaume – ce sera chose faite le 1er janvier 1806.

« Mon cousin, peut écrire Napoléon à Eugène, j'ai arrangé votre mariage avec la princesse Auguste. Elle est très jolie. Vous trouverez ci-joint son portrait sur une tasse, mais elle est beaucoup mieux. »

Eugène – la tasse soigneusement emballée dans ses bagages – quitte Milan, se hâte de galoper vers la Bavière et fait la connaissance de la fiancée que lui a choisie son beau-père. Il trouve à son goût cette jeune fille de dix-huit ans, d'une beauté manquant peut-être de joliesse, mais dont les contemporains ont loué la « taille de nymphe » et la fraîcheur de teint. Elle est décidément bien mieux que sur la tasse envoyée par son impérial beau-père !...

Non seulement, après le mariage, les nouveaux époux ne recevront pas l'autorisation de partir pour Paris, mais Hortense, la sœur bien-aimée, ne pourra, elle, se rendre à Munich pour assister à la cérémonie. Son mari – le jaloux et soupçonneux Louis Bonaparte – l'ayant empêchée de quitter la capitale. La sœur d'Eugène devra se contenter de donner une fête dans l'hôtel de la rue de Lille enfin terminé.

« Ta maison est charmante, écrit-elle à son frère, c'est la plus belle de Paris et la plus soignée ; l'appartement du bas, qui est le moins beau, a eu le plus grand succès hier. J'ai dansé avec un de tes chasseurs, c'est un capitaine qui a une blessure au nez. Ils parlent tous de toi et demandent quand ils te verront. Tu aurais vu que tu n'es pas aimé par moi seule, si tu avais été hier parmi nous. Tout le monde était attendri de se retrouver dans cette jolie galerie où nous nous sommes tant amusés et de ne t'y voir qu'en peinture, car ton portrait faisait un peu illusion. Il est si ressemblant ! C'est celui de Gérard. Il était couronné de myrtes ; il ne nous manquait que celui de la princesse Auguste, mais j'espère bien que tu me l'enverras. »

La maison de la rue de Lille pouvait être « charmante » ! Napoléon, stupéfait, reçoit au même moment les notes des « entrepreneurs et ébénistes ». Elles se montent à un million cinquante-huit mille six cent quatre-vingt-douze francs – dont cinq cent quatre-vingt-sept mille deux cent quatre francs pour les décorations, plus quatre cent soixante et onze mille quatre cent quatre-vingt-huit francs pour le mobilier !

Aussi, le 3 février 1806, l'Empereur écrit-il à Eugène :

« Mon fils, vous avez très mal arrangé vos affaires à Paris ; on me présente un compte de un million cinq cent mille francs pour votre maison ; cette somme est énorme. MM. Calmelet, Bataille et ce petit intendant que vous avez nommé sont des fripons et je vois qu'ils ont tout embarrassé de manière qu'il sera impossible de ne pas payer beaucoup. Je vois cela avec peine, je vous croyais plus d'ordre. On ne doit rien faire sans devis, avec engagement de ne pas le dépasser. Vous avez fait tout le contraire, l'architecte s'en est donné tant qu'il a voulu, et voilà des sommes immenses jetées dans la rivière. J'ai chargé Bessières de veiller lui-même à ces affaires. Portez plus d'attention et de savoir que cela aux affaires de ma liste civile d'Italie : les architectes sont partout les mêmes. »

Eugène, de Brescia, essaye de se défendre :

« Votre Majesté n'aura pas oublié que je suis éloigné de Paris depuis longtemps et que dès lors, oubliant mes affaires personnelles, je n'ai pensé qu'à mes devoirs... MM. Calmelet, Soulanges, ainsi que mon architecte ne sont point coupables. Il y a longtemps que je les connais. » Eugène se porte garant de la probité de Calmelet, ancien homme d'affaires de Joséphine et témoin lors de son mariage. Par un sentiment qui l'honore, Eugène invoque près de l'Empereur l'intérêt que l'ami de la « veuve Beauharnais » avait montré à sa famille dans des temps moins heureux : « Cela me donne la hardiesse de le recommander à Votre Majesté. »

Toute discussion avec Napoléon est, comme d'habitude, impossible – et l'Empereur tranche la question en confisquant purement et simplement l'hôtel : « Mon fils, je ne puis accorder mon estime à M. Calmelet ni à votre architecte : je les ai chassés l'un et l'autre de chez moi ; il est absurde qu'on ait dépensé un million cinq cent mille francs dans une maison aussi petite que la vôtre, et ce qu'on y a fait ne vaut pas le quart de cette somme. Au reste, ne vous mêlez pas de votre maison : j'y ai mis embargo : quand vous viendrez à Paris d'ailleurs vous logerez dans mon palais. »

Et l'Empereur affecte provisoirement l'hôtel de la rue de Lille « à diverses » personnalités. Hortense le conseille à son frère le 2 février : « Fais le sacrifice de ta maison ; l'Empereur trouve qu'il est plus convenable que tu loges aux Tuileries. » Quelques mois plus tard, elle lui annonce que Napoléon a donné l'ordre de préparer, à l'intention d'Eugène, le pavillon de Flore qu'il occupera lors de ses futurs séjours à Paris. Au mois de décembre 1809, lorsque le fils de Joséphine arrive dans la capitale, appelé par son beau-père pour le divorce de sa mère, il apprend avec peine qu'une « personnalité » – le roi Jérôme – est installée rue de Lille sur l'ordre de l'Empereur. L'appartement promis au pavillon de Flore n'est pas prêt et le malheureux propriétaire de l'hôtel Beauharnais – il l'était toujours légalement – est obligé de descendre à l'*hôtel Marbeuf*, faubourg Saint-Honoré...

Quelques mois plus tard, le vice-roi revient à Paris pour le mariage de Napoléon avec Marie-Louise. Cette fois, Auguste l'accompagne. Ils ne vont toujours pas loger à l'hôtel Beauharnais, mais à l'Elysée que Joséphine vient de quitter. Eugène reparaît ensuite à Paris à l'occasion du baptême du roi de Rome et séjourne de nouveau à l'Elysée – et non rue de Lille. Il se console en allant se « débonder » au château de Navarre, devenu la demeure de sa mère.

– C'est bien assez, déclare-t-il, d'être forcé de subir toutes les tristes conséquences du pouvoir quand je suis à Milan : qu'au moins ici on me permette de m'amuser un peu. C'est un rude métier que celui d'être roi quand on n'a pas été élevé pour cela.

Pourtant l'hôtel de la rue de Lille est un peu redevenu

l'hôtel Beauharnais. L'Empereur a, en effet, autorisé sa belle-fille Hortense, qui vient de se séparer de son mari, à abandonner de temps en temps sa chambre sans soleil de la rue Cerutti – et qui lui rappelle trop son pitoyable mariage – pour aller occuper la fameuse chambre bleue de la rue de Lille, une chambre ornée de cygnes, de nymphes et d'amours. Et ce décor lui va si bien ! Comme Joséphine, la reine Hortense possède infiniment de charme.

– Hortense, c'est sa mère en blonde, disait-on.

Ses cheveux sont qualifiés par une femme « les plus beaux cheveux du monde », ses yeux sont bleus « d'une douceur infinie », sa gaieté est « douce » et sa malice « profonde »...

Sa délicieuse image vient se réfléchir à l'infini dans les jeux de glaces de la salle de bains aux minces colonnettes. Ce ne sera pas seulement pour fuir le souvenir de son mari que la reine Hortense ira quelquefois passer la nuit 78, rue de Lille, mais pour y retrouver son amant, Charles de Flahaut...

Le cadre lui plaît malgré le lit un peu trop massif et dont l'aspect n'est guère capiteux. Heureusement la glace, dans laquelle le lit se reflète, arrange un peu les choses (1). La noire déesse de la Nuit sur laquelle repose la couche veille sur les amours des deux amants – jusqu'au jour où la *Jeune Fille à la cruche cassée* ornant la pendule devient fâcheusement symbolique. Hortense s'aperçoit qu'elle attend un enfant : c'est le futur duc de Morny.

Un buste de la charmante reine orne toujours la cheminée et l'on retrouve son délicat profil sur les espagnolettes des fenêtres (2).

Hortense devra cependant cesser de recevoir le fils de Talleyrand, rue de Lille, au début du mois d'avril 1812.

(1) Cette glace formant le fond du lit porte toujours la trace étoilée d'une balle tirée du quai pendant la Commune.

(2) Selon une tradition conservée à l'ambassade d'Allemagne, le duc de Morny fut conçu, non dans la chambre de la reine Hortense, mais sur un canapé de l'admirable *Salon des Quatre-Saisons*.

En effet, le soir du 2 avril, l'hôtel resplendissait de mille feux : le vice-roi venait – seul, sans Auguste – résider chez lui pour huit jours.

Enfin !

Le 2 mai – déjà ! – Eugène part pour la campagne de Russie où il combattra avec vaillance. Lorsque, à la fin de la terrible retraite, le roi Murat oublie son héroïsme, devient un pleurnichard et quitte l'armée sous le prétexte « d'un commencement de jaunisse bien prononcé », c'est à Eugène qu'échoit la lourde succession. Son esprit appliqué, sa conscience professionnelle, son honnêteté, son côté « bon élève », son courage et son intelligence aussi vont permettre au fils de Joséphine de mener à bien les opérations et de recevoir un satisfecit de l'Empereur.

– Nous avons tous commis des fautes, dira plus tard Napoléon ; Eugène est le seul qui n'en ait pas fait.

Eugène ne peut malheureusement réintégrer son hôtel, il lui faut retourner en Italie. Le grand Empire s'effondre. C'est le début de la bataille de France. Bernadotte passe à la coalition et les Alliés voudraient bien qu'Eugène en fasse autant et suive ainsi l'exemple de son beau-père, le roi de Bavière. Celui-ci – le 2 novembre 1813 – lui envoie le prince de Thurn-et-Taxis chargé de lui proposer de changer de camp. Sa famille « serait assurée d'un sort avantageux en Italie ». On lui offrait même la royauté « d'un pays qui serait convenu ». Eugène écrit aussitôt à l'Empereur : « Il ne m'a pas fallu grande réflexion pour assurer au roi de Bavière que son gendre était trop honnête homme pour commettre une lâcheté, que je tiendrais jusqu'à mon dernier soupir le serment que j'avais fait, et que je répétais, de vous servir fidèlement. »

En ces derniers mois de l'Empire, alors que le départ de la course aux trahisons est donné, ces lignes font plaisir à lire.

L'attitude d'Auguste force l'admiration. Elle est née Wittelsbach, et pour que Joséphine soit aussi fière de son fils qu'elle l'est de son mari, elle envoie à sa belle-mère toutes les pièces de la transaction et ajoute : « Rien de ce qui est bon, noble et grand, ne peut nous étonner de la part de notre excellent Eugène, mais depuis hier, je suis, malgré cela, encore plus heureuse et fière d'être la femme d'un tel homme... »

Il n'y a plus de royaume en Italie. Eugène et Auguste se sont réfugiés à Munich. Dès le début de la Restauration, le fils de Joséphine accourt à Paris et s'installe – non rue de Lille, réquisitionné pour le roi Frédéric-Guillaume de Prusse – mais à Malmaison, chez sa mère. Louis XVIII le reçoit « parfaitement », ainsi que le racontera le fils de Joséphine à Auguste. Est-il vrai que le vieux roi s'est levé de son fauteuil tendant affectueusement sa main au beau-fils de Napoléon ? La suite est moins croyable :

– Je vous servirai de père en remplacement de celui que vous avez eu le malheur de perdre dans le cours de la Révolution.

Eugène aurait pu répondre qu'il avait déjà un père adoptif alors roi de l'île d'Elbe...

Quelques jours plus tard, Joséphine prend froid et rend le dernier soupir à Malmaison après une brève maladie. Eugène et Hortense se trouvent placés devant le gouffre des dettes de leur mère : l'ex-impératrice laissait un passif de trois millions – douze millions de nos nouveaux francs ! Il faut faire de l'argent de tout. Aussi, lorsque le roi de Prusse propose à Eugène de devenir son locataire, puis de placer à l'hôtel de la rue de Lille son représentant, le comte de Goltz, l'ex-vice-roi accepte-t-il. Il est même tout heureux – le 6 février 1818 – de vendre la demeure au roi de Prusse, désireux de faire du 78, rue de Lille, son ambassade à Paris (1).

(1) L'hôtel Beauharnais, après être devenu l'ambassade d'Allemagne en 1871, est aujourd'hui la prestigieuse résidence de l'ambassadeur de l'Allemagne fédérale. Le gouvernement de Bonn a restauré la

L'estimation se monte à neuf cent cinquante mille francs, dont trois cent cinquante mille pour le mobilier. Le roi Frédéric-Guillaume offre cinq cent cinquante mille francs. Eugène s'incline. Il n'a séjourné que dix jours à l'hôtel Villeroy et aucun souvenir n'y demeure attaché pour lui. Il préfère regagner Munich où son beau-père lui taille dans ses Etats une principauté bavaroise, le duché de Leuchtenberg, tandis qu'en 1818 l'hôtel de Beauharnais devient l'ambassade de Prusse.

Eugène mourut en 1824. L'année précédente, il avait marié sa fille aînée à Oscar Ier, roi de Suède et de Norvège, fils de Bernadotte et de Désirée Clary. Par elle – et par son frère et ses sœurs qui régnèrent sur le Portugal, le Brésil et la principauté de Hohenzollern-Hechingen – le sang d'Eugène de Beauharnais et d'Auguste coule aujourd'hui dans les veines de presque toutes les familles royales européennes.

Et rien de tout cela ne serait arrivé si le jeune Eugène de Beauharnais n'était venu réclamer le sabre de son père à ce général alors inconnu, curieusement nommé Napoléoné Buonaparté...

Le profil de la reine Hortense a été gravé sur l'espagnolette de sa chambre à l'hôtel Beauharnais. (Plon, J. da Cunha.)

demeure et en a fait le plus bel ensemble Empire de Paris. La galerie de « l'appartement du bas », dont Hortense parle dans sa lettre, est aujourd'hui la grande salle à manger de l'hôtel.

Gabriel-Honoré comte de Mirabeau dont le visage boursouflé par la petite vérole n'effarouchait nullement les femmes. (Plon.)

Gabriel-Honoré de Mirabeau

Le jeune Gabriel-Honoré, comte de Mirabeau, le futur tribun que son terrible père appelait M. de la Bourrasque ou M. de l'Ouragan, jetait l'argent – de l'argent emprunté – par les fenêtres, distribuait coups d'épée et de bâton – et surtout courait les filles. Celles-ci le trouvaient à leur goût en dépit d'un visage rendu monstrueux par la petite vérole.

Au printemps de 1770, ce visage, cette hure plutôt, toute boursouflée, attirait cependant la belle et sensuelle marquise de Limaye-Coriolis qui était, paraît-il, « forte comme un Turc et leste comme un Basque ». Ce qui ne l'empêchait pas d'être provençale comme Gabriel-Honoré. Elle était fort mal mariée à un quinquagénaire qu'une « galanterie », comme on disait alors, frappait d'inertie lorsqu'il s'agissait de remplir ses devoirs conjugaux. Aussi, Mme de Limaye voulant conserver non loin d'elle son amant, le poussait-elle à prendre une femme dans la région. Le marquis de Mirabeau, père de Gabriel-Honoré, dit l'*Ami des hommes*, et son frère, le Bailli, espéraient également voir se marier leur fils et neveu, le trop dépensier et trop volage M. de l'Ouragan.

Ce dernier n'était d'ailleurs pas ennemi d'un mariage qui lui permettrait, grâce à la belle dot de la future éventuelle, de payer ses innombrables dettes. Il fallait donc choisir une Méridionale fortunée. Mirabeau jeta son dévolu sur la plus riche héritière aixoise, la brune Emilie, fille du marquis de Marignane, gouverneur des îles d'Or, qui amoncelait ses seigneuries tout au long de l'étang de Berre. Une partie du château existe toujours près de l'aérodrome de Marseille.

Emilie n'est peut-être pas extrêmement jolie, mais elle plaît, non seulement parce qu'elle a beaucoup d'argent, mais aussi grâce à son esprit, à sa bouche rieuse, gourmande, sensuelle. Elle est de surcroît douée d'une admirable voix de soprano. La jeune fille est fort entourée et courtisée. Le séduisant marquis de Gramont et le marquis de La Vallette sont sur les rangs. Ce dernier semble bien près de l'emporter.

Ces projets ne découragent d'ailleurs pas le moins du monde le comte de Mirabeau. Il peut maintenant arborer un sémillant uniforme de capitaine de dragons, vert et rouge, et la nature l'ayant, lui aussi, pourvu d'une fort jolie voix, il tire parti de cet atout, appréciable en l'occurrence, en chantant avec Emilie des duos tirés du *Devin du village* et, en bon stratège, il fait une cour acharnée à Mlle de Vence, amie intime de Mlle de Marignane. Cette dernière, en proie à la jalousie, se laisse conquérir et le Bailli croit pouvoir demander pour son neveu la main de la jeune fille au marquis de Marignane qui refuse sous le prétexte qu'Emilie est déjà fiancée avec M. de La Vallette. En réalité, les dettes du candidat effrayent le futur beau-père.

Le marquis de Mirabeau – l'Ami des hommes – mais non de sa famille – fulmine contre son fils :

– Vous avez perdu votre fortune par votre faute et toutes vos démarches sont dignes les unes des autres ; je vous ordonne de quitter Aix immédiatement, à faute de quoi vous serez conduit publiquement par la maréchaussée aux îles de Sainte-Marguerite.

Ce n'était pas là une menace gratuite : l'avenir le prouvera, le marquis de Mirabeau réussira le joli tour de force de faire enfermer sa femme, sa fille et son fils – celui-ci à plusieurs reprises. Le fameux philosophe totalisera ainsi contre les siens l'obtention de quarante lettres de cachet ! On comprend avec quelle rage M. de la Bourrasque se lancera un jour dans la Révolution.

Gabriel-Honoré, ainsi menacé d'avoir la maréchaussée à ses trousses, décide de brusquer les choses. De sa voix aux inflexions chaudes et passionnées, il déclare à Emilie qu'il l'adore et son éloquence est telle que la jeune fille finit par confier à son père :

– Je suis amoureuse folle du comte de Mirabeau.

– Mais n'êtes-vous pas fiancée ou presque à M. de La Vallette ?

– Je n'en veux plus.

– Soit, déclare le père, vous ne l'aurez pas, mais comme je ne veux pas de M. de Mirabeau, vous ne l'aurez pas non plus.

Emilie pâlit – autant que son teint fortement ambré le lui permettait. Il ne restait plus qu'une seule solution à Mirabeau : compromettre sa conquête. Les Marignane résidaient alors rue Mazarine, dans leur hôtel aixois. « Un matin, nous raconte le duc de Castries, les palefreniers de l'hôtel Marignane s'entendirent interpeller par un homme qui, de l'autre côté de la rue, venait de paraître à une fenêtre de l'hôtel. Cet homme, dans un total débraillé, en manches de chemise et en caleçon, tout le monde le reconnut : c'était le comte de Mirabeau ; la chambre était celle de Mlle de Marignane. Devant l'hôtel, attendait depuis la veille la voiture du séducteur ; on juge du scandale et du tumulte. (1) »

Et le marquis de Marignane ne peut que proposer au marquis de Mirabeau de marier leurs enfants. Cependant, on ne sait trop pourquoi, l'Ami des hommes n'est pas satisfait. Il est doué d'une humeur massacrante, et cela en permanence. « L'incrusté museau de mon fils, avec toutes ses grâces, tant naturelles qu'acquises, écrit-il à une amie, a trouvé en Provence à se faire accepter en mariage. Vingt-trois ans n'est pas l'âge de transformer en chef de famille un gamin qui n'a jamais fait que des sottises. Enfin, je me débarrasse de lui. »

Il s'en débarrasse – ou plutôt croit s'en débarrasser –

(1) *Mirabeau* (Fayard).

en offrant au futur marié une rente de six mille livres. Quant à M. de Marignane qui a bien du mal à se remettre de l'apparition de Mirabeau en caleçon à la fenêtre de sa fille, il se venge et donne à Emilie deux cent quarante mille livres de dot à toucher *après sa mort.* En attendant, il s'engage à servir une rente de trois mille livres au jeune ménage. Suivant cet exemple, la marquise douairière de Marignane propose six mille livres payables *après son décès.* Pour le moment, la grand-mère d'Emilie consent, moyennant deux mille quatre cents livres par an, à héberger le comte et la comtesse de Mirabeau.

C'est peu pour M. de l'Ouragan qui vient de contracter vingt mille livres de dettes et s'apprête à en faire de nouvelles à l'occasion de son mariage. D'autant plus que les festivités vont se prolonger durant huit jours et qu'il est alors d'usage de faire des cadeaux à tous les invités de la noce. Aussi Gabriel-Honoré est-il obligé d'avoir recours à de nouveaux usuriers. Deux chiffres suffiront pour démontrer la folie des dépenses engagées par le comte et la comtesse de Mirabeau. Alors qu'ils n'ont à eux deux que sept mille livres à dépenser par an, Emilie commande pour vingt-deux mille six cents livres de robes et Gabriel-Honoré fait boiser et redorer la chambre nuptiale, coût : quarante mille livres. Bref, moins d'un an et demi après leur mariage, Mirabeau le reconnaîtra lui-même : « Partout, la dépense fut triple des devis ; dans le fait, elle était décuplée, par la manière dont je recevais l'argent pour y subvenir. Je m'efforçais de ne rien voir au-delà du présent, d'étouffer ma mémoire et de détourner mes yeux de l'avenir. » Il tient à faire plaisir à sa jeune femme : « L'amant le plus tendre, déclare-t-elle, n'aurait pas porté plus loin ces sortes d'attentions envers la maîtresse la plus chérie ! » Aussi M. et Mme de Mirabeau ont-ils bientôt deux cent mille livres de dettes, soit sept cent cinquante mille francs actuels.

Emilie, semblable en cela à bien des jeunes femmes de l'époque, est pourtant tout animée d'une désarmante bonne volonté : « Nous courons après l'ordre et j'espère que nous le rattraperons. »

Ils ne le « rattraperont » jamais. D'autant plus que, le 9 octobre 1773, la jeune mariée met au monde un petit garçon pour lequel on dépense une si belle layette que la comtesse doit engager ses diamants. Elle réside alors chez son père, tandis que, pendant la grossesse, Mirabeau craignant une contrainte par corps due à ses dettes, a quitté Aix et repris sa vie de garçon – au grand contentement de Mme de Limaye-Coriolis. Celle-ci nage dans le bonheur et la voici, elle aussi, enceinte. « Son mari, réduit à l'impuissance par sa maladie vénérienne, attribuait la grossesse à Mirabeau, ainsi que nous le dit le duc de Castries qui a eu accès aux archives de la famille. Pour se venger, il cautionna sans le prévenir l'amant de sa femme et se fit payer son service par les usuriers désormais sûrs que leurs créances seraient recouvrables. Quand M. de Limaye mourut en 1783, les usuriers firent opposition sur la succession et la caution méchamment donnée par le mari trompé dévora son héritage. »

De son côté, Mme de Mirabeau délaissée se console entre les bras d'un jeune officier des mousquetaires, le chevalier de Gassaud, que le marquis de Marignane a commis l'imprudence de loger dans une chambre voisine de celle occupée par sa fille.

Le marquis de Mirabeau, ayant appris que son fils remplissait sa bourse en se livrant à des coupes sombres dans les bois du marquisat, écrit à son frère : « Ton neveu à la hure de loup en a encore commis de belles, mais il va voir de quel bois je me chauffe. » Ce n'est évidemment pas celui du domaine !

Le marquis ne plaisante pas et il obtient une lettre de cachet contre le jeune ménage qui a été mis en résidence surveillée à Manosque. Absolument démunis d'argent, le comte et la comtesse de Mirabeau ont accepté l'invitation d'une famille amie, M. et Mme de Gassaud, parents du fougueux mousquetaire.

Or, à peine installée à Manosque, Mme de Mirabeau commence une nouvelle grossesse. Gabriel-Honoré s'étonne, réfléchit, se livre aux calculs habituels, devient jaloux et en conclut que sa femme l'a trompé. Ses soupçons lui font ouvrir une lettre adressée à Emilie par le fringant chevalier de Gassaud, où il l'appelle sa « très, très adorée » et parle en termes fort libres du mari, « votre plus cruel ennemi ». On devine la colère de M. de l'Ouragan. Emilie se jette à ses pieds et n'obtient son pardon qu'en écrivant au mousquetaire :

« Je reviens de mes égarements, monsieur, et le premier effet de mon retour à la vertu est de vous avertir que toute liaison est finie entre nous. »

Le même courrier emporte une lettre du mari trompé qui semble avoir oublié qu'il a lui-même donné un enfant à Mme de Limaye – il est maintenant brouillé avec elle et l'affaire est pour lui du passé. Il écrit au mousquetaire (tout à fait dans le ton du marquis de Sade) : « Une lettre de mon écriture serait pour vous un coup de foudre si l'honneur n'était tout à fait étouffé de votre cœur... Oui, je suis votre plus cruel ennemi, car tel est toujours celui que nous avons outragé... Barbare qui sacrifie à un désir brutal et effréné toutes les vertus et la plus innocente de toutes les femmes ! Eh ! qui t'avait donné le droit de me priver de la douceur d'être encore père ! Une malheureuse créature que je puis anéantir rampe à mes pieds et les embrasse ; je vois ses remords ; je me rappelle son sexe et son âge ; toute ma fureur retombe sur le scélérat qui nous a perdus tous deux... Malheureux ! si ta conscience n'était pas la sentine de tous les vices, elle serait ton plus inexorable bourreau. » En envoyant ces lignes au « scélérat » il exige que celui-ci lui retourne l'aveu d'Emilie.

Cela pourrait servir...

Cependant, Mme de Mirabeau commence à se rebeller et reproche à son mari ses rapports avec Mme de Limaye ; emportée dans son élan, elle fait des allusions désagréables au manque de vertu de sa belle-mère, la marquise de Mirabeau et de sa fille, Mme de Cabris.

Gabriel-Honoré gifle alors sa femme, estimant le soufflet « bien mérité, car on ne dit pas à son mari que sa sœur et sa mère sont des p... ».

– Je sais bien que vous finirez par me faire enfermer ! s'écrie-t-elle.

– Non, je vous tuerai plutôt, répond Mirabeau.

★

C'est seulement neuf années plus tard que le comte et la comtesse de Mirabeau pourront obtenir leur séparation, neuf années au cours desquelles Gabriel-Honoré, toujours poursuivi par son père, avait connu plus d'années de prison que de liberté, plus de donjons que de châteaux.

Gabriel-Honoré plaide lui-même sa cause et veut empêcher sa femme d'aller résider auprès de son père, M. de Marignane. Mieux vaudrait le couvent !

– Nous n'avons pas besoin de nous livrer à des suppositions pour savoir comment elle vivra désormais dans la maison paternelle ; elle y vivra comme elle vit depuis neuf années : on la verra comme on l'a vue, aux promenades sans son père. On l'a vue faire les agréments de la société d'un homme qui n'a point de femme ; on l'a vue dans la maison de cet homme faire les plaisirs d'un théâtre de société. Il est décent qu'une femme qui plaide en séparation soit l'héroïne des cercles, des soupers, des concerts et même d'un théâtre ?

Emilie avait en effet joué la comédie sur une scène d'amateurs.

Pour terminer, Gabriel-Honoré sort de son portefeuille la fameuse lettre écrite par sa femme à son mousquetaire :

– Mme de Mirabeau se plaint que je l'ai calomniée, non, je ne l'ai pas calomniée ; je n'aurais pas pu la calomnier.

Lecture est faite de l'aveu de la coupable. La séparation est ordonnée et Emilie peut désormais vivre où bon lui semblera – même chez le marquis de Marignane.

Pour avoir le dernier mot, Mirabeau provoque en duel le marquis de Gallifet, qui passe alors pour être l'amant d'Emilie. Celui-ci n'est que légèrement blessé au bras, mais refuse de s'engager à ne plus revoir la comtesse pour qui il a maintenant versé son sang.

Mirabeau adresse alors un second cartel à M. de Gallifet et lui donne rendez-vous en territoire pontifical, près de la fontaine de Vaucluse. Le marquis ayant refusé de se rendre à l'invitation, Mirabeau lui expédie un panier d'écrevisses accompagné de ce billet : « Elles trouvent qu'elles ne reculent pas assez bien. Elles s'adressent à vous parce que personne ne peut mieux leur apprendre à reculer. »

Mlle George faisait penser à une statue de jeune et belle Romaine. (Plon.)

Mademoiselle George

– Monsieur Weimer, je vous enlève votre fille ! Je l'emmène à Paris, je ferai les frais de son éducation, je dispose en sa faveur de douze cents francs de pension !

C'est en ces termes que la célèbre tragédienne Mlle Raucourt s'adressa à Georges Weimer, directeur d'un théâtre plus ou moins ambulant qui séjournait au début du Consulat, à Amiens. Les leçons de « la Raucourt » portèrent assez rapidement leurs fruits puisque, le 28 novembre 1802 – 8 frimaire an XI – Mlle George, qui n'avait pas encore seize ans, débutait à la Comédie-Française dans le rôle de Clytemnestre d'*Iphigénie en Aulide*.

L'événement fait alors sensation. Si l'on parle encore peu du talent de la nouvelle pensionnaire, sa « réputation extraordinaire de beauté », ainsi que nous le dit Geoffroy, le grand critique de l'époque, est l'objet de toutes les conversations. Aussi, dès midi, la foule se presse à un tel point autour des guichets que les interprètes doivent faire déblayer par la garde la porte d'entrée du théâtre.

La jeune tragédienne évoquait une statue de jeune et belle Romaine et semblait descendue vivante de l'Olympe. Elle ne pouvait que plaire en cette époque où l'engouement pour l'histoire de l'Antiquité était total – et cela dans tous les domaines.

Le Premier consul et Joséphine ayant pris place dans leur loge, le rideau se lève. « Mon entrée, racontera

George, fut accueillie avec faveur, j'eus le bonheur d'obtenir un grand succès dans ma première scène. »

Assurément, le jeu autant que la beauté de Mlle George avaient plu au maître du jour puisque, quelques mois plus tard, Bonaparte vint revoir la nouvelle Clytemnestre. Ce soir-là, en regagnant son domicile, la jeune tragédienne trouve Constant, le valet de chambre du consul, qui l'attendait. Il vient la prier, de la part de son maître, « de permettre qu'on vînt la prendre le lendemain à 8 heures du soir pour se rendre à Saint-Cloud ».

S'il faut en croire la comédienne, elle est d'abord fort effarouchée. Mlle George, lorsqu'elle écrivit ses souvenirs, était fort âgée et estimait qu'il était préférable – pour sa légende et celle de l'Empereur – que Bonaparte ait été son premier amant. Pourtant elle avait, deux années auparavant, à quatorze ans, commencé sa vie amoureuse – amour de coulisses, bien sûr – dans les bras d'un comédien, le beau Lafont.

Depuis, elle avait été aimée par Lucien Bonaparte qui, le soir de ses débuts, lui avait envoyé – Mlle George l'avouera elle-même – un beau nécessaire en or et cent louis. « C'était à me rendre folle », nous dit-elle. Elle le fut sans doute puisque, lorsque le frère du Premier consul la quitta pour épouser Mme Jouberthon, il adressa à George un second nécessaire, en vermeil cette fois, et accompagné à nouveau de cent louis d'or.

Mlle George – toujours dans ses *Mémoires* – laisse supposer qu'il s'agissait là non du traditionnel petit cadeau de rupture, mais d'un généreux encouragement de Lucien pour le talent d'une tragédienne de seize ans. C'est une charmante naïveté de vieille dame écrivant ses souvenirs plus de soixante ans plus tard...

De même, lorsque Constant était venu la prévenir qu'elle avait été « remarquée » par le Premier consul, elle se trouvait entretenue par le prince polonais Sapieha qui l'avait mise superbement dans ses meubles, 334, rue Saint-Honoré, et lui avait offert chevaux, voitures et armoires pleines de robes, de chapeaux et de linge. L'époque des « nécessaires » était bien dépassée...

Tout en écoutant le valet de chambre, Mlle George prétend – et elle en est touchante – que sa première pensée fut pour son prince polonais, « qui m'offre tout ce que je puis désirer, qui ne demande qu'à baiser le bout de mon doigt ». Pouvait-elle se montrer aussi « ingrate » en acceptant l'invitation de Bonaparte ? Mais, nous dit-elle, « je l'avoue, la curiosité l'emporta, l'amour-propre peut-être... » et, son effarouchement passé, elle répond à Constant :

– Dites au Premier consul, monsieur, que j'aurai l'honneur de me rendre demain à Saint-Cloud. Vous pourrez venir me prendre à 8 heures, mais pas chez moi : au théâtre.

« Au théâtre ! Pourquoi ? explique-t-elle. Je ne sais pas. Pour me compromettre tout de suite, sans doute. Sotte vanité qui venait honteusement s'emparer d'une pauvre jeune fille ! »

Le lendemain, elle retrouve Constant au bas de l'escalier et son cœur bat à se rompre. Dans la voiture – et ici il faut la croire – elle déclare au valet de chambre :

– Je meurs de peur, vous feriez bien de me reconduire chez moi et de dire au Premier consul que je me suis trouvée indisposée. Faites cela et je vous promets de revenir une autre fois.

– Ah ! oui, je serais bien reçu !

– Mais quand je vous dis, monsieur, que j'ai une peur tellement forte que je ne pourrai dire un mot ; que je serai glacée, et que votre Premier consul me jugera pour la plus grande bête qu'on ait jamais vue. Savez-vous que j'en serai fort humiliée ?

– Rassurez-vous, reprit Constant en riant, vous verrez combien le consul est bon ; vous serez bien vite remise de votre frayeur. Soyez donc tranquille, il vous attend avec une vive impatience.

Arrivée à Saint-Cloud, précédée par Constant, elle traverse l'Orangerie, puis parvient devant la porte-fenêtre de la chambre à coucher donnant sur la terrasse où attend Roustan. Le mameluk s'incline et la fait entrer :

– Je vais prévenir le Premier consul.

La voilà seule dans la pièce : « Un immense lit au fond et en face les croisées, de grands rideaux de soie verte, un grand divan agrandi ; estrade en face de la cheminée. De grands candélabres, chargés de bougies allumées, un grand lustre. »

La porte s'ouvre : le consul entre. Il est en uniforme vert, parements et collets rouges, culotte blanche, bas de soie blancs ; il fait asseoir la tragédienne sur le divan et le dialogue, rapporté par Mlle George, s'engage :

– Comme votre main tremble ! Vous avez donc peur de moi, je vous parais effrayant ; moi, je vous ai trouvée bien belle hier, madame, et j'ai voulu vous complimenter. Je suis plus aimable et plus poli que vous, comme vous voyez.

Selon Mlle George, elle demeura jusqu'à 5 heures du matin auprès du consul et – chose difficilement croyable – il ne se passa rien. Simplement, apprenant que son voile était un cadeau du prince Sapieha, Bonaparte le déchira « en mille petits morceaux ». Pour le remplacer, Constant dut aller chercher « un cachemire bleu et un grand voile d'Angleterre »... vraisemblablement dans la garde-robe de Joséphine.

S'il faut en croire aussi Mlle George, c'est seulement lors de la troisième nuit qu'elle devint la maîtresse de Bonaparte – et, ici, on doit lui redonner la parole : « Comment n'être pas fascinée et entraînée vers cet homme ? Il se faisait petit et enfant pour me plaire. Ce n'était plus le consul, c'était un homme amoureux peut-être, mais dont l'amour n'avait ni violence ni brusquerie ; il vous enlaçait avec douceur, ses paroles étaient tendres et pudiques : impossible de ne pas éprouver près de lui ce qu'il éprouvait lui-même... »

Lui qui a horreur des « abats canailles », selon son expression, est émerveillé par les mains de Georgina. « Des mains frappées de fossettes, dira Théophile Gautier, de vraies mains royales faites pour le sceptre. » Les pieds de la tragédienne sont moins heureux. A quelqu'un qui s'exclamait : « Elle a un port de reine ! », un plaisantin aurait ajouté : « ... et des pieds de roi. »

« Il riait, racontera-t-elle encore, il jouait avec moi, il me faisait courir après lui. Pour éviter de se laisser attraper, il montait sur l'échelle qui sert à prendre les livres, et moi, comme l'échelle était sur roulettes et très légère, je promenais l'échelle dans toute la longueur du cabinet, lui riant et me criant :

– Tu vas te faire mal ! Finis ou je me fâche.

Bonaparte glissa un jour dans le corsage de Georgina quarante mille francs en billets de banque. La somme est considérable et comme la « jeune fille » s'exclamait :

– Eh ! mon Dieu, pourquoi me donnez-vous tout cela ?

– Je ne veux pas, répondit le consul, que ma Georgina manque d'argent pendant mon absence.

Parfois, lorsqu'elle arrivait, il se cachait dans la pièce même et riait en voyant Georgina le chercher. Il lui arriva aussi de se coiffer de la couronne de roses blanches avec laquelle la tragédienne était venue :

– Hein ! Georgina, comme je suis joli avec ta couronne ! J'ai l'air d'une mouche dans du lait !

Puis il se mettait à fredonner et forçait Georgina à chanter avec lui le duo de *la Fausse Magie* : « Vous souvient-il de cette fête où l'on voulut nous voir danser ? »

Et la rupture vint. Durant quinze jours, Bonaparte ne la fit pas appeler et Mlle George prétend dans ses souvenirs qu'elle le lui reprocha :

– J'aurais été trop insensée de croire que moi, qui ne suis rien au monde, j'aurais pu occuper une place, je ne dis pas dans votre cœur, mais dans votre pensée. J'ai été une simple distraction, voilà tout.

Et ce soir-là, elle aurait encore ajouté :

– Non, pas au revoir : adieu !

En faisant ses confidences à Talma, il semble que la pauvre Georgina serre de plus près la vérité :

– Ma chère Georgina, lui annonça le consul, pendant quelque temps je ne vous verrai plus. Il va se passer un grand événement qui prendra tous mes instants ; mais je vous reverrai, je vous le promets.

Ce « grand événement » était le sacre – ce qui permettra à George de dire tout simplement un jour à Alexandre Dumas :

– Il me quitta pour se faire empereur.

★

Ses amours avec le Premier consul terminées, son aventure fugitive va attirer sur elle bien des regards – même ceux du tsar Alexandre pendant le séjour qu'elle fit en Russie. D'après Dumas père, Georgina fut « remarquée » par le roi Jérôme. Mais ces nouvelles intrigues amoureuses ne se prolongent guère. A la chute de l'Empire, elle devient la compagne du fameux Harel, ex-préfet impérial, d'un extérieur quelque peu crasseux, nommé en 1829 directeur de l'Odéon, puis de la Porte-Saint-Martin. C'est lui qui montera, au lendemain des Trois Glorieuses, ses grandes « machines historiques » telles que le *Napoléon*, de Dumas, *la Tour de Nesle, Lucrèce Borgia* ou *Marie Tudor*.

La tragédienne aime son cher amant comme elle n'a jamais aimé. « Harel dépenaillé, la culotte large, le gilet ouvert, débraillé, bohème, nous dit Hector Fleischmann, formait avec Georgina, luxueuse, soignée, somptueuse, le plus extraordinaire des contrastes. » Lui l'admire, et on ne peut lire sans émotion les lettres qu'il adresse aux critiques afin qu'ils n'oublient pas de parler de sa compagne :

Si cela ne contrarie pas la direction de votre feuilleton, je vous serais particulièrement obligé de dire lundi quelques mots de Mlle George dans Rodogune. *Elle y a été superbe.*

Elle est évidemment de toutes les distributions et règne sur le théâtre où l'on vient de plus en plus voir jouer, non la comédienne George, mais la « Georgina » de Bonaparte.

★

Harel meurt – fou – en 1846, mais son veuvage n'empêche pas George de continuer à jouer, à s'exhiber plutôt.

Henri de Rochefort se souvenait l'avoir vue, sortant du théâtre des Batignolles, courir après l'omnibus sous une pluie battante. Parfois des visiteurs se présentent chez elle. C'est un musée qu'ils viennent regarder. Et, pour eux, Georgina parle de Napoléon, de ses amours de seize ans, des larmes dans la voix.

Les années passent...

La pauvre femme était tombée dans la misère, lorsque, le 9 avril 1849, elle rend visite à Victor Hugo et commence ce long et larmoyant monologue :

– Je viens à vous, j'en suis aux dernières extrémités. Je vous assure qu'un de ces quatre matins il m'arrivera malheur. J'ai été pour voir Boulay de La Meurthe ; il venait déjeuner chez moi quand j'avais Harel. Il se fait celer. Il ne m'a pas reçue. C'est un avare. Il est fort riche, figurez-vous. Eh bien, il se ferait fesser pour un écu, et après cela il le couperait en quatre. J'ai été voir Jérôme. Il m'a reçue, celui-là, il m'a dit : « Qu'est-ce que tu veux, « Georgina ? » Je lui ai dit : « Je ne veux rien, je crois « que je suis encore plus riche que vous, quoique je n'aie « pas le sou. Mais marchez donc devant moi, tenez-vous « debout ; il me semble que je vois un peu l'Empereur. « C'est tout ce que je voulais. » Il s'est mis à rire et « m'a répondu : « Tu as raison, je suis plus gueux que toi. « Tu n'as pas le sou, mais tu peux manger des pommes « de terre ; moi je n'ai pas le sou, et il faut que je fasse « manger aux gens des truffes. Imagine-toi qu'on m'envoie « les bougies par douze livres et qu'on m'en fait rendre « compte. Est-ce que je sais, moi ? On m'a dit : Réclamez. J'ai dit : J'ai été habitué à commander, et non à « demander. » Monsieur Hugo, voilà où en est Jérôme.

Quant au président (1), c'est un niais, je le déteste. D'abord il est ford laid. Il monte bien à cheval, et il est bon cocher. Voilà tout. J'y suis allée. Il m'a fait répondre qu'il ne pouvait pas me recevoir (...) Voilà la vérité, je suis dans la misère. J'ai pris mon courage et je suis allée chez Rachel, chez Mademoiselle Rachel, pour lui demander de jouer *Rodogune* avec moi, à mon bénéfice. Elle ne m'a pas reçue et elle m'a fait dire de lui écrire. Ah ! par exemple, non ! Je n'en suis pas encore là ! Je suis reine de théâtre comme elle, j'ai été une belle catin comme elle, et elle sera un jour une vieille pauvresse comme moi. Eh bien, je ne lui écrirai pas, je ne lui demanderai pas l'aumône, je ne ferai pas antichambre chez cette drôlesse ! Mais elle ne se souvient donc pas qu'elle a été mendiante ! Elle ne songe donc pas qu'elle le redeviendra ! Mendiante dans les cafés, Monsieur Hugo ; elle chantait, et on lui jetait deux sous ! C'est bon, dans ce moment-ci, elle joue chez Véron le lansquenet à un louis, et elle gagne ou perd dix mille francs dans sa nuit, mais dans trente ans elle n'aura pas six liards et elle ira dans la crotte avec des souliers éculés ! Dans trente ans, elle ne s'appellera peut-être pas Rachel aussi bien que je m'appelle George (...) Je ne trouve personne, excepté vous ; je dois dix francs à mon portier ; j'ai été obligée de laisser vendre au Mont-de-Piété deux boutons de diamant que je tenais de l'Empereur ; je joue au théâtre Saint-Marcel, je joue aux Batignolles ; je joue à la banlieue ; je n'ai pas vingt-cinq sous pour payer mon fiacre, eh bien, non ! je n'écrirai pas à Rachel, et je me jetterai à l'eau, tout bonnement !

★

La pauvre femme mourut à la fin du second Empire, le 11 janvier 1867 – elle avait près de quatre-vingts ans – et son convoi fut payé grâce à une collecte faite dans les coulisses des théâtres de Paris.

(1) Louis-Napoléon, le futur Napoléon III.

Depuis plus de cent ans, Mlle George dort au cimetière du Père-Lachaise près de son père, Georges Weimer, venu reposer là en 1832, et de son dernier compagnon, Jean-Charles Harel, à qui, un jour de 1839, elle avait écrit :

« Adieu, ami de ma vie. Je t'aime bien de tout mon cœur, de toute mon âme. A toi jusqu'à mon dernier soupir. »

L'exubérant Hector Berlioz « à la chevelure en flamme de punch flamboyant ». (Snark International.)

Hector Berlioz

Le soir du 11 septembre 1827, tout Paris se presse à l'Odéon où le célèbre artiste anglais Kemble joue *Hamlet*, ayant près de lui la ravissante Harriett Smithson, qui, avec infiniment de douceur, de charme et de talent, incarne la tendre Ophélie. Son corps est une joie pour les yeux.

– Elle est admirable ! s'exclame Théophile Gautier.

– Vous avez vu la ligne de ses bras ? admire Jules Janin.

– Et son port de tête est merveilleux, renchérit Delacroix qui souhaiterait bien avoir miss Harriett Smithson comme modèle.

Un jeune musicien, compositeur de vingt-quatre ans, à la chevelure rousse et désordonnée, ne dit rien. Lui, habituellement volcanique, est cloué dans son fauteuil du troisième balcon par l'admiration qui le rend muet. Il le dira plus tard : « Shakespeare – entendez miss Smithson – me foudroya. »

Il se nomme Hector Berlioz, prépare le Conservatoire, donne pour vivre des leçons de flûte et a déjà écrit une messe qui a été jouée à Saint-Roch.

Le lendemain matin, tandis que ses camarades s'extasient sur la beauté de miss Smithson, Hector Berlioz explose :

– Belle, vous voulez dire sublime !

Quatre jours plus tard, l'Odéon affiche *Roméo et Juliette*. Hector a loué un fauteuil d'orchestre pour admirer de plus près sa déesse : « Il n'en fallait pas tant pour m'achever, racontera-t-il. Après la mélancolie, les sombres nuages, les vents glacés du Danemark, s'exposer à l'ardent soleil, aux nuits embaumées de l'Italie, assister à cet amour brûlant comme la lave, impérieux, irrésistible, à ces étreintes éperdues, c'était trop ! Je suis perdu ! »

Hector Berlioz est perdu, en effet. C'est en vain qu'il a essayé de pénétrer dans les coulisses de l'Odéon et, en attendant de découvrir où demeure son idole, on le voit, comme un homme ivre, parcourir Paris et la banlieue en tous sens.

Il aime Harriett à en mourir.

Un jour, il apprend par hasard que la jeune Anglaise habite, avec sa mère et sa sœur, dans un hôtel meublé situé rue Saint-Marc, juste en face de la maison où est installé Hector Berlioz.

Ainsi, elle vivait, respirait, dormait à deux pas de lui, et il l'ignorait !

Aussitôt, il adresse à celle qui est désormais toute sa vie des lettres enflammées auxquelles la jeune femme se refuse de répondre. Hector met l'hôtelier, M. Tartes, dans la confidence. Celui-ci accepte de plaider la cause du musicien amoureux. La jeune Anglaise est un modèle de vertu et le reçoit fort mal. Elle ne veut même pas envoyer deux lignes de sa main, ne serait-ce que pour décourager son soupirant.

– Je ne répondrai pas à de semblables extravagances, déclare-t-elle.

Comment Berlioz réussira-t-il à se faire remarquer ? Fort heureusement, il apprend que miss Smithson et la troupe londonienne vont donner une représentation « à bénéfice ». Hector Berlioz n'est pas encore connu, mais il espère faire jouer, au cours de la première partie du spectacle, son ouverture des *Francs Juges* qu'il vient de composer. Ainsi que l'a écrit Jules Bertaut, Berlioz est convaincu qu'Harriett « le connaîtra, le verra, et le verra tout couvert de gloire, car son ouverture sera certainement acclamée, il en est sûr. Les applaudissements crépiteront encore autour de lui lorsqu'il apparaîtra comme un dieu, dans une apothéose. Magnifique projet, seul moyen de s'imposer à la divine ».

Non sans mal, Hector parvient à faire choisir son œuvre qui sera jouée tout au début de la soirée. Le hasard d'une répétition au théâtre Feydeau le met face à face avec l'objet de ses rêves. Transporté, il pousse un tel cri de joie que, effrayée par l'exubérance de cet homme à la chevelure hirsute qui gesticule, Harriett n'a que le temps de se réfugier derrière un portant.

– Qu'est-ce que c'est que cet homme-là ?

On la renseigne : c'est Hector Berlioz.

– Ah ! celui qui me poursuit de ses folles déclarations ?

De plus en plus affolée, elle supplie qu'on veuille bien la protéger :

– Veillez bien sur ce gentleman dont les yeux ne présagent rien de bon, recommande-t-elle.

Le 5 décembre 1827, les *Francs Juges* n'obtiennent aucun succès, et miss Smithson n'est même pas sortie de sa loge pour entendre cette fameuse ouverture que Berlioz a composée pour elle ! Le malheureux soupire : « Je tombe au fond de la plus grande douleur. Pourrai-je maintenant m'accoutumer à la vie ? » Désespéré, il se met au lit. Soudain, par la fenêtre, il voit des malles que l'on descend par l'escalier de l'hôtel et que l'on charge sur un fiacre. Ce sont les « dames anglaises » qui partent pour l'étranger !

Voici Hector anéanti.

« Il est bien difficile de décrire une souffrance pareille à celle que je ressentis, racontera-t-il, cet arrachement du cœur, cet isolement affreux, ce monde vide, ce dégoût de vivre. Shakespeare lui-même n'a jamais essayé d'en donner une idée. »

Durant cinq années, Hector Berlioz va gravir les échelons de la gloire. Sa *Symphonie fantastique* obtient « un succès formidable, un succès satanique ! » annonce Berlioz à un ami. Mais il n'a pas oublié Harriett. Il l'aime toujours et, lorsqu'il revient d'une longue tournée à l'étranger, au mois d'octobre 1832, son premier geste est de courir à l'hôtel de la rue Saint-Marc et d'interroger l'hôtelier :

– N'est-ce pas ici qu'habitait miss Smithson ? Qu'est-elle devenue ?

– Mais elle est à Paris, monsieur, il paraît qu'elle dirige une troupe anglaise.

Le feu qui couvait sous la cendre se rallume. Cette fois, Hector parviendra à attirer l'attention de la femme qu'il aime : il lui fait parvenir une avant-scène pour entendre la *Symphonie fantastique*. Harriett apprend par la rumeur publique que c'est elle, sans le savoir, qui a inspiré l'œuvre dont le Tout-Paris romantique s'entretient. Poussée par la curiosité, elle se rend au concert.

Cette fois, c'est Harriett qui est éblouie. Les larmes dans les yeux, elle regarde Hector qui conduit l'orchestre, « sa chevelure rousse en flamme de punch flamboyant ». Aussi, lorsque, deux jours plus tard, Hector se présente chez elle, Harriett l'accueille-t-elle avec empressement. Il s'enhardit alors, lui parle de son amour qui, depuis cinq années, lui étreint le cœur, lui fait le tableau de sa passion dévorante et, sans plus tarder, lui demande de devenir sa femme. Harriett, bouleversée, émue, entraînée par ce torrent, se jette dans ses bras. Berlioz triomphe : « O bonheur ! Le soleil luit. Avec elle, je vaincrai tout ! Oui, elle m'aime ! Elle a un cœur de Juliette ; c'est bien là mon Ophélie. Quand je ne puis la voir, nous nous écrivons jusqu'à trois lettres par jour, elle en anglais, moi en français... Je demeure parfois des heures entières à genoux devant elle, tenant ses mains dans les miennes, regardant naître lentement des larmes dans ses yeux jusqu'à ce qu'un baiser descendant sur mon front, je me lève, je rugis, je la brise entre mes bras. Nous nous promenons à grands pas dans le salon, nous récriant sur l'étrange destinée qui, des deux bouts de l'Europe, nous a fait accourir à Paris au même moment pour nous réunir. »

Mais Harriett et Hector vont devoir redescendre sur terre. Shakespeare ne fait guère recette, et les représentations données par la troupe anglaise sont bien vite catastrophiques. Voici le compositeur avec trois femmes sur les bras, car il lui faut faire vivre aussi la mère et la sœur de la jeune femme ; la première a un caractère difficile et la seconde est jalouse et neurasthénique. Hector décide d'organiser une représentation au bénéfice de miss Smithson. Il court tout Paris, assiège critiques et courriéristes. Tout paraît devoir se passer à peu près bien, lorsque Harriett, le 1er mai 1832, en descendant de voiture, se brise la jambe. Voici la représentation tant attendue ajournée ! Hector espère retrouver le sourire sur les lèvres de la femme qu'il aime s'il peut lui annoncer leur prochain mariage. Mais M. Berlioz père, qui rêvait de voir son fils réussir une carrière de médecin, fait la grimace devant ce mariage avec une comédienne. Hector lui adresse des sommations dites « respectueuses ». A la deuxième, le père cède et Hector, fou de joie, se précipite chez Harriett : « J'arrive chez elle, fondant en larmes, racontera Berlioz, et criant : "Mon père consent !" Et savez-vous ce qu'elle m'a répondu ?

« – Oh ! Hector, mon pied me fait trop mal !

« Est-ce que la douleur existe quand on est dans l'ivresse ? Moi, si l'on m'avait donné un coup de couteau en pleine poitrine au moment où elle m'a dit qu'elle m'aimait, je ne l'aurais pas senti. Et elle a pu, elle a osé ! Comment n'a-t-elle pas pensé que j'allais l'étrangler ? »

On comprend que, parfois, Harriett ait été effrayée par la flamme de l'auteur de la *Symphonie fantastique*. C'est un feu inextinguible ! Un jour, Harriett commet la maladresse de dire à Berlioz qu'il ne l'aime pas : sa passion est le fruit de son imagination extravagante.

Hector pousse alors un rugissement, se précipite sur un flacon d'opium et, sous les yeux de sa fiancée, l'avale à longs traits. Harriett appelle sa mère et sa sœur au secours, puis tombe évanouie. Hector, en voyant Harriett écroulée à ses pieds, se ressaisit, et tout se termine par l'absorption d'émétique et d'ipéca.

Enfin, le tourbillon se calme et, le 3 octobre 1833, Liszt étant leur témoin, le mariage des amants terribles est célébré. Berlioz triomphe :

– Elle est à moi, je défie tout !

★

La tempête semble définitivement s'apaiser avec la venue d'un petit garçon, mais aussi par les déceptions que la vie se charge d'apporter au ménage. D'abord, la carrière d'Harriett décline fâcheusement. Mme Berlioz n'a plus l'âge d'Ophélie ni la taille d'une tendre héroïne de Shakespeare. Sans doute Hector recueille-t-il toujours des applaudissements mais son groupe d'admirateurs n'est composé que d'ardents mélomanes. Le grand public ne suit pas et, à l'Opéra, *Benvenuto Cellini* fait une recette squelettique et, au concert, pas plus le *Requiem* que *Roméo*, ou *Harold en Italie*, ne remportent le succès espéré. Ses embarras d'argent se multipliant, Hector se lance dans le journalisme et s'installe avec sa femme dans un appartement meublé, 34, rue de Londres.

Pour tout arranger, Harriett commence à devenir jalouse. Si Mme Berlioz s'est alourdie, Hector se montre de plus en plus fringant et, dans les coulisses, il est d'autant mieux accueilli que ses critiques musicales commencent à faire autorité. C'est alors qu'il rencontre la brune et mince Maria Recio. Elle a vingt-sept ans et elle est armée de deux yeux noirs et veloutés. Berlioz prend feu à son tour, couvre la chanteuse de louanges dans son feuilleton et l'accompagne à Bruxelles. A son retour, Harriett, qui a deviné la vérité, lui fait une scène terrible. La nuit suivante, tandis que sa femme, épuisée par les cris, s'est assoupie, Hector part sur la pointe des pieds et va rejoindre Maria en Allemagne où elle donne une série de concerts.

En regagnant Paris, Berlioz organise sa vie : il s'installe avec Maria dans un appartement de la rue de Provence et loue pour l'infortunée Harriett un logement rue Blanche. Pour subvenir aux dépenses des deux ménages, il se tue à la tâche. Mais Maria va bientôt se révéler comme une virago insupportable et tyrannique. Elle oblige son amant à multiplier les démarches afin qu'elle puisse trouver un engagement : « Il fallait que Berlioz remontât son calvaire : démarches, visites, supplications aux directeurs, toute la litanie qu'il avait connue avec Harriett. » Au surplus, la maîtresse se montre jalouse de la femme légitime, alors que la pauvre Harriett ne tient plus guère de place aujourd'hui dans l'existence d'Hector. C'est dans son petit logement montmartrois qu'Harriett est frappée par une attaque d'apoplexie.

La voici paralysée à jamais !

Durant deux années, Hector, rongé par le remords, s'éclipsera de l'enfer que Maria Recio entretient savamment pour aller regarder le clair visage de son Ophélie d'autrefois qui, peu à peu, va sombrer dans le néant. Son martyre se prolongera jusqu'à sa mort et, ainsi que l'a dit Jules Bertaut, « Berlioz, épuisé par la veillée et les volcanismes du désespoir » n'aura même pas le courage de suivre le cercueil de sa femme !

Une beauté aux yeux caressants, moqueurs, où brillait une lueur méchante. (Plon.)

Henriette d'Entragues

Henri IV avait remarqué la brune Henriette d'Entragues au cours d'un ballet donné aux Tuileries, mais c'est en la revoyant chez son père, au château de Marcoussis, près d'Etampes, qu'il avait senti vraiment l'aiguillon de l'amour lui transpercer le cœur. Nous dirions aujourd'hui – que l'on me pardonne l'expression – qu'Henriette d'Entragues possédait du *sex-appeal*. C'était une beauté aux yeux caressants, moqueurs, où brillait parfois – trop souvent même – une lueur méchante. Henriette devait d'ailleurs se révéler comme la pire mégère du royaume, mégère d'autant plus dangereuse qu'elle savait dissimuler son épouvantable caractère sous un masque d'une douceur angélique qui donnait le change.

Aidée de ses parents – sa mère était la fameuse Marie Touchet, maîtresse de Charles IX – elle joua la carte de la pureté, affirmant notamment que seule la lecture de saint Augustin l'intéressait. Henri, qui ne lisait jamais, en fut très impressionné. De plus en plus amoureux, il ne parvenait malheureusement pas à rester seul avec elle ; Marie Touchet, qui savait comment on devient maîtresse de roi, demeurait en tiers... Jusqu'au jour où l'on estima le Vert-Galant suffisamment épris pour lui mettre le marché en main : Henriette deviendrait sa maîtresse moyennant cent mille écus et le domaine de Verneuil érigé en marquisat. Les Entragues, ne doutant de rien, exigèrent en outre une terrible promesse que le roi devait écrire en ces termes :

« Nous, Henri, quatrième, par la grâce de Dieu, roi de France et de Navarre, promettons et jurons devant Dieu, en foi et parole de roi, à messire François de Balzac, sieur d'Entragues que, nous donnant pour compagne demoiselle Henriette-Catherine de Balzac, sa fille, au cas que, dans six mois à commencer de ce jour, elle devienne grosse et qu'elle en accouche d'un fils alors et à l'instant, nous la prendrons pour légitime épouse, dont nous solenniserons le mariage publiquement et en face de notre Sainte Eglise... En témoin de quoi nous avons écrit et signé le présent. Au bois Malesherbes, ce jour d'huy. 1er octobre 1599. Henri. »

Le roi avait donc souscrit à toutes les conditions, mais lorsqu'il vit étalé devant lui les cent mille écus que Sully aligna sur une table avec une évidente mauvaise humeur, il ne put s'empêcher de s'exclamer :

– Ventre-saint-gris ! voilà une nuit bien payée !

Les sacs d'or et le don de la terre sont portés à la belle avec ces vers :

Le cœur blessé, les yeux en larmes,
Ce cœur ne songe qu'à vos charmes.
Vous êtes mon unique amour,
Jour et nuit pour vous je soupire.
Si vous m'aimez à votre tour
J'aurai tout ce que je désire.

Je vous offre sceptre et couronne :
Mon sincère amour vous les donne.
A qui puis-je mieux les donner ?
Roi, trop heureux, sous votre empire,
Je croirai doublement régner,
Si j'obtiens ce que je désire.

Il l'obtient enfin et, une fois de plus, est ébloui par son « acquisition » :

– Ma mignonne... mes chères amours... Le cœur à moi... Mon cœur je vous aime si fort que je ne peux plus vivre absent de vous... Je vous aime plus que ma vie... Le tout à moi...

★

Henri fait installer et meubler à Paris pour la nouvelle marquise de Verneuil l'hôtel de Larchant.

– Un si bel oiseau, explique Henri, ne saurait avoir une trop belle cage.

Le « tout à moi » accueille cet amour brûlant avec tiédeur. Pour elle, rien d'autre ne compte que l'engagement pris par le roi et l'espérance d'être reine... Mais Henri, ravi de partager la couche de la belle, ne tient nullement à en faire autant de son trône. Au début de l'an 1600, Henriette se croit enceinte. Puisque le roi a juré devant Dieu qu'il l'épouserait, la marquise se croit toute-puissante. C'est mal connaître le Béarnais qui, tantôt catholique, tantôt protestant, a déjà changé cinq fois de religion et ne s'embarrasse pas de scrupules pour rompre un serment qui le gêne. En effet, Henri se dérobe ; bien mieux, il décide d'épouser, avec l'appui du pape, Marie de Médicis, fille du grand-duc de Toscane.

La marquise – « cette enragée femelle », disait Sully – la marquise trépigne, hurle, se livre à de tels excès que le roi en profite pour lui demander de rendre sa maudite promesse :

« Mademoiselle,

« L'amour, l'honneur et les bienfaits que vous avez reçus de moi eussent arrêté la plus légère âme du monde, si elle n'eût point été accompagnée d'un mauvais naturel comme le vôtre. Je ne vous piquerai pas davantage, bien que je le pusse et dusse faire. Je vous prie de me renvoyer la promesse que vous savez. Et ne me donnez pas la peine de la ravoir par une autre voie. Renvoyez-moi aussi la bague que je vous rendis l'autre jour. Voilà le sujet de cette lettre de laquelle je veux avoir réponse aujourd'hui.

Henry.

Du vendredi matin, 21 avril 1600,

à Fontainebleau. »

Les Entragues ne renvoyèrent pas plus la bague que la promesse. Cet engagement pouvait être vendu au roi d'Espagne ou envoyé un jour au pape, afin d'invalider le mariage toscan, dans le cas où Henriette mettrait au monde un héritier après l'union d'Henri et de Marie ! Henriette se chargea – sur l'oreiller – de faire la paix et d'obtenir de son royal amant la permission de garder la fâcheuse promesse. Le Vert-Galant, vaincu, accepta et emmena la marquise à la guerre... d'où il écrivait des lettres passionnées à sa fiancée Marie de Médicis : « S'il était bien séant de dire qu'on est amoureux de sa femme, je vous dirais que je le suis extrêmement de vous ; mais j'aime mieux vous le témoigner en un lieu où il n'y aura que vous et moi. Bonjour, ma maîtresse, je finis en baisant mille fois vos belles mains. »

Le Béarnais envisageait même d'amener Henriette à Lyon pour accueillir la nouvelle reine.

– Il faut, lui dirent ses amis, que la marquise plie bagage et s'en aille au plus vite. A la retenir près de vous, il en résulterait grand tort et grande honte.

Elle plia bagage, mais revint.

– Cette femme, dit-il à Marie, en lui présentant la marquise de Verneuil après dix semaines de fidélité, cette femme a été ma maîtresse et veut être aujourd'hui votre très humble servante.

Henriette s'inclina si légèrement que le roi lui courba violemment la tête pour l'obliger à baiser le bas de la robe de la nouvelle reine.

C'est ainsi que se passa le premier acte de cet étonnant ménage à trois. Henri est comblé : une femme, une maîtresse et des aventures multiples. Sans se gêner le moins du monde, il « escarmouche », selon son expression, les filles d'honneur de Marie de Médicis – en présence de la reine et de la marquise ! Devant elles, un jour, il offrira cinquante mille livres à Mlle de La Bourdaisière. Puis, il prend une maîtresse assez sotte d'ailleurs : Jacqueline du Beuil, qu'il fait comtesse de

Moret. Marie fait la grimace et le Vert-Galant lui explique avec cynisme :

– Je vous aime comme une femme, tandis que les autres je les aime pour mon plaisir.

Il paraît bien difficile de dénombrer ses aventures : il aura une fille de Charlotte des Essarts. Lorque Marie de Médicis voudra éloigner Mlle de Fonlebon, sur laquelle le roi avait jeté son dévolu, Henri déclara à sa femme :

– Si vous la faites sortir de ma maison, je vous ferai sortir, vous, du royaume et vous renverrai en Italie.

Cela n'empêche nullement le Béarnais de dénoncer à la reine une de ses suivantes qu'il a eu la surprise « de ne pas trouver pucelle ».

Henriette a finalement un fils qui naît trois semaines à peine après le dauphin mis au monde par Marie. Selon sa promesse, le Vert-Galant devrait répudier l'épouse pour épouser sa maîtresse ? Que non ! Il prend même bien du plaisir à organiser le « synchronisme » des naissances entre ses deux femmes – le mot est de Maurice Andrieux. Le 30 octobre 1601, un mois après la naissance du dauphin, il écrit à la marquise : « Mon cher cœur, je pense que ma femme est grosse. Dépêchez-vous de faire ce fils, afin que je vous fasse une fille. »

Ainsi fut fait.

★

Le roi fait élever ensemble ses fils légitimes et ses bâtards. Une vraie garderie d'enfants dirigée par Mme de Montgas, gouvernante du dauphin. Comme le dira fort justement François Duhourçau, « il exagéra son côté "nature", lorsqu'il dit au dauphin devant Mme de Moret : « Mon fils, j'ai fait un enfant à cette belle dame-là ; il sera votre frère. » A quoi le futur Louis XIII, déjà sérieux et haïssant toute badinerie, répliqua tout net : « Ce n'est pas mon frère. »

Le roi consentait bien à être ennuyé par les femmes, mais pas tout le temps par la même. Aussi, lorsque Henriette se taisait, Marie prenait-elle le relais. Les scènes de ménage se multiplièrent à tel point que l'on vit le roi, en pleine nuit, quitter le lit conjugal en expliquant sa fuite en ces termes : « Je ne reçois de ma femme ni compagnie, ni réjouissance, ni consolation, ne pouvant ou ne voulant se rendre complaisante et de douce conversation, ni s'accommoder en aucune façon à mes humeurs ou complexions, faisant une mine si froide et si dédaigneuse, lorsque arrivant de dehors, je viens pour la baiser, caresser et rire avec elle, que je suis contraint de la quitter là de dépit et de m'en aller chercher quelque récréation ailleurs. »

Mais « ailleurs », les scènes montaient au même diapason et Sully pourra dire un jour que le roi et sa maîtresse « ne faisaient plus l'amour qu'en grondant ».

La marquise de Verneuil se vengea en conspirant et en laissant son père et son demi-frère, Charles de Valois, comte d'Auvergne – bâtard de Marie Touchet et de Charles IX – s'aboucher avec le roi d'Espagne et le duc de Savoie. Selon le plan des conjurés, Gaston de Verneuil, fils d'Henriette et d'Henri, devait être proclamé héritier de la couronne.

François d'Entragues, arrêté, n'obtiendra la vie sauve qu'en révélant où se trouvait, cachée dans une muraille de son château, la précieuse promesse. Henri, ayant récupéré le fameux serment, fit enfermer la marquise au monastère de Beaumont-les-Tours. Henriette comprit alors qu'il lui fallait s'incliner et écrivit au roi : « Un temps fut que Votre Majesté recevait de moi de doux baisers, au lieu des propos amers qui lui viennent maintenant, et des soupirs d'amour au lieu des sanglots d'affliction. J'étais toujours collée à votre bouche, et, mieux encore, à votre âme. Et, si j'ouvrais la bouche pour vous dire quelque chose, il vous semblait que le ciel s'ouvrait pour vous recevoir. Mais tous ces contentements passés se sont changés en dégoûts. Après avoir été la plus heureuse de mon siècle, j'en suis la plus malheureuse... J'aime comme auparavant ; je brûle avec autant d'ardeur qu'auparavant... Mais vous n'eûtes jamais de l'amour pour moi ou, si vous en avez eu, il n'était guère ardent... Si vous ne voulez pas que je doive ma liberté à mon innocence, pour le moins que ce soit à votre bonté, de même que je vous suis redevable de votre amour passé plus qu'à mon mérite. Ainsi, libre de la sorte, je serai plus esclave de Votre Majesté et beaucoup plus sa prisonnière, lorsque je le serai moins. »

Le roi pardonna et autorisa sa maîtresse à se retirer en son château de Malesherbes. En février 1606, il lui permet d'aller voir ses enfants à Saint-Germain, et il ajoute ces mots à l'autorisation : « Aimez-moi, ma mignonne, car je te jure que tout le reste n'est rien auprès de toi. »

★

La liaison recommença – et son cortège de disputes et de querelles. Henri envoie cependant à Henriette des lettres aussi tendres qu'autrefois : « Mon cœur, j'ai une extrême joie de vous voir samedi. Résolvez-moi de me chérir à mon arrivée et de me bien flatter, car j'ai cinquante-quatre ans. Mon cœur, je ne saurais passer un jour sans vous faire ressouvenir de moi, qui vous aime peut-être plus que je ne dois. Je ne m'en repens pas. Au contraire, je veux vous aimer plus que je ne fis jamais ; mais aussi je veux être aimé de vous sans exception... Bonjour, mon tout ! Je te baise un million de fois. »

Les billets se succèdent : « Je vois bien que vous ne m'aimez pas... Je vous aime trop pour le mal que vous me faites... » Mais, quelques heures plus tard, il lui adresse ces mots : « Je commence à croire que vous m'aimez. »

Enfin tout s'effondre et Henri adresse à Henriette cette dernière lettre : « Ce n'est pas ma paresse qui vous prive de mes nouvelles, mais la créance que cinq années m'ont par force imprimée – la créance que vous ne m'aimez pas. Vos effets ont été, durant ce temps-là, si contraires à vos paroles et à vos écrits, et, disons plus, à l'amour que vous me devez, qu'enfin votre ingratitude a accablé ma passion. Vous ressouvenant combien de peines j'en ai porté, s'il vous reste tant soit peu d'affection, vous devez en avoir du regret. »

La liaison était bien terminée, cette fois-ci, et la marquise alla s'enterrer à Verneuil et se consola en se livrant à une telle débauche de gourmandise qu'elle devint d'une grosseur monstrueuse. « Mais, affirme Tallemant des Réaux, elle avait toujours bien de l'esprit. »

Une scène de la Vie de bohème *que Henri Murger vécut dans un décor analogue, en compagnie de ses deux* Mimi : *Marie et Lucile.* (Plon.)

Henri Murger

« A dix-huit ans, Henri Murger, le futur auteur des *Scènes de la vie de bohème*, était un gros garçon imberbe, joufflu, rosé, nous dit un de ses amis, dont la ronde structure, plutôt boursouflée que charnue, laissait deviner un tempérament lymphatique, ses yeux étaient bien ouverts et regardaient tout autour de lui avec une placidité naïve, sa bonhomie toute juvénile était exempte d'embarras comme de hardiesse ; il avait l'air d'un jeune moine destiné au bonheur contemplatif et tout heureux de son avenir. Il portait une redingote bleue à la propriétaire, un chapeau droit, haut et large, à bord plat, des bas blancs et des souliers lacés. »

Tel quel, il plut à Marie Fontblanc, ex-grisette, mal mariée à un professeur de langues vivantes. Bien vite, celle qui allait devenir la première Mimi s'aperçut du pouvoir qu'elle exerçait sur son jeune ami.

– Un rien l'attriste, un rien le réjouit ; je fais la tempête dans son cœur par un pli de mon front, et le beau temps avec un sourire.

Cependant, les premiers pas de leurs amours furent on ne peut plus platoniques. Il se contentait de l'appeler « sa femme en velours », sans doute parce qu'elle avait une peau veloutée, et qu'il s'en était rendu compte respectueusement du bout des doigts – un peu trop respectueusement aux yeux de Marie-Mimi. Elle décida de brusquer les choses, et, puisque son mari était parti mystérieusement en voyage, elle invita son poète à se rendre au domicile conjugal et l'installa près d'elle sur un divan. Après l'avoir embrassé fougueusement, elle éclata en sanglots, en lui demandant :

– M'aimerais-tu, chéri, si tu savais la femme que je suis ?

On se trouvait alors en pleine époque romantique, et Murger ne s'étonna point de la question et répondit comme il se doit, affirmativement. Marie lui avoua alors que son mari était un abominable malfaiteur, voleur et faux-monnayeur. Il avait déjà été condamné, et le matin même la police était venue perquisitionner chez eux. Assurément, on allait venir l'arrêter comme complice.

– Sauve-moi !

Pour commencer, elle fit comprendre à Henri Murger qu'elle n'était pas seulement une « femme de velours » – et elle se donna à lui. Au matin, entre deux étreintes, on tint conseil. Murger habitait alors une mansarde 5, rue des Trois-Frères (1), dans un immeuble dont son père était concierge et exerçait aussi son métier de tailleur. Henri était alors le vague secrétaire d'un diplomate russe qui lui donnait quarante francs par mois, sur lesquels le concierge retenait trente francs pour le repas du soir et la location de la mansarde.

Un tout petit réduit sis au dernier étage,
Trois chaises, une table, un lit aux pieds boiteux,
Une fenêtre étroite où la nuit, dans les cieux,
On voit rire la lune à travers un nuage.

Le décor ne fit point peur à Marie-Mimi, mais le père Murger, véritable cerbère, n'aurait jamais admis que son fils vînt vivre sous son toit avec une « gourgandine ». Mieux valait s'installer chez un ami. Le peintre Guilbert fut choisi et, chaque soir, Henri venait y retrouver sa conquête, toujours traquée par la police. Un soir, il eut un empêchement, et ce fut Guilbert qui le remplaça près de la belle. Lorsque Henri Murger découvrit la vérité, il fit d'amers reproches à son ami qui répondit :

(1) Rebaptisée depuis rue Taitbout.

– Après tout, n'était-elle pas dans ma chambre ? Et quand même cela serait, je n'aurais simplement que couché dans mon propre lit...

★

Mme Fontblanc, après avoir quitté les deux jeunes gens – et par conséquent son refuge – fut arrêtée. Elle comparut aux assises et fut acquittée, tandis que son mari prenait le chemin du bagne. Ce n'en fut pas moins la fin de l'aventure dont il ne demeura pour Murger que le souvenir et ces quatre vers tracés sur la page de garde d'un livre donné autrefois par Henri à Marie-Mimi, au temps de leurs amours :

A celle que j'aimais – que peut-être encor j'aime
Et me récompensant de ces présents divers,
Sa bouche me donna – je m'en souviens quand même,
Plus de baisers qu'il n'est en ce livre de vers.

La police ayant perquisitionné rue des Trois-Frères, le père Murger chassa son fils, et Henri allait connaître la vie de bohème avant de l'immortaliser. Lui aussi, dans cet étonnant royaume de la rive gauche, vécut d'expédients, devint un client assidu du Mont-de-Piété, brûla ses meubles, déménagea sans cesse de mansarde en mansarde, « cantonnant chez des camarades, ou vivotant dans les garnis impayés », nous dit Pierre Labracherie. Il fut de première force dans ce qu'il a appelé « l'art de souper sans coucher et de se coucher sans souper ». Avec quelques compagnons, il créa la société des *Buveurs d'eau,* « boisson économique et égalitaire ». L'été, on vivait même sur les toits, et l'hiver on s'installait dans une pièce où les amis de Murger avaient pratiqué un trou d'un mètre carré donnant directement dans l'étable située au rez-de-chaussée. De ce trou, baptisé le poêle, s'échappait l'hiver une colonne de vapeur nauséabonde, mais tiède. Parfois, on s'installait au café, à dix ou douze autour d'un seul *gloria* et d'une carafe d'eau renouvelée à chaque arrivant.

★

Un jour de 1845, Henri Murger amena à l'étonnant caravansérail de l'*hôtel Merciol*, 6, rue des Canettes, la seconde Mimi, la jolie Lucile Louvet, ouvrière fleuriste qui, avec sa pâleur mate, ses lèvres douces, ses cheveux blond châtain, ses grands yeux bleus « un peu éteints par la phtisie », nous précise un témoin, avait le principal mérite, aux yeux d'Henri, de ressembler à Marie-Mimi. C'était, nous dit Théodore de Banville, « une de ces filles parisiennes étiolées, qui sont nées et qui ont grandi à l'ombre, mais qui deviennent filles de joie lorsque enfin, un jour, elles aperçoivent le soleil à Marlotte ou à Bougival ». On disait encore – détail important en cette époque romantique – qu'elle avait souffert et qu'elle était obstinément résignée.

Murger la trouvait plus gracieuse que jolie, et fut conquis par sa naïveté et sa malice :

– C'est quelque chose comme un motif de Greuze, corrigé par Gavarni... C'est un de ces oiseaux volages et passagers qui, par fantaisie, et souvent par besoin, font un jour, ou plutôt une nuit, leur nid dans les mansardes du Quartier latin. Ils y demeurent volontiers quelques jours si on sait les retenir par un caprice ou par des rubans.

Ils s'aimèrent... autant que Lucile-Mimi pouvait aimer. Elle ne rendit pas très heureux son poète, et mutila son cœur avec ses jolis ongles roses. Ce qui permit à Murger de déclarer :

– J'ai fait de mon cœur une pelote où des mains féminines enfoncent des épingles.

Ce n'était qu'une grisette – et le poète avait raison de versifier :

L'amour est un jeu,
Aimons-nous, Ninette,
Eau, terre et ciel bleu,
Tout joue à ce jeu.
. . . .

L'amour est un jeu ?
Fort bien, dit Ninette,
Mais, j'en fais l'aveu,
Moi, je triche au jeu.

Elle joua et tricha, avec les amis de Murger de l'hôtel de la rue des Canettes, mais elle savait, comme la « Mimi » de *la Vie de bohème*, faire oublier à Henri tous les supplices auxquels il se déchirait le cœur. Ebloui par le regard clair de Lucile-Mimi, il demeurait sous le charme – et lui pardonnait d'avoir joué sans lui. Et puis, un jour, elle partit on ne sait avec qui, et Murger lui écrivit :

Tu vas m'oublier, n'est-ce pas, Mimi ?
C'est égal, vois-tu, nous aurons, ma chère,
Sans compter les nuits, passé d'heureux jours.
Ils n'ont pas duré longtemps, mais qu'y faire ?
Ce sont les plus beaux qui sont les plus courts.

Que la volonté du Seigneur soit faite.
Et sur nos amours baissons le rideau,
Car sans plus tarder, tu t'en vas, Minette,
Le relever sur un amour nouveau.

★

Elle revint, mais ce n'était plus qu'une ombre. Murger la recueillit, rongée par la phtisie, et comme l'a fort joliment dit Pierre de Gorsse, « et, bientôt, enfant prodigue, par sa chère présence, illumina à nouveau de soleil le morne logis ». Mimi se piquait de goûts artistiques, la garniture de la cheminée de la chambrette était en plâtre, peint en vert : le buste d'Homère, entouré de deux levrettes. N'est-ce point là un symbole : Murger, Homère, les deux levrettes, Marie Fontblanc et Lucile Louvet ?

Un jour, Eugène Toubin, externe à la Pitié, vint rendre visite à Lucile.

– Je sais pourquoi vous venez, monsieur Toubin, lui

dit la jeune femme. C'est pour l'hôpital. Vous craignez de me l'apprendre. Sachez que c'est moi qui veux y aller. Henri est bon, ne croyez pas qu'il me renvoie, qu'il me mette à la porte, mais il ne me garde qu'au prix de trop de sacrifices qu'il ne peut pas faire. Il en a du chagrin. Je suis raisonnable et je le quitte pour lui ôter le souci de ma misérable présence. Merci, monsieur Toubin, de votre intervention. Demain, je serai à la Pitié.

Le lendemain, Mimi occupait à la salle Saint-Charles le lit n° 8. Elle espérait sans cesse la venue d'Henri et, à l'heure des visites, elle ne cessait de guetter la porte de la salle commune.

– Dites-lui, monsieur Toubin, que Mimi s'en va, et qu'elle ne veut pas partir sans l'embrasser.

Et puis, elle n'avait pas un sou à donner aux infirmières. « Elles lui faisaient mauvaise mine, a raconté Charles Toubin (1), la soignaient mal, très mal ; ses tisanes étaient toujours froides... L'usage, à cette époque, était de glisser, par-ci par-là, la pièce de cinquante centimes à l'infirmière de la salle, et les plus pauvres se gardaient d'y manquer, crainte d'être par trop mal soignées. »

– Mon cher ami, annonce Toubin à Murger, Mimi se plaint beaucoup de ne pas vous voir.

– Que voulez-vous que je fasse ? Je n'ai absolument pas de quoi lui porter un bouquet de violettes de deux sous.

– Ne lui portez que celui de votre cœur, mais allez la voir, elle est bien malade !

– J'irai... Je connais du côté de Vaugirard des buissons où il ne tardera pas à y avoir des violettes, j'en cueillerai et les lui apporterai.

« Pendant la maladie, poursuit Charles Toubin, qui dura encore environ six semaines, il alla à la Pitié deux

(1) Le frère d'Eugène. C'est Mme E. Toubin, nièce de « l'oncle Charles » et fille du docteur Toubin qui a bien voulu m'autoriser à reproduire ce récit inédit.

ou trois fois au plus. On n'y était admis que le dimanche, il est vrai, et il était obligé de se faire passer pour le mari de la malade. Et puis, il y avait cette question de quelques sous que Mimi voulait avoir, et que son amant ne pouvait peut-être pas toujours lui donner. En dehors du peu qu'il gagnait au *Castor* (1), il n'avait que la rédaction d'un petit journal de mode qui ne lui rapportait pas plus de vingt ou trente francs par mois et il fallait payer le logement, s'habiller et manger. » Toutes les fois que Charles Toubin ou son frère, le docteur Eugène Toubin, lui reprochaient son abandon, il avait un mouvement de dépit et sa réponse invariable était : « Je n'ai pas le sou. »

– Eh bien, docteur, demanda-t-il un soir au café de *la Rotonde*, à Eugène Toubin, comment va-t-elle ?

– C'est fini, répondit tout bas Eugène, elle est morte cette nuit.

Murger alla dans l'embrasure de la fenêtre, essuya quelques larmes et sortit.

« A la visite du lendemain, reprend Charles Toubin, mon frère passait devant le numéro 8, quand il s'entendit appeler : il tressaillit, c'était la morte qui lui parlait, c'était Mimi !

– Ah ! lui dit-elle, si vous saviez combien j'ai eu peur l'avant-dernière nuit ! Ma pauvre voisine est morte, je ne tarderai pas à en faire autant et Henri qui ne vient pas me voir...

« Au moment de l'entrée de Mimi à l'hospice, le lit voisin du numéro 8 était occupé par une femme également phtisique. Elles se lièrent bientôt : même jeunesse, même maladie, même misère. Elles causaient en bonnes voisines et, quand mon frère allait voir Mimi, le numéro 7 prenait toujours part à la conversation, si bien que la religieuse, qui était nouvelle dans la salle, s'imagina que c'était à elle et non à Mimi qu'il s'intéressait.

« Un matin, il était arrivé à la Pitié avec quelques

(1) Journal de chapellerie, dont il est question dans *la Vie de bohème*.

minutes de retard. La visite avait déjà dépassé le numéro 8, il la rejoignit au plus vite. « Votre protégée est morte cette nuit », lui dit la sœur à voix basse. Mon frère s'attendait tous les matins à trouver le lit vacant, il ne fut nullement étonné de la nouvelle et songea moins encore à vérifier.

« De retour chez nous, il me raconta la méprise et nous nous mîmes à l'instant en quête de Murger que nous ne pûmes rejoindre. Eugène lui écrivit que Mimi était ressuscitée et qu'elle le réclamait à cor et à cri. « Surtout, ajoutait-il, hâtez-vous, si vous voulez la trouver encore vivante. »

Le lendemain au *Castor* Charles retrouve Murger. Il semblait heureux d'apprendre que Mimi vivait encore...

– J'irai dimanche sans faute, promit-il.

Mais ce dimanche-là, lorsque Murger arriva à l'hôpital, le corps de la pauvre Mimi avait quitté le lit numéro 8 depuis deux jours pour l'amphithéâtre.

C'était le 9 avril 1848, elle avait vingt-quatre ans. Rue de Vaugirard, les violettes commençaient pourtant déjà à éclore depuis quelques jours...

★

Que d'épreuves et de malheurs ! Aussi ne faut-il pas s'étonner que Murger, lorsqu'il écrivit plus tard sa déchirante *Ballade du désespéré*, n'emploie que des mots d'amour pour parler à la Mort venue frapper à sa porte – cette Mort devenue pour lui si familière...

Entre sous mon toit, bois et mange,
Dors, et quand tu t'éveilleras,
Pour payer ton écot, cher ange,
Dans tes bras tu m'emporteras.

La brune Hortense Mancini, une mazarinette, *une dame « fort emportée », dont les extravagances défrayèrent la chronique.*
(A.C.L.)

Hortense Mancini

« Je conçois bien qu'on peut aimer, écrivait Mme de Sévigné, mais je ne comprends pas qu'une femme de qualité puisse se résoudre à renoncer à toutes sortes d'honneur, de bienséance et de réputation. Je tiens qu'il devrait y avoir une punition corporelle pour les dames si emportées. »

La dame « si emportée » était l'une des fameuses *mazarinettes*, ces nièces du puissant cardinal que leur oncle avait fait venir d'Italie pour les « placer ». Elle avait nom Hortense Mancini – la sœur de Marie, aimée par le Roi-Soleil, la sœur d'Olympe qui, accusée d'avoir empoisonné son mari, dut fuir la France.

Hortense avait épousé Armand-Charles de La Porte, marquis de La Meilleraye, devenu duc de Mazarin par son mariage avec la nièce du ministre. Celui-ci était d'une jalousie à faire frémir – ce qui n'empêchait d'ailleurs pas Hortense de le tromper. C'était un « refoulé », diagnostiquerait-on aujourd'hui. Il avait fait barbouiller les plus beaux tableaux de son oncle par alliance, car les nudités qui y étaient représentées offusquaient sa vue. Bien plus : il avait interdit, sur ses terres, aux femmes et aux filles de ferme de traire les vaches afin d'éloigner d'elles les mauvaises pensées que cela aurait pu leur donner !

Il y avait vraiment de quoi fuir...

Aussi Hortense, au début du mois de juin 1668 – elle avait alors vingt-deux ans – décida-t-elle d'abandonner son mari et les quatre enfants qu'il lui avait faits. Elle prépara son évasion aidée par son frère Philippe de Nevers. On a prétendu que celui-ci avait, pour sa sœur, des sentiments fort intimes : « Il était tout ensemble, disait-on, le plus proche, le plus cher et le plus éclairé. » Quoi qu'il en soit, Philippe avait secondé l'opération, je dis secondé car c'est le chevalier de Rohan, amant d'Hortense, qui avait joué le principal rôle. Selon lui, il fallait s'enfuir de nuit pour Milan où Hortense retrouverait sa sœur Marie. De là, elle gagnerait Bruxelles « pour négocier de plus près quelques accommodements plus stables » – c'est-à-dire obtenir du duc de Mazarin une pension et une manière de séparation de corps – le divorce, on le sait, n'existait pas encore. Disons en passant que le terrible mari préféra plaider durant vingt années plutôt que de souscrire aux conditions proposées par sa femme pour cohabiter tout en ne se voyant pas...

Rohan confia sa chère maîtresse à son écuyer, le charmant Courbeville qui, en fuyant Paris, caracola fort joliment à la portière du carrosse de Mme de Mazarin. La jeune femme, estimant que son équipage allait trop lentement, revêtit un costume d'homme et sauta vivement en selle. Sa chambrière, Nanon, dut en faire autant. En galopant ainsi aux côtés de Courbeville, Hortense se mit à penser que ce compagnon de voyage ne manquait pas d'intérêt. Elle en fut vite tout à fait convaincue. A la suite d'une malencontreuse chute, alors qu'elle folâtrait dans un champ avec Nanon, elle se fit affreusement mal au genou. Le jeune écuyer se précipita aussitôt pour lui prodiguer des soins dont les bienfaits n'eurent d'égal que la douceur extrême avec lesquels ils furent appliqués. Courbeville parut décidément très séduisant à Hortense qui, pour lui témoigner sa reconnaissance, ne trouva rien de mieux que de devenir sa maîtresse.

Et on chantonna à Paris cette chanson :

Du chevalier,
Aimable duchesse,
Du chevalier
Prendre l'écuyer

Ce n'est pas d'une beauté fière.
Si votre cœur va toujours en arrière
Hélas ! Hélas !
A quoi bon tant d'appas ?

Rohan fut dans un état de fureur bien compréhensible. Il voulut envoyer à Rome, où se trouvaient alors la duchesse et son amant, un spadassin avec la mission d'assassiner Courbeville.

★

Suivre Hortense dans ses aventures nous entraînerait fort loin. De nombreuses cités italiennes la virent passer multipliant les excentricités. Disons-le tout net : Hortense de Mazarin était insupportable. De temps en temps, après quelques trop retentissantes équipées, elle se retirait dans un couvent pour se faire oublier... Mais dès sa sortie du cloître, elle se déchaînait de plus belle.

C'est ainsi que tout le monde crut qu'elle était devenue la maîtresse du duc Charles-Emmanuel III de Savoie qui était sous le charme et supporta avec résignation, pour ne pas dire avec amour, ses innombrables folies. Ne s'était-elle pas avisée de faire son entrée à Aix-en-Savoie à califourchon – cela devenait une habitude... – sur l'un des chevaux de son carrosse ? Elle s'était rendue à Aix pour soigner son chien qui avait la patte rompue, mais se baignait, elle aussi, dans le lac, en tenue légère et, pour tout arranger, se fit tirer dans l'eau tantôt sur le dos, tantôt sur le ventre, par son esclave noir Mustapha.

On imagine l'ampleur du scandale !

Etait-elle à l'époque la maîtresse du duc de Savoie qu'elle avait d'ailleurs failli épouser avant de convoler avec Mazarin ? Peut-être. Mais elle le fut assurément d'un troublant abbé-écrivain, César Vichard, dit l'abbé de Saint-Réal. Pour lui plaire, Hortense va se pencher sur son passé déjà si riche, lui confessera ses innombrables aventures et, en 1675, fruit de cette collaboration, paraîtront les *Mémoires* de la duchesse de Mazarin. Saint-Réal s'était contenté de signer une manière de lettre avant-propos dans laquelle il décrit sa maîtresse « d'un doigt amoureux » et s'extasie sur les reflets de jais de sa chevelure et sur son parfum naturel car : « Elle ne porte jamais d'odeur, quoiqu'elle les aime beaucoup. »

★

A la mort du duc de Savoie, le 12 juin 1675, sa veuve fit comprendre à Hortense que sa présence était indésirable à Chambéry et, flanquée de son abbé, Mme de Mazarin prit le chemin de Londres où elle fit son entrée montée à califourchon, une fois de plus !...

Le roi d'Angleterre, Charles II, qu'elle avait failli, lui aussi, épouser, l'accueillit avec joie et égards. Il commença par lui faire porter un important secours de mille jacobus. Ainsi que l'a écrit un témoin : « Tout le monde ici est dans l'attente de quelque changement considérable et s'imagine qu'une dame si vantée ne peut pas manquer d'y produire des aventures. »

C'est à la conquête du trône que va se lancer Hortense. Charles II a alors comme maîtresse en titre une petite Bretonne, la jolie et fine Louise de Kéroualle, ancienne demoiselle d'honneur d'Henriette d'Angleterre, devenue par la grâce de son amant duchesse de Portsmouth. Liaison approuvée et encouragée par l'ambassadeur de France, puisque comme l'a dit spirituellement Saint-Evremond : « Le ruban de soie qui serrait la taille de Mlle de Kéroualle unissait l'Angleterre et la France. »

C'est également aidée par M. de Ruvigny, notre ambassadeur à Londres, qu'Hortense va devenir reine d'Angleterre de la main gauche. Durant l'année qu'elle mettra pour parvenir à ses fins, elle continuera à apprécier les « services » que lui rendait Saint-Réal. Celui-ci quittera la place lorsque la liaison du roi et de Mme de Mazarin ne sera plus un secret pour personne.

On vit en effet Hortense parler en public au roi « avec un grand air de familiarité » et l'appeler *monsieur*. Ainsi que l'écrivait à sa cour le nouvel ambassadeur de France, M. de Courtin : « A l'égard de Mme Mazarin, la seule chose que je sais, c'est que le roi découche fort souvent, et qu'il ne revient qu'à cinq heures du matin se remettre dans son lit. Les courtisans les plus éclairés ne croient pas qu'il passe ses nuits chez Mme de Portsmouth. Il lui donne toutes les apparences pendant le jour, mais il se réserve la liberté de passer la nuit avec qui bon lui semble. »

On le devine, les nuits passées loin d'elle mettent Mme de Portsmouth en rage. Elle verse des « torrents de larmes », mais Charles II, dont le tempérament est ardent, ne connaît nul essoufflement et continue à la maintenir en place. Il maintiendra aussi près de lui une ancienne marchande d'oranges, la comédienne Nell Gwyn, dont le parler populaire ravissait, paraît-il, le monarque. Les trois femmes cohabitent avec grâce – la duchesse de Portsmouth invite même la duchesse de Mazarin à dîner – quitte à lui faire en cachette tous les tours pendables...

Si Charles II avait pour lui-même l'esprit large, il avait des idées plus étroites lorsqu'il s'agissait de ses femmes. Quelqu'un manqua, en effet, de tout faire manquer : c'était le prince Louis Ier de Monaco qui, arrivant à Londres, s'intéressa, lui aussi, d'abord à la duchesse de Portsmouth, puis présenta ses hommages à Hortense qui écouta trop complaisamment le gracieux badinage du prince.

« Charles II, jaloux, raconte Georges Mongrédien, s'irrite de ce rival importun et inattendu et, dans un mouvement de colère, raye d'un trait de plume la pension de quatre mille livres sterling qu'il fait à Hortense. Le soir même, le prince de Monaco lui envoie un brevet de la même somme. Cette folle d'Hortense va-t-elle compromettre sa grande œuvre auprès du roi pour un caprice, une passade ? »

Non ! Tout s'arrangera : Hortense comprenant où se

trouvait son intérêt, le prince de Monaco se replia en bon ordre.

Durant encore quelques années – exactement jusqu'en 1684 – le rôle de Mme de Mazarin se poursuivra. Puis Charles II se lassa.

★

Hortense se consola en acceptant la présence près d'elle d'un vieux soupirant : le charmant Charles de Saint-Evremond qui avait trente-trois ans de plus que Mme de Mazarin. Fut-elle cruelle pour lui ? S'abandonna-t-elle, puisqu'elle n'attachait pas un prix excessif au don de sa personne ? On ne sait. Quoi qu'il en soit, Hortense avait eu la main heureuse en enchaînant à son char Saint-Evremond. Cet homme, d'une rare finesse et d'infiniment d'esprit, comprit parfaitement qu'il ne pouvait prétendre à régner seul sur le cœur de la duchesse et il l'expliquait en ces termes : « Il ne fut jamais de passion si désintéressée que la mienne. J'aime les personnes que vous aimez, et je n'aime pas moins ceux qui vous aiment. Je regarde vos amants comme vos sujets, au lieu de les haïr comme mes rivaux. »

Il ajoutait : « Demanderai-je que vous aimiez une personne de mon âge ? Je n'ai pas vécu d'une manière à pouvoir espérer un miracle en ma faveur. Si le mérite de mes sentiments obtenait de vous un regret que je sois vieux, et un souhait que je fusse jeune, je serais content. La grâce d'un souhait est peu de chose, ne me la refusez pas. Il est naturel de souhaiter que tout ce qui nous aime soit aimable. »

Un jour de carême, il sollicita par ces vers la grâce d'un baiser :

Si je venais un jour pénétré de vos charmes
Me mettre à vos genoux et répandre des larmes,
Pour obtenir de vous la grâce d'un baiser,
Pourriez-vous me le refuser ?
Le pourriez-vous en conscience ?

Répondez, répondez, Hortense !
Las ! Il y va de mon trépas.
Pour Dieu ne me refusez pas.
Donnez-le-moi par complaisance,
Ou prenez-le par pénitence,
Comme une sainte affliction
Propre pour la dévotion
De ce triste temps de Carême...

Espérons qu'Hortense lui accorda ce qu'il demandait si joliment.

Saint-Evremond écrivit aussi pour elle un poème grivois qui laisserait supposer qu'Hortense ne lui accorda pas cependant les toutes dernières privautés. Décrivant les beautés de la femme qu'il aimait, il voulut parler « de cet endroit caché qui se dérobe au monde, et que je n'ose ici nommer... » en ajoutant :

Que voulez-vous que je réponde ?
Là ma connaissance est à bout,
Et je devrais connaître tout.
O belle, ô généreuse Hortense,
Sauvez-moi de cette ignorance !

Le sauva-t-elle ?

– Je ne refuse pas d'être ridicule pour l'amour de vous, mais on ne saurait vous faire un sacrifice de cette nature-là : il ne peut y avoir de ridicule à vous aimer.

★

Nous avons été sévère pour la nièce du cardinal. Mme de Sévigné le disait : « Hortense de Mazarin est dispensée des règles ordinaires, et l'on voit sa justification en voyant M. de Mazarin. »

Elle sut pourtant conduire fort joliment son salon londonien. On y parlait littérature, théâtre, religion. Et tout cela avec esprit et bon sens. Saint-Evremond le dira en témoin : « On y trouve la plus grande liberté du monde : on y vit avec une égale discrétion. Chacun y est plus commodément que chez soi et plus respectueusement qu'à la Cour. Il est vrai qu'on y dispute souvent, mais c'est avec plus de lumière que de chaleur. C'est moins pour contredire les personnes que pour éclairer les matières, plus pour animer les conversations que pour aigrir l'esprit... Il n'y a rien de si bien réglé que cette maison ; mais Mme de Mazarin répand sur tout je ne sais quel air aisé, je ne sais quoi de libre et de naturel, qui cache la règle : on dirait que les choses vont d'elles-mêmes tant l'ordre est secret et difficilement aperçu. »

Hortense de Mazarin mit-elle fin à ses jours le 2 juillet 1699, alors qu'elle était seulement âgée de cinquante-trois ans ? Il est bien possible qu'elle s'empoisonna littéralement en s'adonnant à l'usage abusif de l'alcool. Saint-Evremond versifia :

Chacun vous proposait les moyens de guérir,
Et vous vous obstiniez contre tous à mourir...

Saint-Evremond survécut quatre années à Hortense et le duc de Mazarin enterra tout le monde le 25 novembre 1713 – il avait alors quatre-vingt-deux ans, un an de moins que Charles de Saint-Evremond, lorsque celui-ci quitta ce monde.

Hortense Schneider lorsqu'elle jouait – à la ville comme à la scène – le rôle de la Grande Duchesse de Gérolstein. (B.N.)

Hortense Schneider

– Vous n'avez pas honte à votre âge d'avoir un ami ?

– Il n'y a que les laides qui ont de la honte à avoir un amoureux, et moi j'en ai un !

– Eh bien ! Allez le retrouver.

C'est de cette manière que la toute jeune et irrésistible Hortense Schneider, pour avoir pris un premier amant, perdit sa place d'apprentie modiste qu'elle occupait rue Sainte-Catherine, à Bordeaux. L'amant, dont la blonde Hortense, future reine du théâtre, se montrait si fière de proclamer l'existence, l'avait abordée un soir, tandis qu'elle sortait de son travail. Il était caissier chez un armurier du quai des Chartrons, s'était montré attentionné et si admiratif pour la beauté d'Hortense – vraie joie pour les yeux – que celle-ci était tombée dans ses bras. Plein de remords de lui avoir fait perdre involontairement sa place, le caissier se hâta de gâter sa conquête. Il la gâta tant et si bien qu'il se vit dans l'obligation de puiser dans la caisse de son patron – ce qui le conduisit au bagne.

Déjà, à cette époque, la belle Hortense travaillait le chant chez le musicien Schaffner. Celui-ci présenta son élève préférée à Henri Delmas, directeur des théâtres réunis d'Agen et de Villeneuve-sur-Lot, qui engagea l'ex-apprentie modiste au prix de cinquante francs par mois. Pour cette somme, Hortense parut avec succès – un succès qui, pour être local, n'en fut pas moins encourageant – dans des opéras, des opéras-comiques et surtout des vaudevilles, ainsi que des comédies mêlées de chants. Avec cinquante francs, Hortense ne pouvait pas vivre. Aussi, accepta-t-elle l'aide d'un jeune bourgeois agenais nommé Cyprien Cazabonne, qu'elle n'aima pas suffisamment pour lui sacrifier sa carrière. Et, au mois d'août 1855, la capiteuse Bordelaise quittait Agen pour conquérir Paris.

Elle allait y parvenir !

Cependant les débuts furent difficiles en dépit de la présence près d'elle du jeune chanteur Berthelier qui possédait une fort jolie voix et un tout aussi joli tempérament amoureux. C'est grâce à lui qu'Hortense fut présentée à Jacques Offenbach qui lui tendit une partition du *Domino noir* :

– Tiens, déchiffre-moi ça.

Dès les premières notes, il fut séduit et engagea Hortense aux *Bouffes-Parisiens* à deux cents francs par mois. Ce fut le succès – et bientôt le triomphe. Chaque soir, tout Paris se pressait pour entendre la divine et éblouissante Hortense Schneider. On aimait alors les corps bien en chair et la blonde Hortense – un blond qui commençait fort agréablement à tirer sur le roux – était pourvue d'un tempérament de feu. Aussi accueillit-elle avec ardeur les hommages que de nombreux admirateurs lui adressaient.

Lorsque Hortense devint la maîtresse du duc Ludovic de Gramont-Caderousse, Berthelier comprit qu'il ne pouvait plus lutter et se résigna, non sans soupirer, à quitter une partenaire avec laquelle il s'entendait si merveilleusement.

Gramont-Caderousse était alors incontestablement le roi du Boulevard et des dandys. Très « fin de race », roux, maigre, voûté, le teint blafard avivé par des pommettes marbrées de rouge, la voix grave, il était miné par la phtisie. Il ne régnait pas seulement sur ses compagnons de plaisir ; il régnait sur les garçons, les bouquetières, les chasseurs et même sur les ouvreurs de portières du

Boulevard. Il régnait aussi sur le Jockey-Club, à l'angle de la rue Grange-Batelière. On y lançait des défis insensés ou stupides, tel le pari de ne pouvoir faire une partie de billard tandis que deux poneys tournoyaient, affolés, dans la pièce... Il régnait sur le *Café de Paris*, sur *Tortoni*, et surtout sur le *Café Anglais* et son *Grand-Seize*, dont les fenêtres donnaient à la fois sur le boulevard et sur la rue Marivaux.

Hortense et Ludovic avaient l'un et l'autre les idées larges. Leurs infidélités réciproques ne les gênaient nullement et Gramont-Caderousse trouvait tout naturel qu'Hortense se fût laissée aller dans les bras du duc de Morny, tandis que lui-même sortait avec les *lionnes* en vogue. La chanteuse n'en était pas moins sa maîtresse officielle. Ils s'aimaient, trouvant même un évident plaisir à se retrouver après quelques entractes. De ces retrouvailles devait naître, au printemps de 1857, un petit garçon dont la présence n'encombra guère la vie d'Hortense.

Un jour, Gramont-Caderousse dut quitter son royaume pour aller soigner ses poumons en Egypte. Il revint à Paris en 1865, pour y mourir. Il n'avait que trente-deux ans. « C'était, nous dit Rochefort, un de ces hommes prédestinés qui ont de l'esprit et presque du génie, des sens et une âme tendre, des vices et jamais de ridicule... »

Il disparaissait, alors qu'Hortense commençait à devenir la reine de Paris, en lui faisant par testament un legs de cinquante mille francs dont elle n'entra en possession qu'au terme d'un fort long procès propre à alimenter la petite chronique scandaleuse.

★

Hortense Schneider était montée sur le trône – un trône de théâtre – tout à la fin de l'année précédente.

Quelques mois auparavant – Gramont-Caderousse était encore en Egypte – la jeune et jolie femme était en train de faire ses malles. La colère avivait de rose ses joues à fossettes, et ses cheveux blonds dépeignés semblaient jeter des éclairs : Mlle Hortense Schneider fulminait, car le Palais-Royal venait de lui refuser une augmentation et, en ce jour d'été 1864, elle avait pris le parti de quitter Paris et de renoncer « à jamais » au théâtre. Comment ! On osait lui faire *ça*, à elle ! La seule comédienne de Paris sachant allier le sensuel au comique, la friponnerie à la distinction ! Elle qui savait faire cascader un rire de gorge capable de mettre tous les hommes à ses pieds ! N'avait-elle pas été « à croquer » dans *Trom-al-Kasar* d'Offenbach ? Elle préférait « retourner chez sa mère », à Bordeaux. On verrait bien !

Mlle Hortense Schneider faisait naturellement une bêtise, car il faut préciser qu'elle était peu intelligente. « Comme esprit, affirmait finement un journaliste, Mlle Schneider tombe sous le coup de la loi Gramont. »

Les malles étaient nombreuses. Il le fallait pour y entasser les crinolines à la mode, si amples, en cette année 1864, qu'une jeune femme revenant de la chasse avait pu passer sous sa robe, à la barbe de l'octroi, une quarantaine de perdreaux. A grands coups de poing, Hortense entassait les parures. Ce n'est pas elle qui aurait eu besoin d'acheter des *tournures et corsages en caoutchouc se gonflant à volonté* ! Elle eût fait les délices de Rubens !

Soudain le carillon de la porte se fit entendre. Hortense n'eut garde de répondre. On insista.

– Qui est là ?

– Moi. Offenbach ! Je suis avec Halévy... Je vous apporte un rôle étonnant.

– Trop tard, mon cher, répondit Hortense, en n'ouvrant toujours pas la porte ; je renonce au théâtre !

Jacques Offenbach, qui connaissait les comédiennes, ne se démonta pas pour si peu.

– Une création superbe... Pour le Palais-Royal !

Le Palais-Royal ! Un cri sauvage déchira l'air et la porte s'ouvrit. Le Palais-Royal ! Un théâtre qui refusait de reconnaître son talent ! Jamais ! Elle en dit bien d'autres. Une de ses camarades prétendit qu'Hortense avait appris le français dans *Cambronne*... Offenbach, tout en enjambant les malles et en poussant devant lui cette fureur blonde, expliquait :

– Une pièce merveilleuse ! Une pièce grecque ! L'enlèvement d'Hélène par Pâris ! Vous verrez : la belle Hélène ! Tout Paris...

– Jamais !

Offenbach, le lorgnon en bataille, s'était déjà installé au piano et jouait, tout en fredonnant, les couplets d'*Amours divines*, *Un mari sage* ou de l'*Invocation à Vénus*...

Dis-moi, Vénus, quel plaisir trouves-tu,
A faire ainsi cascader, cascader, cascader la vertu ?

Assise sur une malle, Hortense écoutait, ravie. Mais tout fut inutile ! Pas plus Offenbach que Vénus et sa vertu ne parvinrent à la décider de remonter sur les planches du Palais-Royal. Le jour même, elle partit pour Bordeaux. C'est là qu'elle reçut un peu plus tard ce télégramme : *Affaire ratée au Palais-Royal, mais possible aux Variétés. Répondez. Offenbach.* Elle répondit : *Je demande deux mille francs par mois.* On accepta ce cachet astronomique et ce fut, le 17 décembre 1864, un triomphe qui ne sera surpassé que le 12 avril 1867, l'année de l'Exposition universelle, par la célèbre *Grande-duchesse de Gerolstein.*

★

Un après-midi de l'été 1867, Hortense Schneider se présenta devant l'entrée principale de l'Exposition universelle, entrée réservée exclusivement aux membres des familles souveraines. Majestueusement étendue dans sa calèche, elle ordonna :

– Ouvrez !

Les gardiens, ébahis, vinrent dire que c'était impossible, qu'ils n'avaient le droit de faire tourner cette grille que pour un empereur, une impératrice, un roi, une reine, un prince, une princesse. Alors, Hortense, d'un ton inimitable, lança :

– Grande-duchesse de Gerolstein !

Et l'on ouvrit !

Hortense Schneider, franchissant triomphalement l'entrée monumentale de l'Exposition de 1867, c'était le second Empire qui passait !

Tout Paris, toute l'Europe fredonnaient :

Voici le sabre de mon père !
Tu vas le mettre à ton côté !
Ton bras est fort, ton âme est fière,
Ce sabre sera bien porté.

Avant le lever du rideau, Hortense pouvait avec fierté regarder *sa* salle. Non seulement tout Paris était là, mais on y voyait les rois de Portugal, de Suède, de Norvège, de Bavière, le prince de Galles, le tsar de Russie, le prince d'Orange, le comte de Flandre. Des souverains demandaient par télégramme une loge pour le soir même de leur arrivée et l'on vit le personnel du théâtre courir à travers Paris pour essayer de trouver une loge à racheter.

Dans la loge d'Hortense, après le spectacle, il eût fallu placer un introducteur des ambassadeurs. On bousculait des têtes couronnées. Elle les accueillait d'ailleurs aussi chez elle et l'on surnomma Hortense le *passage des princes.*

Sa liaison avec Ismaïl, khédive d'Egypte, la fit surnommer la *Vénus qu'Ali pige.* Le khédive, obligé par la Faculté de prendre les eaux à Vichy, s'ennuya ferme sans Hortense, et télégraphia à Paris : « Envoyez Schneider. » On crut, au Quai d'Orsay, qu'il s'agissait du directeur du Creusot qui, espérant une importante commande, se présenta devant le souverain en s'inclinant bien bas.

On devine qu'il fut assez mal reçu.

Il y avait cependant un amant en titre dans la vie d'Hortense : Xavier Feuillant, qui eut le tact de ne pas trop prendre ombrage lorsque Hortense le trompait avec les têtes couronnées de passage dans la capitale. Compréhensif et spirituel, il loua l'appartement en face l'hôtel de sa maîtresse. Lorsque celle-ci « recevait », il illuminait et pavoisait aux couleurs nationales de l'élu provisoire. Pierre de Gorsse nous affirme que, bien que Xavier Feuillant fût fort riche, il se ruina en chandelles et en drapeaux !...

TABLE DES MATIÈRES

Adèle Foucher 7
Adèle la Savoyarde 19
Albert et Elisabeth 27
Alexandre Dumas 41
Alfred d'Orsay 51
Alfred de Vigny 61
Aliénor d'Aquitaine 73
Angélique Billaud-Varenne 83
Anne-Geneviève de Longueville 93
Antoine de Condorcet 103
Catherine de Talleyrand 113
Charlotte Willhoefft 123
« Mademoiselle » Christophe-Paulin de Fréminville 133
Cristina de Belgiojoso 143
Delphine de Custine 155
Denis Diderot 165
Don José Primero 175
Elisabeth Ire 193
Emilie du Châtelet 203
Emilie de Sainte-Amaranthe 223
« Ce bon Eugène ! » 233
Gabriel-Honoré de Mirabeau 247
Mademoiselle George 257
Hector Berlioz 269
Henriette d'Entragues 279
Henri Murger 289
Hortense Mancini 299
Hortense Schneider 309

Cinéma et TV

De nombreux romans publiés par J'ai lu ont été portés à l'écran ou à la TV. Leurs auteurs ne sont pas toujours très connus voici donc, dans l'ordre alphabétique, les titres de ces ouvrages :

A bout de souffle/made in USA	1478**	Leonore Fleischer
Alien	1115***	Alan Dean Foster
Angélique, marquise des Anges		voir page 20
L'année dernière à Marienbad	546**	Alain Robbe-Grillet
Annie	1397***	Leonore Fleischer
Au-delà du réel	1232***	Paddy Chayefsky
Beau père	1333**	Bertrand Blier
Blade Runner	1768***	Philip K. Dick
Les Bleus et les Gris	1742***	John Leekley
La boum	1504**	Besson et Thompson
Cabaret (Adieu à Berlin)	1213***	Christopher Isherwood
Carrie	835***	Stephen King
Chaleur et poussière	1515***	Ruth Prawer Jhabvala
Le choc des Titans	1210****	Alan Dean Foster
Christine	1866****	Stephen King
Conan le barbare	1449***	Sprague de Camp et Carter
Pour les autres Conan voir p. 30 à HOWARD R.E.		
Cujo	1590****	Stephen King
Dallas	1324****	Lee Raintree
- Les maîtres de Dallas	1387****	Burt Hirschfeld
- Les femmes de Dallas	1465****	Burt Hirschfeld
- Les hommes de Dallas	1550****	Burt Hirschfeld
Damien, la malédiction-2	992***	Joseph Howard
Des fleurs pour Algernon	427***	Daniel Keyes
Des gens comme les autres	909***	Judith Guest
2001 - l'odyssée de l'espace	349**	Arthur C. Clarke
2010 - Odyssée deux	1721***	Arthur C. Clarke
Dynasty	1697**	Eileen Lottman
Dynasty (Le retour d'Alexis)	1894***	Eileen Lottman
E.T. l'extra-terrestre	1378***	Steven Spielberg
E.T. La planète verte	1980*** (avril 86)	Steven Spielberg
Edith et Marcel	1568***	Claude Lelouch
Elephant man	1406***	M. Howell et P. Ford
Enemy mine	1968*** (fév. 86)	B. Longyear et D. Gerrold
...Et la vie continue	1869****	Dino Risi
L'exorciste	630****	William Peter Blatty
Fanny Hill	711***	John Cleland
Georgia	1395***	Robert Grossbach

Les Goonies 1911***	Steven Spielberg
Gremlins 1741***	Steven Spielberg
Il était une fois en Amérique 1698***	Lee Hays
Jonathan Livingston le goéland 1562*	Richard Bach
Joy 1467** & *Joy et Joan* 1703**	Joy Laurey
Kramer contre Kramer 1044***	Avery Corman
Ladyhawke 1832**	Joan D. Vinge
Love story 412*	Erich Segal
Mad Max 2 1533**	Hayes, Miller et Hannant
Mad Max au-delà du dôme du tonnerre 1864***	Joan D. Vinge
Le magicien d'Oz 1652**	Frank L. Baum
Marianne, une étoile pour Napoléon 601**** & 602****	Juliette Benzoni
Massada 1303****	Ernest K. Gann
La mort aux enchères 1461**	Robert Alley
L'œil du tigre 1636***	Sylvester Stallone
Les oiseaux se cachent pour mourir 1021**** & 1022****	Colleen McCullough
Officier et gentleman 1407**	Steven Phillip Smith
Outland... loin de la Terre 1220**	Alan Dean Foster
Philadelphia Experiment 1756**	Charles Berlitz
Les Plouffe 1740****	Roger Lemelin
Les prédateurs 1419****	Whitney Strieber
La Promise 1892***	Vonda N. McIntyre
La quatrième dimension 1530**	Robert Bloch
Racines 968**** & 969****	Alex Haley
Ragtime 825***	E.L. Doctorow
Rambo First blood 1924***	David Morrell
Razorback 1834****	Peter Brennan
Rencontres du troisième type 947**	Steven Spielberg
Révolution 1947*** (fév. 86)	Richard Francis
Riches et célèbres 1330***	Eileen Lottman
Rosemary's baby 342***	Ira Levin
Scarface 1615***	Paul Monette
Shining 1197****	Stephen King
Star Trek II : la colère de Khan 1396***	Vonda N. McIntyre
Starman 1854***	Alan Dean Foster
Staying Alive 1494***	Leonore Fleischer
Sudden Impact 1676***	Joseph C. Stinson
Supergirl 1720**	Norma Fox Mazer
Le trou noir 1129***	Alan Dean Foster
Verdict 1477***	Barry Reed
Witness 1855**	Kelley & Wallace
Young Sherlock Holmes 1945*** (avril 86)	Alan Arnold

Achevé d'imprimer sur les presses de l'imprimerie Brodard et Taupin
58, rue Jean Bleuzen, Vanves. Usine de La Flèche,
le 5 février 1986
1334-5 Dépôt légal février 1986. ISBN : 2 - 277 - 21956 - 8
Imprimé en France

J'AI LU
1956
★★★★

Editions J'ai Lu
27, rue Cassette, 75006 Paris
diffusion France et étranger : Flammarion